U1020597

体育投融资管理

杨建荣　编著

北京体育大学出版社

策划编辑 钱春华
责任编辑 赵红霞
责任校对 潘海英
版式设计 久书鑫

图书在版编目(CIP)数据

体育投融资管理/杨建荣编著. －－北京：北京体育大学出版社，2019.12
ISBN 978－7－5644－3274－4

Ⅰ.①体… Ⅱ.①杨… Ⅲ.①体育经济学－投资－研究②体育经济学－融资－研究 Ⅳ.①G80－05

中国版本图书馆 CIP 数据核字(2019)第275069号

体育投融资管理
TIYU TOU－RONGZI GUANLI
杨建荣 编著

出版发行：北京体育大学出版社
地　　址：北京市海淀区农大南路1号院2号楼4层办公B－421
邮　　编：100084
网　　址：http://cbs.bsu.edu.cn
发 行 部：010－62989320
邮 购 部：北京体育大学出版社读者服务部 010－62989432
印　　刷：北京建宏印刷有限公司
开　　本：787mm×1092mm　1/16
成品尺寸：185mm×260mm
印　　张：18.5
字　　数：392千字
版　　次：2019年12月第1版
印　　次：2019年12月第1次印刷
定　　价：75.00元

前　　言

加快发展体育产业，使体育不仅在提高全民身体素质、生活质量和竞技体育水平上发挥良好作用，还促进我国由体育大国向体育强国转变，促进经济社会协调发展，这是我国当前的重要举措。

《国务院办公厅关于加快发展体育产业的指导意见》明确地提出了完善税费优惠政策，在体育投融资方面提出了加大投融资支持的具体措施。例如：拓宽体育产业发展资金来源渠道，政府可以通过安排补助资金等方式促进体育产业发展。支持有条件的体育企业进入资本市场融资，通过发行债券、股票，以及项目融资、资产重组、股权置换等方式筹措发展资金。积极鼓励民间和境外资本投资体育产业，兴建体育设施。鼓励金融机构适应体育产业发展需要，开发新产品，开拓新业务。

另外，我国体育企业及组织、体育赛事、各类体育设施的融资方式也在拓宽资金来源、利用各类融资工具上取得了许多有益的经验。1998 年中体产业公司股票在上海证券交易所上市，使中国体育产业的发展进入了一个新的阶段。李宁、安踏、匹克、特步、361°在香港主板上市，鸿星尔克在新加坡主板上市，以及探路者在创业板市场上市，是我国体育企业与资本市场的融资环境对接的实证检验。北京奥运会国家体育场项目的融资、建设和赛后的运营、维护等利用了项目融资模式。这些事例都说明，体育及体育产业的发展越来越需要拓宽资金来源渠道，借助市场及环境高效地利用资源，在社会的大范围内有效地配置体育资源。

本书正是围绕体育投融资的发展，以服务体育投融资为目的而编写的。全书在第一章、第二章概述体育投融资及所涉及的体育投融资工具；第三章至第八章介绍重要的投融资原理及理论，在讨论每一个重要投融资原理及理论后，再结合体育、体育组织、企业中的实际案例或材料进行说明或分析；第九章至第十二章再综合性地利用这些知识分析体育场馆、体育赛事、职业体育俱乐部及投融资环境与体育。

全书可以有机地分为三大部分：第一部分总述体育投融资；第二部分阐述投融资原理及理论，以及有关知识的体育应用或案例；第三部分利用前述理论综合分析体育场馆、体育赛事、职业体育俱乐部、投融资环境与体育。

本书适合体育管理及体育经济类专业本科生、研究生作为参考教材使用，也可以作为体育企事业单位的培训用书，同时可供有关从业人员参考阅读。白子凡参与了本书第五章的编写，其余章节为杨建荣编写。

目录

第一章　体育投融资概述

第一节　投融资的概念及体育投融资

一、投融资的概念

融资的融有融通、融合通达的意思，《国际标准汉字大字典》里解释金融："资金的流通，即储蓄、信贷、汇兑、股票和证券交易等经济活动的总称。"对于体育企业或者体育组织来说，该家企业或者组织未来发展策略及投资与经营方向是什么？即：这家公司为何要进入某个体育用品及体育服务的研发与生产？或者体育组织如何组织某个赛事？如何评估并选择最佳的投资计划？一旦选定投资计划，公司或组织如何筹措投资计划所需的资金？一句话，本书所指的体育投融资就是体育企业或者组织为实现自己的盈利目标或者发展体育事业而进行的投资（钱怎么用）或者筹资（钱从哪里来）活动。

一个体育企业的投资就是该企业想获得利润、发展生产、扩大经营而进行的"花钱"行为，把资金投放到各种资产上去，包括证券投资、风险投资等。体育企业投资有投资战略制定、总体环境分析、投资决策等行为。投资战略有稳定性投资战略、扩张性投资战略、紧缩性投资战略、混合性投资战略几种；总体环境分析是要摸清企业内部资源及外部环境，进行内部条件分析及外部环境考虑。

不论企业制定哪种投资战略，其中必不可少的一个环节是分析自身的资金情况，资金情况是投资决策依据的重要部分。好比个人买东西一样，会考虑所购物品使用价值如何、钱够不够、用后可不可以转手、急不急用、是不是必需品、是不是在花钱计划内等等。投资决策从资金情况方面考虑的因素有：投资所需要的资金结构、资金规模、资金来源，投资回报的周期；投资对企业总体资金情况影响的最大范围；对投资项目的风险分析，需要准备的承担风险的资金。企业如果不考虑和分析自己的资金情况，不进行各项风险性分析，就可能会出现资金链断裂的危险。

一个体育企业的融资是该企业根据生产经营、对外投资和调整资本结构等的需要，通过金融机构和金融市场，运用适当的方式获取所需资金的一种理财活动，包括股权筹资、负债筹资、项目融资等。企业筹资的方式一般有：吸收直接投资、金融机构贷款、商业信用、发行股票、发行债券、租赁、联营、企业内部积累。筹资渠道有国家财政资金、商业银行信贷资金、非银行金融机构资金、其他法人单位资金、民间资金、境外资金等。

从筹资方式和渠道来看，金融机构贷款、商业信用、企业内部积累等筹资方式，商业银行信贷等筹资渠道都与资金集中管理直接挂钩，所以企业管理层对筹资决策的制订，除了考虑生产经营、投资等，同样涉及企业自身的资金情况。

考虑到筹资成本，企业的资金运作方式也决定了它的筹资方式和筹资渠道。如通过金融机构贷款的筹资方式就与资金集中管理中的统一信贷融资关联，统一信贷融资与商业银行关于授信额度和利率的谈判，直接影响到财务成本（信贷利息）。当然不排除有更多的政治、社会、腐败等外部因素影响由企业资金情况决定的筹资决策。如业主在企业投资和发展业务不缺乏资金的情况下还筹集大量资金，结果携款出逃。

筹资决策从资金情况方面考虑的因素有筹资规模、所筹资金结构、筹资成本；筹到资金后，企业新的资金情况如何，并做预测分析；进行投资的资金情况预测，是否需要再次筹资；承担的风险如何。企业筹资并不是越多越好，适合自身战略发展才是最重要的，避免出现筹到钱后“有钱没处花”，这是对资金的浪费，同时加大某些方面的负债。

一旦企业决定以其技术生产某个体育用品及提供某种体育服务，负责人就必须聘请会计、财务以及采购管理人员负责采购生产所需原物料以及相关的财务、人事管理，找到合适的厂房、机器设备，并招募到足够的工人从事生产。依财务管理的用语，厂房、机器设备的购置或租赁、存货以及人力资源管理与运用就是投资决策的体现。假如该体育用品及服务销售状况如事前预期，扣除各项成本支出后的剩余就是公司投资所创造的价值。当初企业之所以愿意成立公司生产某个体育用品及提供某种体育服务，无非预期这些投资能为企业及其股东创造更多的财富。

对于提供体育服务的企业来说，投资活动则表现为对运动队及赛事的增值开发。例如体育服务企业通过全部或部分买断体育组织举办的正规赛事，然后通过电视转播、广告推销、争取赞助、纪念品开发等多种渠道开发、推广，成功举办比赛并最后达到盈利的目的。如国际管理集团推广我国的足球和篮球甲 A 联赛，香港精英公司曾经推广过的世界女排大奖赛等。

前面所举的购买厂房、机器、土地、累积存货或保有现金等于公司资产的增加。体育服务企业购买赛事推广这些资产投入也会使公司的资产增加，公司的生产与营运会为公司创造投资净收益，这些净收益若大于购置资产的支出，就表示此项投资计划能够创造价值。

由于未来净收益分属不同期间实现，如何将这些净收益转换为以相同时间的资金来衡量以便于比较是评估投资计划的首要步骤。也就是说，投资决策第一要处理的就是时间要素，如此才能给“价值”正确的界定。

另外，由于投资及融资的收益或支出涉及将来的情况，这就带来了不确定性，这种不确定性给“价值”的界定带来第二个重要的问题就是“风险”和收益的要素。

资金的时间价值及风险和收益的关系将在第三章和第四章详细介绍。

二、体育投融资介绍

（一）财政投资

对于体育来说，由于有些项目属于对社会公众有益的准公共品或公共品，一些场馆或者赛事的组织或单位会得到政府的财政拨款，但政府也必须认识到：在发展体育事业的过程中，财政投入也需要关注投入产出的效益。

我国对体育事业的管理方式，正从直接、微观管理向间接、宏观管理转变。市场对体育资源配置发挥越来越重要的基础性作用。国家财政拨款是体育经费的主渠道，按照“分级管理、分级投资、分级负责”的原则，中央财政拨款主要用于全国性体育组织机构的活动、承担为国争光任务的重点运动项目、参加国际重大体育赛事、扶持经济欠发达地区体育发展、建设国家训练基地等事项。地方财政拨款主要用于建设体育设施、为人民群众提供基本的体育服务、扶持群众性体育组织开展体育活动、发展学校体育和培养体育运动后备人才、建立和完善体育专项资金制度。国家设立“奥运专项资金”“全民健身专项资金”“体育设施建设与维修专项资金”等专项资金，保证体育事业的重点需要。

（二）其他资金渠道

建立多渠道筹资机制是国家鼓励和发展体育的重要举措。彩票、赞助、转播权、体育产业投资基金、上市融资等渠道也是发展体育的重要筹资途径。

1. **体育彩票**

体育彩票的起源可以追溯到古罗马时期。现代意义上的体育彩票，诞生于18世纪的英国。目前，世界上有120多个国家和地区发行各式彩票，其中大部分为体育彩票。1996年全球彩票销售总额达1200亿美元，被称为世界第六大产业。中国的“原始彩票”发行于清朝末期的民间。从1850年英国人在上海开设跑马场，并开始小范围的博彩算起，体育彩票在我国也有百年历史。1994年4月5日我国正式成立体育彩票管理中心，从1994年10月起，在广东省、福建省、江苏省等省试点发行电子计算机彩票。目前，已初步形成了具有一定规模的体育彩票营销市场分级管理网络，体育彩票已成为我国体育产业中的支柱产业之一。

截至2000年底，全国共销售体育彩票192亿元，筹集公益金57.6亿元，加上利益收入等，公益金总收入60多亿元。2001年全国体育彩票的销售额达到百亿元，2002年销售就达到了207亿元，仅用了一年时间就实现了销量翻一番。2017年全国销售体育彩票2096亿元，筹集公益金523亿元。2019年，全国发行销售彩票4220.53亿元，共筹集公益金1158.81亿元。

国家体育总局颁布的《体育彩票发行与销售管理暂行办法》中将体育彩票定义为：为筹集体育事业发展资金发行的，印有号码、图形或文字，供人们自愿购买并按照特定规则取得中奖权利的凭证。体育彩票具有公益性、市场性、娱乐性等特点。发行体育彩票能起到广泛宣传体育、培养公民奉献意识的作用，能够在短期内筹集体育发展资金，减轻国家财政负担；同时有助于全民健身计划和奥运争光计划的实施和扩大就业。

体育彩票的种类主要有：

（1）传统型彩票，又称被动型彩票，由发行部门事先将固定编组、中奖形式、奖金等级和得奖金额或实物公之于众，彩票销售一段时间后，进行集中公开摇奖，由购买者“对号入座”兑奖、领奖的一种彩票。

（2）即开型彩票，是预先确定中奖号码或图形并印刷在彩票中，购得该彩票者中奖。

（3）乐透型彩票，博彩者在一组数字（一般为16～100个）中选择若干个数字，所选数字与预先设定的数字一致则中奖，猜中的数越多奖级越高。

（4）透透型彩票，是对体育比赛的结果进行预测，预测正确则中奖。

现阶段我国体育彩票行业还存在全国各省市的体育彩票市场发展极不平衡、培育力度不够、法制不健全、发行成本过高等问题。

2. 体育赞助

现代意义上的体育赞助始于19世纪中叶，美国是开体育赞助之先河的国家，交通运输业是最早运用体育赞助的行业。大规模的、正式的体育赞助始于20世纪60年代的英国。荷兰皇家壳牌石油公司、埃索石油公司和英国石油公司这三家跨国石油公司开创了企业大规模赞助与自身产品有直接关联的运动项目的先例。1966年，英国烟草商成为企业大规模赞助与自身产品没有直接关联的运动项目的开路先锋。

体育赞助是体育市场运作的基本要素之一。体育赞助对于体育运动的发展和各级运动队的市场经营有着巨大的资金保障作用。体育赞助是以体育部门和赛事为对象（被赞助者），赞助商（赞助者）以各种形式的支出（资金、实物、技术、劳务等）同被赞助者平等交换权利（冠名权、广告权、促销权等），满足双方利益追求的商业行为。体育活动吸引着广大观众，充满动感的体育场馆的广告效应是无可比拟的。通过对体育场馆进行赞助，购买体育场馆的冠名权，本是默默无闻的公司，可以立即扬名全球。

体育赞助商在体育赞助中所寻求的商业利益主要体现为：广告发布权、冠名权、营销沟通的机会、体育场馆建筑商（供货商）的供货权、竞赛器材供货商的供货权、门票及礼遇等。

体育赞助主要有：对体育赛事的赞助、对体育明星的赞助、对体育场馆的赞助等。运作体育赞助，需要分析有关的因素，如宏观经济环境、体育赛事的吸引力、赞助方案及价格、企业界的赞助意识；在分析好有关因素后，就需要具体实施赞助计划，建立赞助工作机构，收集、分析相关资料，拟订赞助目标，设计赞助方案，制定赞助价格，寻找目标进行沟通，最后是签协议、执行和总结。

3. 转播权

电视转播权的销售收入是体育组织特别是重大赛事运营的主要资金来源，是赛事无形资产经营的重要内容。体育组织或竞赛表演的经营者拥有赛事的广播电视版权。按国际惯例，电视、广播机构在对赛事进行报道时应支付版权费，用现金向组织者购买报道权。体育组织一般委托比赛地的电视台或专门机构作为主播台，负责制作和传送电视节目，并支付制作和传送费用，从而拥有赛事的电视版权，并向要求转播的电视台出售比赛的电视版权。只有购买了转播权的电视台才能够获得主播台传送的电视信号。

影响体育赛事转播权价格的因素主要有：体育比赛组织者的理念、体育赛事的规模和形式、体育项目本身的影响力等。

转播权的主要销售方式有：体育组织集中销售竞赛表演的电视版权、体育组织在权利范围内各自销售电视版权、委托中介机构、与电视机构合作及其他方案。

4. 体育产业投资基金

体育产业投资基金可以有效地筹集社会资金投资体育产业，解决国家财政支出对体育产业投入不足的问题。体育产业投资基金以股权形式投资于体育企业，有利于明晰产权，强化出资人的有限责任，建立合理有效的内部管理机制，推进体育产业的现代企业制度改革。

体育产业投资基金需要政府在政策上给予支持，如对中国体育产业投资基金投资收益给予税收减免，以促进其快速成长；提供对体育产业投资基金原始资金的投入，以提高其社会资信度和增强吸纳社会资金的能量；针对中国体育产业投资基金实际情况，制定专门法规和制度，规范中国体育产业投资基金操作行为，创造其高效运行的良好的制度环境，以充分保障投资人利益。

随着经济及体育事业的发展，体育早期主要靠财政投资的单一投融资模式必然会逐步得到扩展，市场化的投融资方式及各类金融工具在体育投融资中的应用会越来越广泛。

三、投融资对体育的影响日益加深

在 2005 年国际足球联合会的报表中可以看到与投融资有关的财务收入有 8600 万瑞士法郎，占当年总收入的 10%（图 1－1）。

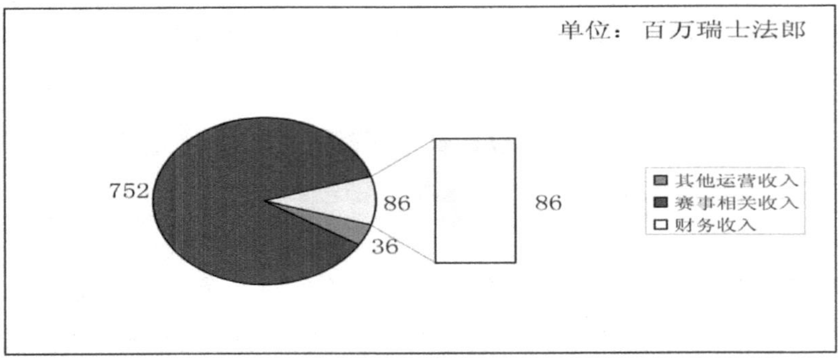

图 1－1　2005 年国际足球联合会的收入结构

据德国《体育内参》报道，从国际奥委会的资产负债表中可以看出，利息正在成为国际奥委会收入的一个重要来源。每年国际奥委会的利息收入可达到 1000 万瑞士法郎，有些年份甚至接近 2000 万瑞士法郎。据尼尔森集团的数据，2018 世界杯得到了 14.5 亿美元的赞助。世界杯比赛通过各种平台向全球 210 个国家进行转播，国际足球联合会的转播收入总价值超过 30 亿美元。

这些都说明投融资对体育的介入正日益加深。了解投融资及其投融资所涉及的金融市场和金融工具，以及初步了解投融资的项目分析及量化分析方法，对于体育事业发展有着重要的意义。

第二节　体育项目投融资

一、项目投资

项目投资是一种以特定项目为对象，直接与新建项目或更新改造项目有关的长期投资行为。项目就是以一套独特而相互联系的任务为前提，有效地利用资源，为实现一个特定的目标所做的一次性的努力。一次性指的是每个项目都有其确定的终点。当一个项目已经实现其预期的目标或已经明确看到时，该项目就到达了它的终点。如筹办一个大型赛事，当比赛结束、场地清理干净并完成赛事结算后，赛事项目就告一段落了。

（一）项目投资的分类

1. 短期投资和长期投资

短期投资又称流动资产投资，是指在一年内能收回的投资。长期投资则是指一年以上才能收回的投资。由于长期投资中固定资产所占的比重最大，所以长期投资有时专指固定资产投资。

2. **采纳与否投资和互斥选择投资**

从决策的角度看，可把投资分为采纳与否投资和互斥选择投资。决定是否投资于某一独立项目的决策是采纳与否投资。在两个或两个以上的项目中，只能选择其中之一的决策叫作互斥选择投资。

（二）投资项目的现金流量

现金流量，在投资决策中是指一个项目引起的企业现金支出和现金收入增加的数量。其具体包括现金流出量、现金流入量和现金净流量三个方面。

1. **现金流出量**

一个项目的现金流出量，是指该项目引起的企业现金支出的增加额。

例如，某健身俱乐部购置新的健身设备，通常会引起下列现金流出：

（1）购置健身设备的价款。购置健身设备的价款可能是一次性支出，也可能分几次支出。

（2）垫支流动资金。由于该健身设备扩大了俱乐部提供健身服务的能力，引起对流动资产需求的增加，所以俱乐部需要追加的流动资金，也是购置该健身设备产生的，应列入该项目的现金流出量。

2. **现金流入量**

一个项目的现金流入量，是指该项目所引起的企业现金收入的增加额。

例如，健身俱乐部购置新的健身设备，通常会产生下列现金流入：

（1）营业现金流入。购置新的健身设备扩大了俱乐部提供健身服务的能力，使企业销售收入增加，而扣除有关的付现成本增量后的余额，就是该健身设备引起的一项现金流入。其计算公式为：营业现金流入 = 销售收入 - 付现成本。

付现成本在这里是指需要每年支付现金的成本，成本中不需要每年支付现金的部分称为非付现成本，其中主要是折旧费。所以，付现成本为总成本费用减去折旧费。

如果从每年现金流动的结果来看，增加的现金流入来自两部分，一部分是利润造成的货币增值，另一部分是以货币形式收回的折旧。

营业现金流入 = 销售收入 - 付现成本
= 销售收入 - （总成本费用 - 折旧费）
= 利润 + 折旧

（2）该生产线出售（报废）时的残值收入。

（3）收回的流动资金。

3. **现金净流量**

现金净流量是指一定时间内现金流入量和现金流出量的差额。

二、项目融资

传统的融资方式是一个公司主要利用自身的资信能力安排融资。外部资金拥有者在决定是否投资或是否提供贷款时的主要依据是公司作为一个整体的资产负债、利润及现金流量状况，对具体项目的考虑是次要的。项目融资是为一个特定项目所安排的融资，贷款人在最初考虑安排贷款时，以该项目的现金流量和收益作为偿还贷款的资金来源，以该项目资产抵押作为贷款的安全保障。如果项目的经济强度不足以保障贷款安全，则贷款人可能需要借款人以直接担保、间接担保或其他形式给予项目附加的信用支持。

项目融资主要有几类方式。一类是凭借企业有形资产的价值作为担保取得筹资信用，这类项目的融资主要涉及传统的融资方式，如银行贷款、债券融资与股票融资等，以及许多创新的融资方式，如可转换债券、资产证券化等。另一类是根据项目建成后的收益作为偿债的资金来源的筹资活动，即以项目的资产作为抵押来取得筹资的信用。

在项目融资中，除项目投资要考虑的各种因素和财务评价的投资决策分析外，还要有：融资决策分析，包含融资方式、融资目标、融资顾问选择；融资结构分析，包含设计项目投资结构、融资结构和资金结构；融资谈判，包含选择银行、发出项目融资建议书、组织贷款银团、起草融资法律文件、融资谈判；项目融资的执行，包含签署融资文件、执行投资计划、控制与管理项目风险等多个方面。

小资料

大型体育场馆：市长融资还是市场融资

2005 年在江苏省举行的第十届全国运动会（简称“十运会”），承办比赛的 54 个场馆分布在江苏省的 13 个地市，包括亚洲最大最先进的赛马场，被国际垒球联合会主席唐·波特盛赞为“世界垒球场经典”的垒球场等。这些体育设施在促进江苏省体育基础设施发展、带动全民健身的同时，如何避免大量巨型场馆成为地方财政的包袱是政府思考的重要问题。

例如，南京奥体中心，设计之初尝试投资和经营体制改革，但在实际操作中，仍然是政府全额投资。政府全额投资不仅给财政带来巨大压力，而且必然导致场馆赛后运营出现产权不清、政企不分的矛盾，亟须进行市场化改革，实现产权主体多元化。

南京赛马场是所有十运会场馆中唯一真正意义上引入市场投资机制的案例。它由南京市国资集团与民企南京红龙集团共同建成，总投资在 2.5 亿元至 3 亿元之间，南京红龙集团控股并负责赛后经营。据管理人员介绍，赛马场的运营思路是：①作为国家马术训练基地，承办亚洲杯马术测试赛等，亚运会、奥运会的参赛队伍也将在此训练；②成立俱乐部对外经营，并与江苏省体育学院联合举办马术专业学校。

为什么市场融资困难？江苏省体育局体育经济处副处长宋志平说：“公共体育设施特别是为大型赛事准备的场馆，投资巨大，带公益色彩，回收周期长，回报率低，是投资者兴趣不大的原因。其背后是群众整体消费水平、消费能力的不足，体育市场远未发展成熟。”“要启动市场，关键是要引导百姓消费，有了市场盈利前景，投资者自然有信心。”

比赛的可观赏性和商业化，则是启动体育市场的钥匙。

（参考资料：新华社姚玉洁、王恒志2005年10月6日的报道）

2010亚运会亚运村建设引入社会投资

2010年亚运会，广东省投入60亿元建设、改建亚运场馆和设施。亚运村以20亿元投资排名第一，但由于引入社会投资，将不花政府一分钱。亚运村占地约2.73平方千米，主要包含了运动员村、体育馆、亚运公园等设施，由于引入社会投资，在亚运会后，参考国际模式，将其变成对外发售的居民住宅项目。

第二章　体育投融资的市场与工具

第一节　投融资市场

一、金融市场概述

（一）概　念

除了企业自身的盈余和银行贷款，企业主要的投资资金来源为发行有价证券（股票及债券），而有价证券交易的场所称为金融市场。可以说金融市场是进行资金融通，实现金融资源配置的市场。

金融市场是整个市场体系中最基本的组成部分之一，是联系其他市场的纽带（图 2 - 1）。金融市场具有满足社会再生产过程中的投融资需求、促进资本的集中与转换、信息集散与降低信息成本的功能。金融市场是因金融资产的交易关系而形成的市场制度体系，通过这个体系，金融资产的盈余部门向金融资产的稀缺部门转移金融资产，从而使得金融资产由那些不能将资金运用到生产性用途的人转向那些能够将其投入生产性领域的人手中，这样，作为经济中稀缺资源的金融资产，就得到有效的配置，从而人类的经济效率和总体福利得到提升。

如果没有金融市场，没有各种我们所习以为常的银行、保险公司、股票交易所等金融机构，人们之间也就没有股票、债券等金融工具可供交易；积累在企业、个人或者政府手里的资金得不到投资和相应的收益；同时，一些资金稀缺的部门由于不能得到足够的资金支持而受到损失。经济中因为金融资产流动受到阻碍而降低了经济效率。同时由于很多资源没有得到优化配置，个人、企业或政府将因为金融市场的缺失受损。金融市场的不发达总是同经济发展的滞后相联系，而那些为执行特殊的国家战略而对金融市场进行抑制或者约束的国家也最终付出了效率损失的代价。

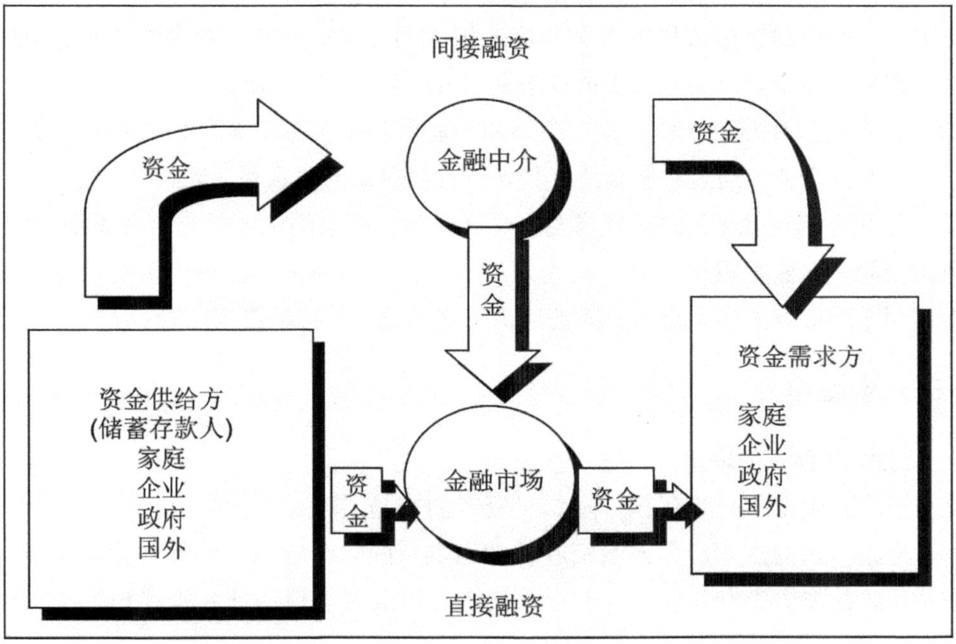

图 2-1　金融系统图

金融市场按金融交易标的期限的长短不同分为货币市场（money market）、资本市场（capital market），货币市场主要交易标的为一年期以下的有价证券，而资本市场系以一年期以上的有价证券为主要交易标的。按交易方式分为传统的金融市场与衍生金融市场；按交易对象不同分为票据市场、证券市场、黄金市场、外汇市场；按是否首次发行分为初级市场（primary market）和二级市场（secondary market）。初级市场主要是政府及公司发行新股或债券的交易地点。二级市场主要是以做市商为主。做市商是指交易标的持有、挂出、买进、卖出价格，以其持有的债券做存货，然后再卖出买进赚取差价。由于他们持有存货，就必须自负风险。由此可知，做市商在交易中属当事人。股票集中市场则是由许多代理商组成，代理商在交易过程中仅仅担任中介撮合的角色，代理商并不能持有存货，他仅代表客户出价寻找买主以赚取手续费。

金融市场包括所有的融资活动：银行以及非银行金融机构作为媒介的融资，企业通过发行债券、股票实现的融资，投资人通过购买债券、股票实现的投资，通过租赁、信托、保险种种途径所进行的资金的集中与分配。

（二）金融市场的参与者

（1）政府（不管是地方政府还是中央政府）经常发行债券来筹集资金，这通常是政府实施积极的财政政策的一种主要手段，其目的是进行公共投资和弥补财政赤字。中央政府经常是活跃的参与者，他们通过自己手里的外汇干预外汇市场，以便使本国的货币维持良好的汇率水平。中央银行是金融市场中特殊的参与者，中央银行执行中央政府的货币政策，从而影响金融市场中资金的流动规模和方向；同时，中央银行也通过公开市场操作，即通过在金融市场上买卖债券来影响市场上的资金供求。

（2）企业通过在金融市场中发行股票和企业债券来募集资金，扩大生产规模和改进技术，但有时候企业也通过一些金融工具来进行套期保值和赢利活动。

（3）居民更是金融市场的活跃参与者，居民手里剩余的资金是储蓄的主要来源之一。居民通过保险、向储蓄机构存款、买卖外汇、购买股票和债券、使用消费信贷等活动广泛地渗透到金融市场的各个角落，频繁地进行直接或者间接的投资活动。

（三）金融中介

1. 金融中介存在的理由

交易成本：金融中介的存在可降低投资者的交易成本。因为个人投资者的劣势为搜寻成本、考察信用的困难、保证投资收益的困难。同时金融中介的优势为规模效应、辨别信用和风险的能力、专业化。这时个人投资者可通过金融中介在金融市场交易中降低交易成本。

信息不完全：道德风险（借款者从事从贷款者的角度看来不合宜的交易，从而增加贷款难以归还的风险）；逆向选择（越是有可能出现不利后果的借款者越是迫切希望得到贷款，而那些贷款信贷风险比较低的借款者反而可能在寻求贷款方面比较不积极）；金融中介的一个主要功能是搜集分析与潜在借款人有关的信息。信息传送和监督是在创造贷款和投资的过程中一种非常重要的行为。

同时也要说明，金融中介本身也存在道德风险和逆向选择问题。

2. 金融中介的功能

金融中介的基本功能：金融中介通过向市场参与者发行债权来筹集资金，然后进行投资。金融中介的基本功能是把投资大众不喜欢的金融资产形式转换为受投资大众欢迎的另一种金融资产，也就是金融中介对投资大众的负债。

金融中介有四种经济功能。①期限中介过程：商业银行通过发行其自身的金融债权将长期资产转换成短期资产，从而使得借款人获得所需的借款期限、存款人或投资者获得所需期限的金融资产。它为投资者提供了不同期限的投资选择，借款人亦可以拥有灵活的负债期限选择。它可以为长期借款人提供任何单一投资者无法提供的低成本长期资金（尽管要承担相应的风险），降低长期借款成本。②分散化投资以降低风险：金融中介将高风险资产转换成低风险资产的经济功能也叫作分散风险。③降低签约成本和信息处理成本。④提供支付机制，如支票、信用卡、提款卡和资金电子划拨系统。

（四）直接融资与间接融资

总体来说，金融市场通过金融中介及有关的市场参与方帮助实现资金在资金盈余部门和资金短缺部门之间的调剂，实现资源配置（前面已经提到），实现风险分散和风险转移（通过金融资产的交易，对于某个局部来说，其风险可分散、转移到别处，而不是指从总体上看消除了风险），确定价格（相当多的金融资产，其票面标注的金额并不能代表其内在价值，其内在价值是多少，只有通过金融市场交易中买卖双方相互作用的过程才能被发现），提供流动性的功能，降低交易的搜寻成本和信息成本。

金融市场是财务管理的直接环境，它确定了企业可能的资金筹集方式，向企业提供一些特定的投资渠道，如证券投资和企业并购；此外还有一个十分重要的环节是它的信息作用。金融市场既是企业筹集资金的主要场所，也是企业投资的重要场所。

金融市场的资金融通主要有以下方式（图2－2）：

1. **直接金融**

直接金融是指资金盈余者和资金需求者直接联系，协商资金融通的契约，并最终达成资金融通的行为。证券融资是直接金融的典型形式。直接金融的优点主要表现在：①资金供求双方有较多的选择自由。在直接金融中，资金供求双方直接接触，在融资时间、期限、利率、数量、资金用途等方面有较多的选择自由。间接金融的限制条件相对较多，使筹资者缺乏主动性和灵活性。②直接金融有利于提高资金的使用效益。例如：筹资者要发行债券和股票，则必须符合发行债券和股票的条件，按规定披露包括财务信息在内的各种资金信息，使自身的经营管理置于监督之下。在间接金融中，资金的使用只通过金融中介对客户进行监督，缺乏更广泛的市场监督和社会监督。③通过直接金融筹集的资金，使用期限较长，发行债券和股票的筹资者可获得比较稳定的资金来源。间接金融一般只获得短期性的资金供给解决筹资者的临时性、周转性的资金不足。

但直接金融也有自身的不足：由于资金的盈余方大多不是专业的投资和金融机构，对资金需求方的信用和经营行为很难准确估计，因而直接金融存在相应的风险。再则，直接金融由于交易双方需求和供给的资金及期限限制条件较高，寻找到互相匹配的交易对象是件困难的事。

直接金融一般通过金融中介完成融资行为。金融中介是指不以自己的名义从事吸收和投放资金，而专门代理资金需求方来从事证券发行业务，从而获取代理费用的金融机构。由于资金供给者和资金需求者之间存在的信息不对称问题，因此资金需求方难以广泛地筹集资金。金融中介由于其分散的营业机构和专业的代理服务，能够在较短的时间内代理资金需求方来发行证券筹集资金。金融中介进行直接融资避免了资金的盈余者专业上的不足，降低了直接金融带来的风险。再则，金融中介通过专业化和分散的机构也降低了寻找到互相匹配的交易对象的成本。

这种方式存在的一个缺点是由于金融中介只是一个代理机构，因此它们并不关注资金需求方的资金使用收益和信用，如果金融中介只关注自身的代理费用收入，就可能忽视证券质量，从而造成投资人的损失。

2. **间接金融**

间接金融是指资金供求双方不直接发生债权债务关系，而是由金融机构以债务人和债权人身份介入其中。银行信贷是间接金融的典型形式。银行等金融中介以自己的名义专门从事吸收家庭、企业等资金供给方的资金，并将这些资金投放到企业和个人等资金需求方的金融机构。他们一般有很广泛的营业网点吸收储蓄，并利用储蓄资金向企业和个人贷款，拥有很丰富的存贷款经验和专业人才。金融中介的资金融通，可以广泛地筹集社会闲散资金，并通过金融中介的专业服务和监督，降低金融风险，提高资金使用效率。

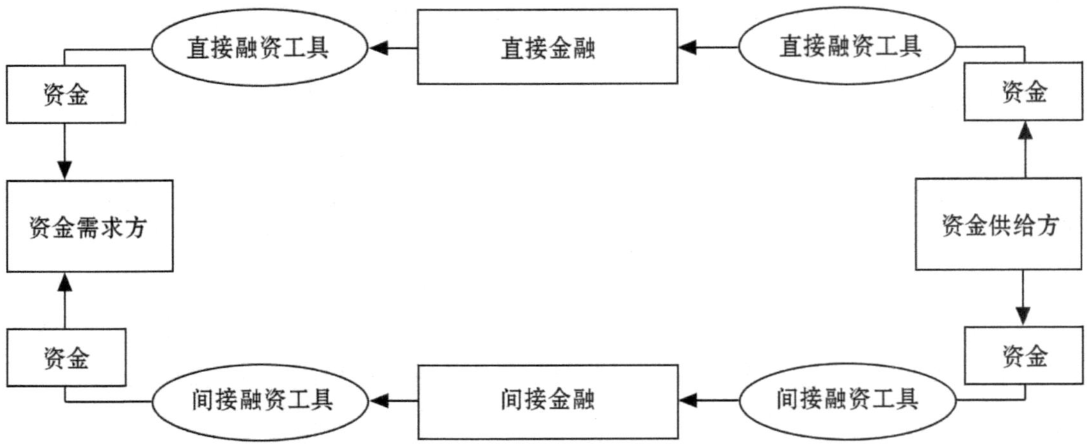

图2－2 金融市场的资金融通方式

间接金融的优点在于：①可以节省交易成本。间接金融由金融中介凭借自身的专业化优势和信息优势，沟通资金供求双方，使供求双方在不直接获取对方信息的情况下，分别满足各自的不同需求。间接金融避免了直接金融中需要资金供求双方直接订立合同，并为合同的执行和监督以及合同双方权利的维护支付大量交易成本的缺陷。②可以享受规模交易的效益及缓冲资金风险。间接金融中资金供给者的资金首先由银行等金融机构吸收，避免了投资者直接面对不熟悉的资金使用者及项目，资金的风险得到缓冲，而直接金融缺乏缓冲机制，并且融资期限较长，因而风险一般大于间接融资。

一个重要的事实：在美国的公司融资中，金融机构的贷款几乎相当于证券市场融资的两倍。德国和日本这两个证券市场融资比例最低的国家，通过金融中介的融资几乎是其证券市场融资总量的十倍。更不必说在大量金融市场不够完善和不发达的国家，金融机构的融资比重更是大大超过证券市场。

二、金融市场的分类

金融市场是一个综合的市场，因此在研究中需要对其进行分类研究，才能实现由个别到一般的认识。金融市场可按多个分类标志进行分类。

（一）按照资金融通的时间分类

按照资金融通的时间，金融市场可分为货币市场和资本市场。所谓货币市场是主要从事短期融资（证券到期日不超过 1 年）市场的统称，主要包括票据市场（贴现市场）、短期国库券市场、可转让大额定期存单市场、回购市场、银行同业间短期拆借市场等。

票据交易的市场称票据市场。交易品种有商业票据和银行承兑票据两种。在商业票据中，有真实交易背景的商业票据称“真实票据”，没有真实交易背景的商业票据称“融通票据”。银行承兑票据：一是指经银行允诺，票据到期履行支付义务即“承兑”的商业票据；二是指银行本身签发用以筹集资金的票据。我国的银行承兑票据仅指前者；在发达市场经济国家，主要交易的对象是后者。票据市场的交易采用“贴现”方式，因而这个市场也称贴现市场。我国现行立法强调票据应有真实交易背景，发达市场经济国家的票据主要是融通票据。

国债市场。一年以内的国债为短期国债。国债由政府信用担保，由于有政府信誉支持，通常视为无风险投资工具。短期国债的发行也采用“贴现”方式。国债市场的流动性在货币市场中是最高的，并且由于其安全性和收益相对稳定，几乎所有的金融机构都参与这个市场的交易。短期国库券市场是中央银行实施资金政策的主要阵地。

可转让大额定期存单市场。可转让大额定期存单是 20 世纪 60 年代商业银行的金融创新产品。存单金额为整数，到期之前不可提款，但可转让。在发达市场经济国家，可转让大额定期存单已经是货币市场的主要交易品种之一。

回购市场。回购市场是指对回购协议进行交易的短期融资市场。这是按交易方式，而不是按交易品种命名的市场。凡金额确定的标准金融合约，如国库券、银行承兑票据、大额定期存单等，均可作为回购协议的对象。

银行同业间短期拆借市场。其参与者为商业银行及其他各类金融机构。我国银行间拆借市场于 1996 年联网试运行，其交易方式有信用拆借和回购两种，以回购为主。对市场经济中的银行等金融机构来说，银行同业间短期拆借市场的存在是灵活调动资金的必要条件，对于保证整个金融体系的稳定相当重要。

资本市场是指融资期限在 1 年以上的长期资金市场。我国的资本市场包括长期存放款市场和证券市场。长期存放款市场起始于 20 世纪 80 年代，现在是企业融通资金的重要渠道之一。资本市场最基本的两部分是股票市场和长期债券市场，这两者统称证券市场。

股票市场专门从事股票交易，包括股票的发行和转让。集中、固定的股票交易场所，称证券交易所。证券交易所提供公开交易的场所，它本身并不参与交易；进入证券交易所进行交易的必须取得交易所会员的资格；买卖股票的一般顾客则需委托交易所的“会员”进行。取得交易所会员资格的分两类：一类只能接受顾客委托，从事经纪人业务；另一类除经纪人业务外，还可自营股票买卖。它们的名衔因国而异。一般以经纪人和交易商来区分。我国习称券商。一般客户如果有买卖上市证券的需要，首先须在经纪人或交易商处开设账户，交纳一定的保证金，以取得委托买卖证券的权利。证券交易所的交易采取竞价成交方式。有一部分尚未在交易所登记上市的股票，在交易所外交易，形成场外交易市场。虽无固定场所，但也有统一的信息网络。股票交易可以通过交易商或经纪人，也可以由客户直接进行；其不同于交易所采取的竞价制度，价格一般由双方协商议定。

长期债券市场。长期债券包括公司债券和长期政府债券。公司债券一般期限在 10 年以上，我国的公司债券目前多为 3 年、5 年；长期政府债券期限从一年起直至无期债券。利率或为固定利率，或为浮动利率。还本付息方式或为定期付息，到期一次还本；或为分期还本付息。长期债券有在证券交易所进行交易的，一般是在场外市场进行交易。我国目前的债券交易集中在证券交易所和银行同业间拆借市场。公司债券发行人的资信状况千差万别，其中包括“垃圾债券”。对投资人越安全、收益和本金越有保障的债券品种，债务成本越低；反之，债务成本越高。

（二）按照证券流通与融资行为的关系分类

按照证券流通与融资行为的关系，金融市场可分为初级市场和二级市场。

初级市场又称发行市场、一级市场，是指证券发行单位向市场投资者发行证券，从投资者手中获取资金的市场。初级市场是组织证券发行的市场，初级市场的首要功能是筹资，需要筹资的企业或政府，在这个市场上发行证券、筹集资金。

在初级市场中，通过投资银行等金融中介的承销，证券发行部门向投资者发售证券，同时收取市场投资者的资金。

投资银行的承销可以有以下三种方式。

包销：是指金融资产的发行人与银行等金融机构协商，由银行等承销机构按照商定的条件把全部证券承接下来负责对公众销售。

代销：是发行人自己承担全部发行风险，只将公开销售事务委托投资银行等办理的一种方式，代销商销多少算多少，它只收取手续费等费用，不承担任何风险。

自销：一般通过私下洽商的方式直接销售给为数不多的个人及团体投资者。

二级市场也称次级市场。证券发行后，各种证券在不同的投资者之间买卖流通所形成的市场即为二级市场，又称流通市场或次级市场。二级市场是指已发售的证券由一个持有者转手给另一个持有者的市场，在这个市场中，证券发行单位不能筹集到资金。二级市场最重要的功能在于实现金融资产的流动性。二级市场以初级市场的存在为前提，没有证券发行，谈不上证券的再买卖；假如没有二级市场，新发行的证券就会由于缺乏流动性而难以推销，从而导致初级市场萎缩，甚至无法存在。

场内市场，即证券交易所。

场外交易市场，又称柜台交易或店头交易（over the counter，OTC）市场，它是在证券交易所之外进行证券买卖的市场。

第三市场：是原来在交易所上市的证券移到场外进行交易所形成的市场。第三市场的交易相对于交易所交易，具有限制更少、成本更低的优点。

第四市场：是投资者和证券的出卖者直接交易形成的市场。其形成的主要原因是机构投资者在证券交易中所占的比重越来越大，它们之间的买卖数额很大，因此希望避开经纪人直接交易，以降低成本。

一个良好的金融市场有以下三个特征。

有效：交易可以很容易地发生，并且价格与所交易的工具价值非常接近。

流动：资产可以很容易地按精确地和公平地代表它们未来现金流价值的价格进行流通。

深度：有许多购买者和出售者，交易与投资持续不断，市场价格呈现出比较好的秩序。也就是说，无论金融市场上的交易量有多么大，由于市场交易的持续性，使得市价不会超常规地涨跌，这要求市场有相当大的市值，经常交易量具有相当大的规模。

除了证券交易所具有二级市场，店头交易市场也属于二级市场。所谓店头交易，是指由专门的证券交易商组成的，专门从事不在证券交易所上市交易或交易量较少的上市公司的证券的市场。这些证券交易商通过持有在店头交易市场上市的公司的证券，随时按公布价格买入或卖出公司证券，使得这些公司的证券能够得到很高的流动性。美国的纳斯达克（NASDAQ）市场就属于这类市场。

二级市场的存在对初级市场具有重要作用，能使初级市场发行的证券具有很强的流动性，从而减少了初级市场证券投资者的投资风险，对于初级市场的证券发行具有重大的支撑作用。早在1880年前后我国就开始有股票交易，中华人民共和国成立后，证券交易所停止活动。1990年11月和1991年7月，上海、深圳两证券交易所成立——标志着中国的证券交易市场开始走上正规化的发展道路。

新证券发行有公募与私募两种方式。私募方式指发行人直接对特定的投资人销售证券；公募方式指发行人公开向投资人推销证券。为此，发行人必须遵守有关事实全部公开的原则，公布各种财务报表及资料。

三、金融机构

在现代金融市场中，金融机构多种多样，其功能也各不相同。以下是一些常见的金融机构。

（一）商业银行

商业银行是间接金融领域中最主要的中介机构，也是存款性金融机构的最典型形式。商业银行以其为数众多、业务渗透面广、资产雄厚、创造存款资金等特殊优势，在整个银行业中始终占据基础和主体地位。商业银行以追求利润最大化为目标，以多种金融负债筹集资金，以多种金融资产为其经营对象，是综合性服务的金融机构。

在现代经济生活中，商业银行的功能主要如下：

1. **信用中介职能**

这是商业银行最基本、最能反映其经营活动特征的职能。信用中介是指商业银行通过负债业务，把社会上的各种闲散资金集中到银行，通过资产和负债业务，把它投向需要资金的各部门，充当资金供给者和资金需求者之间的中间商，实现资金的融通。一方面，商业银行通过支付利息吸收存款，借入款项；另一方面，商业银行又通过贷放资金资本或购买有价证券等投资活动收取利息及投资权益。这种收入和支出之间的差额便形成了商业银行利润。信用中介职能挖掘了社会闲散资金的潜力，提高了社会总资本的运用效率。

2. **支付中介职能**

支付中介是指商业银行利用账户为客户保管资金，为客户办理各种资金结算、资金收付、资金兑换和转移存款等业务活动。支付中介是商业银行的传统功能，借助于这一功能，商业银行成了工商企业、政府、家庭的资金保管人、出纳人和支付代理人，这使商业银行成为社会经济活动的出纳中心和支付中心，并成为整个社会信用链的枢纽。商业银行在办理支付过程中，由于广泛使用支票和先进的结算支付工具，不仅大大减少了现金的使用，节约了流通费用，而且加快了结算速度和资金周转。

3. **金融服务职能**

商业银行凭借自身的优势和中枢地位，利用其在提供信用中介和支付中介业务过程中所获得的大量信息为客户提供各种服务，如财务咨询、信息咨询、信托、租赁、现金管理、决策支援、自动转账、保管箱、代理买卖有价证券等。商业银行发挥这种服务职能，既是现代经济生活多样化、企业经营环境复杂化的客观要求，也是银行间以及银行与各种金融机构间市场竞争日益激烈的结果。这些服务扩大了他们在社会生活中的影响，同时也为自己创造了更大的收入和市场份额。

4. **信用创造职能**

这是商业银行区别于其他金融机构最显著的特征。商业银行在吸收存款的基础上发放贷款，在支票的流通和转让结算基础上，贷款可以转化为存款，在存款不提取的情况下，就增加了商业银行的资金来源。另外，商业银行还在银行信用的基础上创造了可以代替资金的信用流通工具，如银行券和支票。整个银行体系可以形成数倍于原始存款的派生存款，这就是银行的信用创造职能。

（二）非银行金融机构

投资银行（在我国，没有直接以投资银行命名的投资银行；众多的证券公司及金融持股公司等实际是投资银行这一环节的主要力量）、金融公司、保险公司、租赁公司、信托投资公司等都属于非银行金融机构。

投资银行是主营业务为资本市场业务的金融机构，它在资本市场上从事证券发行、承销、交易及相关的金融创新和开发活动，是为资金盈余者和短缺者提供资金融通服务的中介机构。

虽然投资银行和商业银行都是资金盈余者与资金短缺者之间的中介，但投资银行是直接融资的中介，而商业银行是间接融资的中介。商业银行主要从事间接融资，其核心业务是存贷款业务，其他业务则是在存贷款业务的基础上派生的；投资银行的核心业务是证券承销，其他业务如咨询业务、研发业务是在此基础上产生的，服务于核心业务。这是两者显著的区别。

投资银行主要业务有资金募集（股票发行、企业上市、信托融资、创业投资）；财务顾问（并购重组、管理层收购、上市公司收购、项目融资）；资产管理（投资基金、代客理财）及金融创新的各类业务。表 2－1 是一些体育企业或组织在金融市场的融资例子。

表 2－1 体育企业或组织在金融市场融资的例子

体育企业或组织	股票融资市场	债券市场及其他融资市场
耐克（Nike）	纽约证券交易所	
阿迪达斯（Adidas）	德国交易所	欧洲市场，银行贷款
中体产业	上海证交所	银行贷款
李宁	香港联交所	银行贷款
安踏	香港联交所	银行贷款
曼联	伦敦证券交易所	纽约证券交易所
国际足联		2001 年，为 2002 年世界杯足球赛所发行的 4.2 亿美元债券

第二节 体育与投融资工具

2007 年福布斯公布的世界足坛财富榜显示，拥有 7.4 亿英镑（1 英镑≈8.92 元人民币）资产的英超豪门曼彻斯特联足球俱乐部（以下简称曼联）是世界上最富的足球俱乐部。同时曼联的负债也很高。虽然曼联是最有钱的，但并不是最能挣钱的。德勤会计事务所公布的 2006 年足坛收入排行榜，曼联仅居第 4 位。皇家马德里足球俱乐部（以下简称皇马）（1.91 亿英镑）、巴塞罗那足球俱乐部（以下简称巴塞罗那）（1.69 亿英镑）和尤文图斯足球俱乐部（以下简称尤文图斯）（1.64 亿英镑）在电视广告收入上都超过了曼联（1.58 亿英镑）。爱德华兹通过收购其他小股东股票，通过多年的分红和曼联股票上市，获得了丰厚的回报。2005 年，美国人格雷泽通过负债等融资工具收购曼联。

俱乐部财富榜前 10 位（英镑）

1. 曼联　　　　　7.40 亿

2. 皇马　　　　　5.28 亿
3. 阿森纳　　　　4.66 亿
4. 拜仁　　　　　4.27 亿
5. AC 米兰　　　4.20 亿
6. 尤文图斯　　　2.89 亿
7. 国际米兰　　　2.82 亿
8. 切尔西　　　　2.74 亿
9. 巴塞罗那　　　2.73 亿
10. 沙尔克　　　2.40 亿

在职业体育俱乐部的发展中，体育俱乐部借助各种融资工具获得资金，促进了自身的发展。另外，体育企业的经营发展和投融资工具的联系更加紧密。要理解债券和股票在体育融资中的差异与价值体现，要用其他融资工具分析体育，需要对这些概念进行讨论。

投融资工具也称作金融工具，是金融市场上交易的对象，在资金融通过程中，资金需求方交付给资金供给方用于证明双方之间存在资金融通交易的证明，是双方资金融通的一种契约形式。金融交易的形式不同，金融工具也不同。由于现代资本市场和银行业的经营都是严格在金融法规控制下开展的，所以金融工具也大都具有规范的格式与名称，如商业票据、政府债券、公司债券、股票、可转让大额定期存单等。严格地说，储蓄存折也属于金融工具，但因其不具有市场流通的可能而很少在金融市场上流通。我国主要的金融指标如表 2 - 2。

对各种常见的金融工具人们经常用证券来统称。证券是指发行人为筹集资金而发行的、表示其持有人对发行人直接或间接享有股权或债权并可转让的书面凭证，包括债券、股票、新股认购权利证书、投资基金证券及其他各种派生的金融工具。《中华人民共和国证券法》规定的证券是指在中国境内发行的股票、公司债券和国务院依法认定的其他证券。2019 年我国证券市场的基本状况如表 2 - 3。

证券具有收益性和风险性。股票、债券、基金的投资目的在于获取投资收益。投资人认购股票后，有获得股息、红利的权利；认购债券后，有获得债息的权利。但是，投资人获取收益的权利若要实现，必须以投资确有效益为前提，而投资本身就意味着同时伴有一定风险。

如果股票、债券、基金的发行人因经营不善造成亏损甚至破产，则投资人的预期收益可能丧失。当然，股票、债券、基金的风险和收益并不一样，一般来说，风险大的投资收益相对也高，风险小的投资收益较低，股票的风险和收益一般比债券大和高，而基金的风险和收益则介于股票和债券两者之间。

证券具有流通性。股票、债券、基金投资人可以在证券市场上自由地将持有的证券转让给其他人，这样可以使投资人收回现金另作他用，流通性还起到了减少投资风险的作用。在股票、债券、基金转让时，投资人收到的现金可能高于或低于券面金额，这是因为受社会、经济、心理因素的影响，证券的市场价格会不断波动，当它低于发行价格时，投资人就会蒙受损失。

表 2-2 2019 年我国主要金融指标摘要

指标及单位	数据
金融机构人民币信贷资金来源（亿元）	2317003
金融机构资金来源各项存款（亿元）	1928785
金融机构资金来源各项存款中财政性存款（亿元）	40840.17
金融机构资金来源金融债券（亿元）	82924
金融机构资金来源流通中货币（亿元）	77189.47
金融机构资金来源对国际金融机构负债（亿元）	5.91
金融机构人民币信贷资金运用（亿元）	2317003
金融机构资金运用各项贷款（亿元）	1531123
金融机构资金运用各项贷款境内贷款（亿元）	1525755
金融机构资金运用各项贷款中票据融资（亿元）	76175.51
金融机构资金运用各项贷款境外贷款（亿元）	5367.86
金融机构资金运用有价证券及投资（亿元）	385520
金融机构资金运用股权及其他投资（亿元）	183729.7
金融机构资金运用黄金占款（亿元）	2855.63
金融机构资金运用外汇占款（亿元）	212317.3
金融机构资金运用国际金融机构资产（亿元）	1457.32
货币和准货币（M2）供应量（亿元）	1986489
货币（M1）供应量（亿元）	576009.2
流通中现金（M0）供应量（亿元）	77189.47
货币供应量中活期存款供应量（亿元）	498819.7
准货币供应量（亿元）	1410480
准货币供应量定期存款（亿元）	363486
准货币供应量储蓄存款（亿元）	819161.8
准货币供应量其他存款（亿元）	227831.8
黄金储备（万盎司）	6264
外汇储备（亿美元）	31079.24

数据来源：国家统计局统计年鉴。

表 2－3　2019 年我国证券市场基本状况

指标及单位	数据
境内上市公司数（A、B 股）（家）	3777
境内上市外资股公司数（B 股）（家）	97
境外上市公司数（H 股）（家）	294
股票总发行股本（亿股）	61740
流通股本（亿股）	52488
股票市价总值（亿元）	593075
股票流通市值（亿元）	483327
股票成交量（亿股）	126624
股票成交金额（亿元）	1274159
上证综合指数（收盘）	3050. 1
深证综合指数（收盘）	1722. 9
上海平均市盈率（%）	15. 6
深圳平均市盈率（%）	35. 6
上海平均换手率（%）	193. 9
深圳平均换手率（%）	454. 9
国债发行额（亿元）	83715
债券成交额（亿元）	2473724
国债现货成交金额（亿元）	83530
国债回购成交金额（亿元）	2390194
证券投资基金只数（只）	6111
证券投资基金规模（亿元）	136937
证券投资基金成交金额（亿元）	91679
期货总成交量（万手）	392157
期货总成交额（亿元）	2905856

数据来源：国家统计局统计年鉴。

筹措投资计划所需的资本支出的方式很多，其中最重要的就是由公司发行有价证券。有价证券亦称为金融工具，有价证券的价值决定于发行公司投资与营运所创造出来的价值以及分配方式。证券可以是股份要求权（股票）或债务要求权（债券），通常公司最常用的金融工具为股东权益和负债（或称为股票和债券）。这两种金融工具最主要的差异在于其投资报酬与公司价值间的关系。

一、股票与债券

股票是股份公司发给股东的所有权凭证，是股东借以取得股利的一种有价证券。股票可以按不同的方法和标准分类：按股东所享有的权利，可分为普通股和优先股；按票面是否标明持有者姓名，分为记名股票和无记名股票；按股票票面是否记明入股金额，分为有面值股票和无面值股票；按能否向股份公司赎回自己的财产，分为可赎回股票和不可赎回股票。按照我国现行的《中华人民共和国公司法》，目前各公司发行的都是不可赎回、记名、有面值的普通股票。按投资主体的不同，股票可分为国家股、法人股、个人股等。以发行对象和上市地区为标准，可将股票分为 A 股、B 股、H 股和 N 股等。

股票和债券最大的差别在哪里？债券最基本的特质在于它是一种在事先确定的时点上对债券持有者给付一定金额的契约，且承诺给付金额不受契约以外的因素所影响。债券发行者在事前承诺的支付日不能兑现承诺，则债券发行者就有破产的可能性。公司兑现所有应支付的承诺后，若仍有残余价值，股东权益则是股东对这些残余价值的请求权。债券的收益在某种程度上是“固定”的，而股票的收益则可能非常大，以图 2－3 说明两者差异。

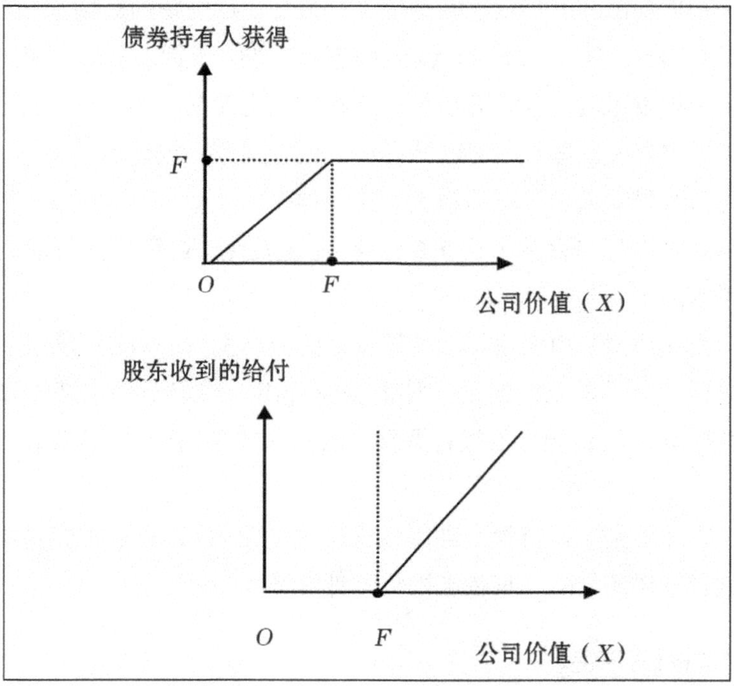

图 2－3　股票与债券的差异

由图 2－3 可知，若公司因投资与营运所创造的价值（X）大于公司对债券持有者的承诺（F）（$X \geq F$），其中 F 为债券持有者应得的给付，而 $X-F$ 则为股东应得的部分。当 $X<F$ 时，X 为债券持有者实得的给付，而股东所得的部分为0。由此可知，债券和股票的投资报酬皆取决于公司投资与营运所创造的价值，但分配的方式则大不相同。

我们用上面的知识简单分析一下2009年世界足球俱乐部排名第三的百年足坛豪门曼联发5亿英镑债券的例子，当初收购曼联让其退市的格雷泽是不愿意通过出让股权来融资的，而债券利息通常是事先确定的，到期付本还息，投资者风险较小，同时可能获得的收益也是固定的，融资方在曼联的价值上升时付出的融资成本也是固定的。债券利息大概为8.5%，7年到期。曼联最新一年创造了4820万英镑价值，如能维持这个能力，对债券还本付息是可行的。

如图2-3所示，如果曼联的价值能超过到期时的债券持有者应得的给付，则债券持有人获得固定报酬，股东获得曼联价值减债券持有者应得的给付。如果曼联到期价值小于债券持有者应得的给付，则曼联到期价值为债券持有者实际所得，股东所得为0。

前面我们讨论了按证券持有人权限划分的股票与债券类工具，下面按照金融工具所属市场介绍各类金融工具。

二、货币市场工具

货币市场是指以期限在1年以下的金融资产为交易标的物的短期金融市场。之所以称货币市场，主要原因有：①变现性和流动性较强，类似于货币；②二级市场交易活跃，交易规模大，成为批发市场；③公开市场，不存在固定交易顾客。

货币市场工具主要有国库券、可转让存单、商业票据、银行承兑票据、回购协议等。

国库券：无违约风险债券。交易量大，流动性强。

可转让存单：是银行向存款人出售的一种债务工具，它每年支付固定的利息，到期按照购买价格还本。

商业票据：商业票据是由大银行和信用良好的公司发行的短期债务工具。

银行承兑票据：银行承兑票据是一种由企业开出、约定于将来某一日付款，并经银行盖上“已承兑”印章进行担保的银行票据（类似于支票的付款承诺），银行在这一活动中收取手续费。

回购协议：实际上是短期贷款（期限通常不超过两周），在这种交易中，国库券是抵押品，如果借款者不偿还贷款，贷款者则将这种资产收为己有。

三、资本市场工具

资本市场是指主要从事长期融资（证券到期日超过1年）的融资行为的市场。我国的资本市场包括长期存放款市场和证券市场。货币市场工具与资本市场工具的区别可以从期限、风险、流动性、参与者等方面考察。

资本市场工具主要有政府机构证券、企业债券、抵押贷款、股票。

政府机构证券：这些证券由政府机构发行，主要用于各种政府贷款计划。政府机构证券最大的部分是由政府发起机构发行的，包括开发建设融资机构和农业融资机构。

企业债券：企业债券是企业依照法定程序发行，约定在一定期限内还本付息的债券。在一定限度内，证券市场上的风险与收益呈正相关关系，高风险伴随着高收益。企业债券由于具有较大风险，它们的利率通常也高于国债。

抵押贷款：是债务工具中最大的一个单项，抵押贷款用于为住宅和商用建筑融资。

股票：股票无到期价值或到期日，也不承诺支付固定数额的款项。股票是包括债券持有人在内的所有优先要求权得到满足后，对发行人的留存收益和资产的要求权。

货币市场与资本市场共同构成金融市场的重要内容，它们是金融市场中互相补充、缺一不可的两个部分。资本市场主要满足长期性资金需求，同时货币市场满足短期资金需求。

货币市场通过同业间拆借市场、票据贴现市场、承兑市场、短期政府债券市场、证券回购市场等短期金融工具，将资金盈余者和资金需求者联结起来，为经济中流通的资金提供了巨大的流动性和获益机会。对于整个金融市场来说，货币市场和资本市场是金融市场中两种互相补充并且分担着不同功能的市场。

第三节 股 票

证券是各类财产所有权及债券凭证的统称，表示其持有人对发行人直接或间接享有股权或债权并可转让的书面凭证。

股权证券即一般所指的股票，大致可分为普通股和优先股。大部分在交易所证券市场上市的股本证券均为普通股，且占成交量的主要部分。

一、普通股

普通股代表了公司的所有权份额。每份普通股赋予它的所有者在公司年度股东大会上对人和公司治理重要事务的一张选票及对公司收益的索取权。普通股是随公司利润变动而变动的一种股份，是公司资本构成中最普通、最基本的股份，是股份公司资金的基础部分。

普通股的基本特点是其投资利益（股息和分红）不是在购买时约定，而是事后根据股票发行公司的经营实绩来确定，公司的经营实绩好，普通股的收益就高；经营实绩差，普通股的收益就低。普通股是股份公司资本构成中最重要、最基本的股份，亦是风险最大的一种股份，但又是股票中最基本、最常见的一种。

一般普通股的特点如下：

（1）普通股股东一般都拥有发言权和表决权，即有权就公司重大问题进行发言和投票表决。普通股东持有一股便有一股的投票权，持有两股便有两股的投票权。任何普通股东都有资格参加公司最高级会议——每年一次的股东大会，如果不愿参加，也可以委托代理人来行使其投票权。

（2）普通股股东一般具有优先认股权，即当公司增发新普通股时，现有股东有权优先购买新发行的股票，以保持其对公司所有权的原百分比不变，从而维持其在公司中的权益。比如某公司原有 100 万股普通股，而你拥有 1 万股，占 1%，现在公司决定增发 10% 的普通股，即增发 10 万股，那么你就有权以增发价格购买其中 1% 即 1000 股，以便保持你持有股票的比例不变。

在发行新股票时，具有优先认股权的股东既可以行使其优先认股权，认购新增发的股票，在股东认为购买新股无利可图，而转让或出售认股权又比较困难或获利甚微时，也可以听任优先认股权过期而失效。公司提供认股权时，一般规定股权登记日期，股东只有在该日期内登记并缴付股款，方能取得认股权而优先认购新股。通常这种登记在登记日期内购买的股票又称为附权股票，相对地，在股权登记日期以后购买的股票就称为除权股，即股票出售时不再附有认股权。在股权登记日期以后购买股票的投资者（包括老股东），便无权以低价购进股票，此外，为了确保普通股权的权益，有的公司还发行认股权证，即能够在一定时期内（或永久）以一定价格购买一定数目普通股份的凭证。一般公司的认股权证是和股票、债券一起发行的，这样可以更多地吸引投资者。

（3）持有普通股的股东有权获得股利，但必须是在公司支付了债息和优先股的股息之后才能分得。当公司经营有方，利润不断递增时，普通股能够比优先股多分得股利，如果公司经营不善，可能连一分钱都得不到，甚至可能连本也赔掉。当公司因破产或结业而进行清算时，普通股东必须在公司的债权人、优先股股东之后才能分得财产，财产多时多分，少时少分，没有则只能作罢。普通股东与公司的命运紧密相关，公司获利时，普通股东是主要的获益者；公司亏损时，普通股东也是主要的受损者。

二、优先股

优先股是相对于普通股来说的，具有股权和债权的双重特征。优先股是公司发行的在分配红利和剩余财产时比普通股具有优先权的股份。

（一）主要特征

预先约定股息收益率。由于优先股股息率事先固定，所以优先股的股息一般不会根据公司经营情况而增减，而且一般也不能参与公司的分红。

优先分派股息和清偿剩余资产。股份公司分派股息的顺序是优先股在前，普通股在后。不论股份公司盈利多少，只要股东大会决定分派股息，优先股就可按照事先确定的股息率领取股息，即使普遍减少或没有股息，优先股亦应分派股息。股份公司在解散、破产清算时，优先股具有公司剩余资产的分配优先权，不过，优先股的优先分配权在债权人之后，而在普通股之前。只有还清公司债权人债务之后，有剩余资产时，优先股才具有剩余资产的分配权。只有在优先股索偿之后，普通股才参与分配。

表决权受到一定限制。优先股股东一般没有选举权和被选举权，对股份公司的重大经营无投票权，但在某些情况下可以享有投票权。如在公司股东大会需要讨论与优先股有关的索偿权及优先股股票所保障的权益时，优先股股东可以享有相应的投票权。

（二）种　类

优先股的种类很多，为了满足一些专门想获取某些优先好处的投资者的需要，优先股有各种各样的分类方式。

（1）累积优先股和非累积优先股。累积优先股是指在某个营业年度内，如果公司所获的盈利不足以分派规定的股利，日后优先股的股东根据往年付给的股息，有权要求如数补给。对于非累积的优先股，虽然对于公司当年所获得的利润有优先于普通股获得分派股息的权利，但如果该年公司所获得的盈利不足以按规定的股利分配时，非累积优先股的股东不能要求公司在以后年度中予以补发。一般来讲，对投资者来说，累积优先股比非累积优先股具有更大的优越性。

（2）可转换优先股和不可转换优先股。可转换优先股是指允许优先股持有人在特定条件下把优先股转换成为一定数额的普通股；否则，就是不可转换优先股。可转换优先股是近年来日益流行的一种优先股。

一个体育企业优先股和普通股转换的例子：

2009 年 4 月，在新加坡上市的中国鸿星体育有限公司宣布将 Och – Ziff 资产管理公司持有的剩余 960. 8 万股可赎回可转换优先股强制性转换为 4804 万股普通股，转换价格为每股 0. 25 新币。新增普通股相当于扩大后股本 28 亿股的约 1. 7% 。转换后的新股将在 4 月 21 日计入股本。转股后，公司不再有可赎回可转换优先股。请试分析转换对该公司的融资工具和融资成本可能会带来哪些影响?

（3）可赎回优先股和不可赎回优先股。可赎回优先股是指允许发行该类股票的公司，按原来的价格再加上若干补偿金将已发行的优先股赎回。当该公司认为能够以较低股利的股票来代替已发行的优先股时，往往就会行使这种赎回权利；反之，就是不可赎回优先股。

普通股与优先股的区别：普通股和优先股是一家公司发行而股东权利不同的两类股票，但并非每家上市公司均会发行优先股。普通股持有人是公司股东，有投票权利。至于派息则由公司商议决定，并非必然，即使公司当年有利润，也不一定宣布派息。

优先股持有人可先于普通股股东获得分配已商定股息的权利。优先股股东并无投票权，但可收取固定的股息（即股息不会因公司利润增加而提高）。假如公司不幸破产清盘，优先股股东可先于普通股股东获分公司资产，但其分派次序仍在所有债权人之后。

三、股票的特性

股票是股份证书的简称，是股份公司发给股东证明其所持有股份的凭证，是有权取得股息和红利的有价证券。它代表股东对公司的所有权。如果股票持有人手中握有某一公司一定比例的股票，那么股票持有人对该公司便具有一定比例的所有权。上市的股票可以在证券交易所出售，但不能向公司退股，股票可以作为买卖对象和抵押品，成为资金市场主要的长期信用工具之一。股票的主要特征如下。

（一）风险性

股票一经购买，便不能退还本金。股票投资者能否获得预期的报酬，完全取决于公司的盈利情况，利大多分，利小少分，亏损承担责任，破产时可能连本金也保不住。因此，股票投资者总是要冒一定风险的。所以，股票投资是一种长期而又没有确定期的无期投资。但是，由于存在股票的转让买卖交易市场，因此，股票投资者可以通过股票市场将股票卖出而转让给其他投资者，以收回投资资金。

另外，股票作为交易对象，就如同商品一样，有自己的价格。这种价格除了受制于公司的经营状况，还受经济、政治、社会的诸多因素影响，处于不断变化的状态中，大起大落的现象也时有发生，表现为与票面价值的不一致性。

（二）责权性

普通股票持有者有权或通过其代理人参加股东大会，选举董事会，参与公司经营管理的决策，权力的大小，取决于占有股票的多少。股票持有者具有参与股份公司盈利分配和承担有限责任的权利和义务。股票是代表股份资本所有权的证书，是投资者投资入股的凭证。持有股票的股东一般有参加公司股东大会的权利，具有投票权，在某种意义上亦可看作参与经营权，股东亦有参与公司盈利分配的权力，可称之为利益分配权。股东可凭其持有的股份向股份公司领取股息权、索偿权和责任权。在公司解散或破产时，股东需向公司承担有限责任，股东要按其所持有的股份比例对债权人承担清偿债务的有限责任。在债权人的债务清偿后，优先股和普通股的股东对剩余资产亦可按其所持有股份的比例向公司请求清偿（即索偿），但优先股股东要优先于普通股，普通股只有在优先股索偿后如仍有剩余资产时，才具有追索清偿的权利。

（三）流通性

股票可以在股票市场上随时转让，进行市场交易，换成现钞，但不能退股。所以，股票亦是一种具有颇强流通性的流动资产。无记名股票的转让只要把股票转给受让人，即可达到转让的法律效果。记名股票转让则要在卖出人盖章背书后才可让出。正是由于股票具有颇强的流通性，才使股票成为一种重要的融资工具而不断发展。

（四）股票的分割与合并特性

股票分割是指将面额较高的股票交换成面额较低的股票的行为。例如，将原来的一股股票交换成两股股票。股票分割时，发行在外的股数增加，使得每股面额降低，每股盈余下降；但公司价值不变，股东权益总额、权益各项目的金额及其相互间的比例也不会改变。对于公司来讲，实行股票分割的主要目的在于通过增加股票股数降低每股市价，从而吸引更多的投资者。此外，股票分割往往是成长中公司的行为，这种有利信息会对公司有所帮助。

若公司认为自己股票的价格过低，为了提高股价，会采取股票合并的措施。股票合并是股票分割的相反行为，即将数股面额较低的股票合并为一股面额较高的股票。

小资料

广州足球俱乐部股权转让

2010 年 3 月 1 日下午，广州足球发展中心与恒大地产集团签署俱乐部股权转让协议，恒大地产集团拥有新俱乐部百分之百的股权。从新赛季开始，广州恒大足球俱乐部会担起振兴广州足球的重任。

虽然恒大地产集团成为俱乐部全权股东，但由于其第一次涉足足球，广州体育局在新赛季还会继续管理球队竞赛及开发事务，利用体育局的经验保证球队在新赛季顺利完成过渡。

（参考资料：人民网　广州 2010 年 3 月 1 日）

四、存托凭证

存托凭证（Depository Receipts），又称存券收据或存股证，是指在一国证券市场流通的代表外国公司有价证券的可转让凭证，这里的有价证券既可以是股票，也可以是债券。美国存托凭证（ADR）是面向美国投资者发行并在美国证券市场交易的存托凭证。一份美国存托凭证代表美国以外国家一家企业的若干股份。

第四节 债 券

一、债券的定义

债券是发行人按照法定程序发行，并约定在一定期限还本付息的有价证券。通俗地讲，债券就是发行人给投资人开出的“借据”。由于债券的利息通常是事先确定的，因此债券通常被称为固定收益证券。债券的基本要素有四个：票面价值、债券价格、偿还期限、票面利率。

（一）票面价值

债券的票面价值简称面值，是指债券发行时设定的票面金额，我国发行的债券一般是每张面值100元人民币。

（二）债券价格

债券的价格包括发行价格和交易价格。债券的发行价格可能不等同于债券面值。当债券发行价格高于面值时，称为溢价发行；当债券发行价格低于面值时，称为折价发行；当债券发行价格等于面值时，称为平价发行。

（三）偿还期限

债券的偿还期限是个时间段，起点是债券的发行日期，终点是债券票面上标明的偿还日期。偿还日期也称为到期日，在到期日，债券的发行人偿还所有本息，债券代表的债权债务关系终止。

（四）票面利率

票面利率是指每年支付的利息与债券面值的比例。投资者获得的利息就等于债券面值乘以票面利率。

投资者承担风险的水平强烈影响着债券发行方支付的债券的利率。为标识投资者所承担的风险相对大小，为了反映投资者日益增长的对不同风险领域和产品的评级需求，国际上的评级公司发展出越来越多的评级符号系统，例如穆迪（Moody's）目前共有近30种评级体系，而标准普尔（S&P）因为还进行股票评级，其评级符号则更为复杂。但对信用产品尤其是公司债的投资者，最基本的则是两大评级符号系统——长期信用评级和短期信用评级。按照标准普尔和穆迪的定义，长期信用评级反映的是1年及以上债务的相对信用风险。信用评级都是由一套符号系统来表示的，不同的符号系统度量的是不同方面。

两个代理机构使用的按字母顺序的评估系统一般被认为是等效的，并且他们确定债券评级时考虑的政府的特征相似。表 2－4 显示了债券等级评定情况。

表 2－4　穆迪和标准普尔的资信评级

穆迪评级	级别	级别	标准普尔评级
最高的资信质量；最低的投资风险，利息支付获得极佳的收益保护，本金是安全的，任何变化都不会损害其实力	Aaa	AAA	最高的资信等级，满足债务偿还责任的实力极强
高资信质量；风险保障略低于 Aaa，波动略大	Aa	AA	略低于 AAA 等级，满足债务偿还责任的实力很强
拥有许多好的投资特征，属中上资信质量；本息偿付有保障，但是未来可能会受到负面因素的影响	A	A	比起 AA 以上等级，略易受到经营环境及经济条件的不利影响，但是满足债务偿还责任的能力仍强。
中等资信质量；目前有足够的利息支付和本金安全保障能力，但是未来可能会出现能力不足；这类债券缺乏明显的投资特征，且有了一些投机的特点	Baa	BBB	承担债务责任的实力充分，但是不利的经营环境或改变的经济条件容易削弱其偿债实力
有投机特征；未来缺乏安全性；本息支付保护适度，未来不论经营环境好坏，没有保护措施；此类债券的投资基础不稳	Ba	BB	投机级中违约风险最低，但却面临着不利的经营、财务或经济条件，可能导致偿付能力不足的风险或不确定性
一般缺乏投资特征，未来本息偿付或其他合约的履行保证会少	B	B	较 BB 等级有更大的违约风险，但目前尚有实力满足债务偿付。不利的经营、财务及经济条件有可能损害偿付实力或意愿
较差的表现，此类债券也许会违约，或目前本息支付已经出现危险	Caa	CCC	目前有较高的违约风险，偿付能力依赖好的经营、财务和经济条件，不利的经营、财务和经济条件必然导致偿付实力不足
高投机级，此类债券常常违约，或有明显的实力缺陷	Ca	CC	目前的违约风险很高
债券最低等级，此类债券有非常差的预期表现	C	C	破产申请或类似的行为已经实施，但债务偿付仍在继续
		D	支付违约已经发生，即使已经获准延期。破产申请或类似行为已经被受理

资料来源：Moody's，S&P。

二、债券的分类

目前我国的债券主要有国债、金融债券、公司债券和可转换公司债券。此外，国际债券也是一种日益重要的国际融通资金的金融工具。

（一）国　债

国债是由财政部代表中央政府发行的债券，以国家信用作为偿还的保证，因此国债在所有债券品种中信用等级最高，但票面利率最低，投资人购买国债的利息收入免征个人所得税。国债主要分为储蓄式国债和记账式国债。

1. **储蓄式国债**

储蓄式国债分为凭证式国债和电子式储蓄国债。凭证式国债以现金购买，以“凭证式国债收款凭证”记录债权，到期凭“凭证”一次兑付本息；电子式储蓄国债通过银行账户购买，以“电子记账”的方式记录债权，可以每年支付利息，到期自动转为活期存款。储蓄式国债面向个人投资者发行，可记名、挂失，但不能上市流通；储蓄式国债可提前兑付，按照实际持有时间和相应利率档次计息；储蓄式国债自购买之日起计息；储蓄式国债主要通过银行系统发行；储蓄式国债的利率由财政部和中国人民银行参照同期银行存款利率及市场供求状况等因素确定。

2. **记账式国债**

记账式国债以电子计算机记账方式记录债权，通过无纸化方式发行和交易；记账式国债主要面向机构投资者发行；记账式国债可以记名、挂失，可以上市流通；记账式国债自发行之日起计息，每年付息一次；记账式国债的利率由国债承销团成员投标确定；购买记账式国债需开设账户，可以通过证券公司在证券交易所开设账户，也可在银行开设国债托管账户；记账式国债的交易可以通过银行柜台，也可通过证券交易所进行，二者的区别如下。

（1）交易对象不同。银行柜台交易是投资人和银行之间进行买卖，而通过证券交易所交易是不同投资人之间进行买卖。

（2）交易价格形成机制不同。银行柜台交易价格是银行根据市场情况的报价，而证券交易所交易价格是买卖双方的报价。

（3）交易成本表现形式不同。银行柜台交易成本为买卖差价，银行买卖差价的幅度大约在1%以内；通过证券交易所买卖成本有手续费，比例是0.1%。

国债的交易实行净价交易制度。所谓净价交易是指以不含有自然增长应计利息的价格进行报价并成交的交易方式。净价交易就是将债券价格与应计利息分解，价格只反映本金市值的变化。在交易成功进行清算时，以债券交易价格加应计利息（全价）进行结算。

$$全价 = 债券交易价格 + 应计利息额$$

3. 投资国债的风险和收益

投资储蓄式国债只能获得利息收入，没有亏本可能，因此，老年人最好购买储蓄式国债。投资凭证式国债除了利息收入，还有买卖差价收入。投资者如果持有到期就不会亏本，如果“中途”卖出就有可能发生亏损。投资国债面临的最大风险是利率风险，加息会使国债价格下跌，降息会使国债价格上升。个人投资者最好购买中短期国债（10 年以内），这样利率风险会小一些。

（二）金融债券

金融债券是由银行和非银行金融机构（保险公司、证券公司等）发行的债券。金融债券票面利率通常高于国债，但低于公司债券。金融债券面向机构投资者发行，在银行同业间债券市场交易，个人投资者无法购买和交易。

（三）公司债券

公司债券是指由非金融公司发行的债券。公司债券票面利率高于国债和金融债券。部分公司债券面向社会公开发行，在证券交易所上市交易，个人投资者可以购买和交易。投资公司债券最大的风险是发债公司的违约风险，一旦发债公司经营不善，不能按照当初的承诺兑付本息，就会导致债券价格大幅下跌，投资者就会蒙受损失。

（四）可转换公司债券

可转换公司债券（可转债）是由上市公司发行的，在发行时标明发行价格、利率、偿还或转换期限，债券持有人有权到期赎回或按照规定的期限和价格将其转换为发行人普通股票的债务性证券。可转换债券具有公司债券的一般特征，其特殊性在于：持有人在一定期限内、一定条件下，可将持有的债券转换成一定数量的普通股股份，它是一种介乎于股票和债券二者之间的混合型金融工具。可转换公司债券是一种有较高灵活性的投资工具，如果股票市价高于转股价，投资人可以将持有的债券转换成股票，然后抛出股票获利；如果股票市价低于转股价，投资人可以选择到期兑付持有的债券。投资可转换公司债券同样面临着投资公司债券的风险。

（五）国际债券

国际债券是一国政府、金融机构、工商企业或国家组织为筹措和融通资金，在国外金融市场上发行的，以外国货币为面值的债券。国际债券的重要特征是发行者和投资者属于不同的国家，筹集的资金来源于国外金融市场。

国际债券是一种跨国发行的债券，同国内债券相比，有如下特性。

1. 国际债券市场具有较高的安全性

在国际债券市场上筹集资金，有时可以得到一个主权国家政府最终付款的承诺保证，这使得国际债券市场具有较高的安全性。当然，代表国家主权的政府也要对本国发行人在国际债券市场上借债进行检查和控制。

2. 资金来源广

国际债券是在国际证券市场上筹资，发行对象为众多国家的投资者，因此，其资金来源比国内债券要广泛得多。通过发行国际债券，可以使发行人灵活和充分地为其建设项目和其他需要提供资金。

3. 发行规模、数额较大

发行国际债券，规模一般都较大，这是因为举借这种债务的目的之一就是要利用国际证券市场资金来源的广泛性和充足性。

4. 存在汇率风险

发行国际债券，筹集到的资金是外国货币，汇率一旦发生波动，发行人和投资者都有可能蒙受意外损失或获取意外收益，因此，国际债券很重要的一部分风险是汇率风险。

三、债券的基本性质

（一）债券属于有价证券

一方面，债券反映和代表一定的价值。债券本身有一定的面值，通常它是债券投资者投入资金的量化表现。同时，持有债券可按期取得利息，利息也是债券投资者收益的价值表现。另一方面，债券与其代表的权利联系在一起，拥有债券也就拥有了债券所代表的权利，转让债券也就将债券代表的权利一并转移。

（二）债券是一种虚拟资本债券

尽管债券有面值，代表了一定的财产价值，但它也只是一种虚拟资本，而非真实资本。因为债券的本质是证明债权债务关系的证书，在债权债务关系建立时所投入的资金已被债务人占用，因此，债券是实际运用的真实资本的证书。债券的流动并不意味着它所代表的实际资本也同样流动，且债券是独立于实际资本之外的。

（三）债券是债权的表现

债券代表债券投资者的权利，这种权利不是直接支配财产，也不以资产所有权形式表现，而是一种债权。拥有债券的人是债权人，债权人不同于财产所有人。以公司为例，在某种意义上，财产所有人可以视作公司的内部构成分子，而债权人是与公司相对立的。债权人除了按期取得本息，对债务人不能做其他任何干预。

第五节　证券投资基金

一、证券投资基金含义

证券投资基金是一种通过利益共享、风险共担实现间接证券投资的金融工具。基金管理公司通过发行基金单位，集中投资者的资金，由基金托管人（即具有资格的银行）托管，由基金管理人管理和运用资金，从事股票、债券等金融工具投资，然后共担投资风险、分享收益。

证券投资基金主要由以下主体构成：

（一）基金发起人

基金发起人是指按照共同投资、共享收益、共担风险的基本原则和股份公司的某些原则，运用现代信托关系的机制，以基金方式将投资者分散的资金集中起来，以实现预先规定的投资目的的投资组织机构。

我国规定证券投资基金发起人为证券公司、信托投资公司及基金管理公司。

（二）基金托管人

基金托管人是指安全保管基金财产，按照规定开设基金财产的资金账户和证券账户；对所托管的不同基金财产分别设置账户，确保基金财产的完整与独立；保存基金托管业务活动的记录、账册、报表和其他相关资料；按照基金合同的约定，根据基金管理人的投资指令，及时办理清算、交割事宜；办理与基金托管业务活动有关的信息披露等事项的机构。

（三）基金管理人

基金管理人是指依法募集基金，办理或者委托经国务院证券监督管理机构认定的其他机构代为办理基金份额的发售、申购、赎回和登记事宜；办理基金备案手续；对所管理的不同基金财产分别管理、分别记账，进行证券投资；进行基金会计核算并编制基金财务会计报告；编制中期和年度基金报告等事项的机构。

（四）基金单位持有人

基金单位持有人就是基金的投资者。

二、证券投资基金的分类

根据不同标准，可以将证券投资基金划分为不同的种类。

（一）按组织形式及法律地位划分

证券投资基金主要分为两类，即公司型基金和契约型基金。

1. **公司型基金**

公司型基金又称为互惠基金，或称共同基金，是指基金公司依法设立，以发行股份的方式募集资金，投资者通过购买公司股份成为基金公司股东。公司型基金本身不从事实际运作，而是将其资产委托给专业的基金管理公司管理运作，同时，由卓有信誉的金融机构代为保管基金资产。公司型基金的设立法律性文件是基金公司章程和招募说明书。

2. **契约型基金**

由基金管理人、基金托管人和投资人三方通过基金契约设立；契约型基金又称为信托型基金，或称单位信托基金，它是由基金经理人（即基金管理公司）与代表受益人权益的信托人（托管人）之间订立信托契约而发行受益单位，由经理人依照信托契约从事对信托资产的管理，由托管人作为基金资产的名义持有人负责保管基金资产。契约型基金将受益权证券化，即通过发行受益单位，使投资者购买后成为基金受益人，分享基金经营成果。契约型基金的设立法律性文件是信托契约，而没有基金章程。基金管理人、托管人、投资人三方当事人的行为通过信托契约来规范。

公司型基金和契约型基金的主要区别在于设立的组织架构及法律关系不同，但契约型基金较公司型基金设立方式更为灵活方便。契约型基金在英国较为普遍，目前我国绝大多数投资基金都属契约型基金。

（二）按交易机制划分

1. **封闭式基金（close－end）**

封闭式基金的基金单位总数是确定的，一旦发行完成，就不能再接受新的投资申购，投资者也不得要求赎回投资。但是，投资者可以在证券交易所买卖封闭式基金，其价格完全由买卖双方决定，可能与基金净值（即每一单位基金的实际价值）相差很大。投资者在证券交易所买卖封闭式基金，只需要向证券经纪商支付佣金，不需要向基金经理支付费用。

2. **开放式基金（open－end）**

开放式基金可以在证券市场每个交易日收盘之后，根据投资者的需要发行新的基金单位（对于投资者来说，这种行为叫作申购），也可以根据投资者的请求，把自己管理的资金交还给投资者（对于投资者来说，这种行为叫作赎回）。由于申购和赎回的发生，开放式基金的资产总额是不稳定的，基金经理必须随时调整投资组合，以应对新的申购或赎回的影响。为了减少这种影响，开放式基金一般规定投资者在申购和赎回的时候支付一定比例的费用。某些基金为了招徕投资者，特地取消了这一费用，这种基金又被称为不收费基金。

开放式基金与封闭式基金的主要区别：

（1）发行规模不同。封闭式基金发行规模固定，在封闭期限内不能再增加发行新的基金单位。开放式基金没有发行规模限制，投资者认购新的基金单位时，其基金规模就增加；赎回基金单位时，其基金规模就减少。

（2）期限不同。封闭式基金通常有固定的封闭期，通常封闭期在 5 年以上，一般为 10～15 年。开放式基金没有固定期限，投资者可以随时向基金公司或银行等中介机构提出赎回。

（3）转让方式不同。封闭式基金在封闭期限内，投资者一旦认购了基金受益单位就不能向基金管理公司提出赎回，只能寻求在证券交易所或其他交易场所挂牌，交易方式类似于股票及债券的买卖，交易价格受市场供求情况影响较大。开放式基金的投资者则可随时向基金管理公司或银行等中介机构提出认购或赎回申请，买卖方式灵活。

（4）交易价格主要决定因素不同。封闭式基金的交易价格是随行就市，不完全取决于基金资产净值，受市场供求关系等因素影响较大。开放式基金的价格则是完全取决于每单位资产净值的大小。

从发达国家或地区的基金业发展来看，通常大多是先从封闭式基金起步，经过一段时间的探索，逐步转向发展开放式基金。鉴于我国国情，我国的基金业也是先选择封闭式基金试点，逐步发展到开放式基金，但开放式基金是我国今后发展的主流。

3. 交易型开放式指数证券投资基金（exchange traded funds，ETF）

交易型开放式指数证券投资基金简称交易型开放式指数基金，或交易所交易基金。ETF 是一种跟踪标的指数变化，且在证券交易所上市交易的基金。ETF 属于开放式基金的一种特殊类型，它综合了封闭式基金和开放式基金的优点，投资者既可以在二级市场买卖 ETF 份额，又可以向基金管理公司申购或赎回 ETF 份额，不过申购或赎回必须以“一篮子”股票（或有少量现金）换取基金份额或者以基金份额换回“一篮子”股票（或有少量现金）。由于同时存在二级市场交易和申购或赎回机制，投资者可以在 ETF 二级市场交易价格与基金单位净值之间存在差价时进行套利交易。ETF 在交易方式上结合了封闭式基金和开放式基金的交易特点，既可以在交易所买卖交易，也可以进行申购或赎回。买进（申购）基金份额有两种方式，一是现金，二是用“一篮子”股票。但在卖出或赎回时，投资者得到的是“一篮子”股票而非现金。ETF 最大的作用在于投资者可以借助这个金融产品具备的指数期货、商品期货的特性套利操作，有助于提高股市的成交量。ETF 最早产生于加拿大，而其发展与成熟则主要在美国。ETF 是近 10 年来发展最为迅速的金融产品之一，成为一种大众化的投资工具。

4. 上市型开放式基金（list open－ended funds，LOF）

上市型开放式基金也就是上市型开放式基金发行结束后，投资者既可以在指定网点申购与赎回基金份额，也可以在交易所买卖该基金。不过投资者如果是在指定网点申购的基金份额，想要在交易所网上抛出，须办理一定的转托管手续。同样，如果是在交易所网上买进的基金份额，想要在指定网点赎回，也要办理一定的转托管手续。

LOF 与 ETF 相同之处是同时具备了场外和场内的交易方式，二者同时为投资者提供了套利的可能。此外，LOF 与目前的开放式基金不同之处在于它增加了场内交易带来的交易灵活性。

LOF 与 ETF 的区别表现在：

（1）ETF 本质上是指数型的开放式基金，是被动管理型基金，而 LOF 则是普通的开放式基金，增加了交易所的交易方式，它可能是指数型基金，也可能是主动管理型基金。

（2）在申购和赎回时，ETF 与投资者交换的是基金份额和“一篮子”股票，而 LOF 则是与投资者交换现金；另外，在一级市场的申购或赎回时，ETF 的投资者一般是较大型的投资者，如机构投资者和规模较大的个人投资者，而 LOF 则没有限定。

（3）在二级市场的净值报价上，ETF 每 15 秒钟提供一个基金净值报价，而 LOF 则是一天提供一个基金净值报价。

（三）按投资对象划分

1. 股票基金

80% 以上的资产投资于股票的基金，为股票基金。这是所有基金品种中最流行的一种。与投资者直接投资于股票市场相比，股票基金具有流动性强、分散风险等特点。虽然股票价格会在短时间内上下波动，但其提供的长线回报会比现金存款或债券投资更高，因此，从长期来看，股票基金收益可观，但风险也比债券基金、货币基金要高。股票基金依照投资标的产业不同，又可分为各种产业型基金。

2. 债券基金

债券基金是指专门投资于债券的基金，它通过集中众多投资者的资金，对债券进行组合投资，寻求较为稳定的收益。根据中国证券监督管理委员会对基金类别的分类标准，基金资产 80% 以上投资于债券的为债券基金。由于债券收益稳定，风险也较小，因而债券基金的风险性较低，适于不愿过多冒险的稳健型投资者。但债券基金的价格也受到市场利率、汇率、债券本身等因素影响，其波动程度比股票基金低。

3. 货币市场基金

仅投资于货币市场工具的基金通常投资于银行短期存款、大额可转让存单、政府公债、公司债券、商业票据等，为货币市场基金。由于货币市场一般供大额投资者参与，所以货币市场基金的出现为小额投资者进入货币市场提供了机会。货币市场基金具有投资成本低、流动性强、风险小等特点。投资者常常在股票基金业绩表现不佳时，将股票基金转换为货币市场基金，以避开“风浪”，等待时机再选择认购股票基金或别的基金品种，因此货币基金也称为停泊基金。

4. 基金中的基金（fund of fund，FOF）

FOF 并不直接投资于股票或债券，其投资范围仅限于其他基金，通过持有其他证券投资基金而间接持有股票、债券等证券资产。FOF 是结合基金产品创新和销售渠道创新的基金新品种。

5. 指数基金

指数基金是一种按照证券价格指数编制原理构建投资组合进行证券投资的一种基金。

6. 混合基金

投资于股票、债券和货币市场工具，并且股票投资和债券投资的比例不符合债券、股票基金规定的基金，为混合基金。

（四）按投资风险与收益划分

1. 成长型基金

成长型基金的目标在于长期提供不断增值的机会，收益较高，风险也较大。

2. 收益型基金

收益型基金则偏重比较稳定的收益，投资对象以债券、票据为主，收益不是很高，但风险较低。

3. 平衡型基金

平衡型基金介于成长型基金和收益型基金中间，把资金分散投资于股票和债券。

（五）按募集方式划分

证券投资基金按募集方式可划分为公开募集基金和私募基金。

此外，证券投资基金还有其他多种划分方法，如：按投资理念、资金来源、投资地域、货币种类等划分。证券投资基金的划分并没有严格的标准，是根据人们的研究及分析需要来进行的。

第六节　股票指数、债券市场指数与体育赛事赞助商指数

一、股票指数的定义

（一）定　义

股票指数即股票价格指数，是由证券交易所或金融服务机构编制的表明股票市场整体变动的一种指示数字。股票市场上有很多股票在交易，各种股票的价格水平此起彼落、

变幻不定，涨落幅度也各不相同。仅用一种或几种股票价格的变化是无法反映整个股票市场的价格水平的。为了反映整个股票市场总体价格水平及其变动情况，人们构造了股票价格指数。股票价格指数除了综合各类公司的股票进行编制，还常就工业、运输业、公用事业、金融业等每一类公司的股票分别进行编制。由于股票市场上的上市公司在西方国家经济中占有极其重要的地位，因此股票价格指数也从一个侧面反映了西方国家和地区的经济发展趋势。投资者、企业经营管理人员乃至政治领导人等以此为参考指标来观察、分析及判断社会经济发展形势。

（二）编　制

编制股票指数，通常以某年某月某日为基础，以这个基期的股票价格作为100，用以后各时期的股票价格与基期价格比较，计算出升降的百分比，就是该时期的股票指数。投资者根据指数的升降，可以判断出股票价格的变动趋势，并且为了能实时地向投资者反映股市的动向，所有的股市几乎都是在股价变化的同时即时公布股票价格指数的。

股票价格指数编制的一般步骤为：

（1）确定股票样本，即在众多股票中抽取少数具有代表性的样本股票。股票市场上的股票数目很多，为了确保股票价格指数能够反映股票市场的变化情况和计算的方便，需要选择一定数量的有代表性的公司的股票作为样本股。

（2）确定样本股票某一时刻的价格，如每日收盘时的价格，然后计算平均价格。平均价格可以用简单的算术平均数，也可以用加权平均数，有时还要做必要的调整，以保持指数的连续性、真实性和前后各期的可比性。

（3）选定过去某一日期作为基期并以基期当日的样本股票的平均价格除某日的平均价格，再乘以一个固定的数值（通常为100，也可为其他数字）即得到某日的股票价格指数。目前常见通用的股票价格指数有道琼斯股票价格指数、标准普尔股票价格指数、纽约证券交易所平均价格指数、日经道式平均价格指数、香港恒生指数等。

二、几种著名的股票指数

（一）道琼斯股票价格指数

道琼斯股票价格指数是世界闻名的股市绩效衡量标准，它的全称为股票价格平均指数。它是在1884年由道琼斯公司的创始人查理斯·道开始编制的。其最初是采用算术平均法计算出来的，计算公式为：股票价格平均数 = 入选股票的价格之和/入选股票的数量。由于道琼斯股票价格指数测度的是指数中每只股票一股构成的投资组合的收益，因此也被称作价格加权平均指数。

现在的道琼斯股票价格平均指数是以1928年10月1日为基数，因为这一天收盘时的道琼斯股票价格平均指数恰好约为100美元，所以就将其定为基准日。以后股票价格同基期相比计算出的百分数，就成为各期的股票价格指数，所以现在的股票指数普遍用点来做单位，而股票指数每一点的涨跌就是相对于基数日的涨跌百分数。

道琼斯股票价格平均指数最初的计算方法是简单算术平均法，当遇到股票的除权或除息时，股票指数将发生不连续的现象。1928 年后，道琼斯股票价格平均指数采用了新的计算方法，即在计点的股票除权或除息时采用连接技术，以保证股票指数的连续，从而使股票指数计算方法得到了完善，并逐渐推广到全世界。

道琼斯股票价格平均指数共分四组，第一组是工业股票价格平均指数。它由 30 种有代表性的大型公司的股票组成，为了反映各个时期美国整个工商业的发展变化，道琼斯工业平均指数的成分股变化十分频繁。如 2004 年 8 月，美国国际集团、辉瑞制药和弗莱森电讯代替了美国电话电报公司、柯达公司和国际纸业。第二组是运输业股票价格平均指数。它包括 20 种有代表性的铁路运输公司、航空公司和公路货运公司。第三组是公用事业股票价格平均指数，代表 15 种电气和天然气公司的股票。第四组是平均价格综合指数，综合前三组股票价格平均指数所选用的 65 种股票而得出的综合指数。这组综合指数虽然为优等股票提供了直接的股票市场状况参数，但现在通常引用的是第一组工业股票价格平均指数。

（二）标准普尔股票价格指数

标准普尔股票价格指数在美国有很大的影响力，它是由美国最大的证券研究机构——标准普尔公司编制的股票价格指数。与道琼斯工业股票价格平均指数相比，标准普尔 500 股票指数在两方面有所改进。第一，包括的股票范围扩大到 500 种，涵盖的信息更多。第二，它是市值加权指数。根据股票的市值赋予权重，能适当地反映不同市值公司在价格变动中对股票市场影响的差异。

（三）香港恒生指数

香港恒生指数是香港股票市场上历史最悠久、影响最大的股票价格指数，由香港恒生银行于 1969 年 11 月 24 日发表。香港恒生指数包括从香港 500 多家上市公司中挑选出来的 33 家有代表性且经济实力雄厚的大公司股票作为成分股，分为四大类——4 种金融业股票、6 种公用事业股票、9 种房地产业股票和 14 种其他工商业（包括航空和酒店）股票。

这些股票涉及香港的各个行业，并占香港股票市值的 68.8%，具有较强的代表性。香港恒生指数的编制是以 1964 年 7 月 31 日为基期，因为这一天香港股市运行正常，成交值均匀，可反映整个香港股市的基本情况，基点确为 100 点。其计算方法是将 33 种股票按每天的收盘价乘以各自的发行股数为计算日的市值，再与基数的市值相比较，乘以 100 就得出当天的股票价格指数。由于香港恒生指数所选择的基期适当，因此，不论股票市场狂升或猛跌，还是处于正常交易水平，香港恒生指数基本上能反映整个股市的活动情况。自 1969 年香港恒生指数发表以来，已经多次调整。由于 1980 年 8 月香港通过立法，将香港证券交易所、远东交易所、金银证券交易所和九龙证券所合并为香港联合证券交易所（以下简称联交所），在目前的香港股票市场上，只有恒生股票价格指数与新产生的香港指数并存，香港的其他股票价格指数均不复存在。

香港恒生指数成分股的选取原则如下：

（1）按股票市值大小选择，必须在占联交所所有上市普通股份总市值（指过去 12 个月的平均值）90% 的排榜股票之列。

（2）按成交额大小选择，必须在占联交所上市所有普通股份成交额（指过去 24 个月的成交总额）90% 的排榜股票之列。

（3）必须在联交所上市满 24 个月以上。

根据以上标准初选出合格股票后，再按以下准则最终选定样本股：

（1）公司市值及成交额之排名。

（2）四个分类指数（恒生金融分类指数、恒生公用事业分类指数、恒生地产分类指数、恒生工商分类指数）在恒生指数内各占的比重须大体反映市场情况。

（3）公司在香港有庞大业务。

（4）公司的财政状况。

香港恒生指数采用流通市值加权法计算。流通市值加权法在编算上顾及由策略性股东长期持有而不在市场上流通的股份。此计算方法亦同时撇除在市场上受买卖管制的公司股本后所计算出来的市值。指数采用流通市值加权法计算，可确保其可投资性。

香港恒生指数的计算公式为：现时指数 = 现时的成分股整体流通市值 ÷ 上日的成分股整体流通市值 × 上日收市指数。

（四）上海证券交易所股票指数

上海证券交易所股票指数（以下简称上证指数）是反映上海证券交易所挂牌股票总体走势的统计指标。其前身为上海静安指数，由中国工商银行上海市分行信托投资公司静安证券业务部于 1987 年 11 月 2 日开始编制。上证指数于 1991 年 7 月 15 日公开发布，以 1990 年 12 月 19 日为基期，基期值为 100，以全部的上市股票为样本，以股票发行量为权数进行编制。

上证指数于 1992 年 2 月 21 日增设上证 A 股指数与上证 B 股指数，1993 年 6 月 1 日又增设了上证分类指数，即工业类指数、商业类指数、地产业类指数、公用事业类指数、综合业类指数，以反映不同行业股票的各自走势。

上证指数的样本为所有在上海证券交易所挂牌上市的股票，其中新上市的股票在挂牌的第二天纳入股票指数的计算范围。上证指数的权数为上市公司的总股本。由于我国上市公司的股票有流通股和非流通股之分，其流通量与总股本并不一致，所以总股本越大的股票对股票指数的影响就越大。上证指数常常成为机构大户造市的工具，使股票指数的走势与大部分股票的涨跌相背离。

上证指数的发布几乎是与股市行情的变化同步的，它是我国股民和证券从业人员研判股票价格变化趋势必不可少的参考依据。

上证指数计算公式为：

本日股价指数 = 本日股票市价总值 ÷ 基期股票市价总值 × 100

具体计算办法是以基期和计算日的股票收盘价（如当日无成交，延用上一日收盘价）分别乘以发行股数，相加后求得基期和计算日市价总值，再相除后即得股价指数。

（五）其他股票价格指数

其他股票价格指数包括日本日经道式平均价格指数、英国伦敦金融时报股票价格指数、加拿大 TSX 指数等。

三、债券市场指数

债券市场指数是反映债券市场价格总体走势的指标体系。与股票指数一样，债券市场指数是一个比值，其数值反映了当前市场的平均价格相对于基期市场平均价格的位置。其中著名的几种指数有美林（Merrill Lynch）、所罗门美邦（Salomon Smith Barney）。

在实际计算中，债券市场面临的一个主要问题是许多债券交易不频繁，因而样本价格的选择有所不同，主要有几种：①市场定价，当债券交易缺乏连续性时，市场价格的代表性和合理性就存在一定的问题。②交易者定价，可以使用交易者的当前买入价，或者做市商可能的出价。这种方法在一定程度上解决了市场定价的不足。但如果债券在很长一段时间内都没有交易信息出现的话，这种方法就无法令人满意了。③模型定价，使用合理的假设，利用电子计算机精算来推导最合理的价格。它进一步弥补了交易者定价的不足，可以应用于长期没有交易信息的债券定价。但模型定价也不可避免地加入了较多的人为判断。

对于投资者，了解债券市场指数的编制方法并掌握其变化的意义，可以全面地把握债券市场的走势，为决策提供有效的帮助。

四、体育赛事赞助商指数

赞助世界杯可以推升股票价格吗？

商家对大型体育赛事及娱乐事业的赞助，究竟能否为其带来利润？更重要的是，这样的赞助是否可以推动商家的股票价格？

这是一个长期以来在市场营销策略会上争论不下的问题。为了解开这样的一个疑惑，标准普尔建立了两个指数，分别对 1998 年和 2002 年世界杯官方赞助商的股市业绩做出追踪调查。考虑到取得数据的便利性，这个世界杯赞助商指数只包括了上市的官方赞助公司。

与传统的定制指数一样，标准普尔基于一些特定的限制和标准对研究对象做出了筛选。一些未上市的赞助商，诸如玛氏和万事达（于2006年5月上市，计算2002指数时未上市）被排除。

标准普尔得到的结论是：1998年和2002年的世界杯赞助商指数没有明确支持赞助能给赞助商带来股票效应。1998年的世界杯赞助商指数明显低于标准普尔500指数和标准普尔欧洲350指数。2002年的世界杯赞助商指数明显超过了标准普尔500指数和标准普尔欧洲350指数。①

第七节　金融衍生产品

一、金融衍生产品定义

金融衍生产品，也称金融衍生工具。

金融衍生产品是指其价值依赖于标的资产价值变动的合约。这种合约可以是标准化的，也可以是非标准化的。标准化合约是指其标的资产（基础资产）的交易价格、交易时间、资产特征、交易方式等都是事先标准化的，因此此类合约大多在交易所上市交易，如期货。非标准化合约是指以上各项由交易的双方自行约定，因此具有很强的灵活性，比如远期合约。

金融衍生产品的作用主要是规避风险和价格发现。它是对冲资产风险的好方法。但是，任何事情有好的一面，也有坏的一面。风险规避了一定是有人去承担了，衍生产品的高杠杆性就是将巨大的风险转移到了愿意承担的人手中，这类交易者称为投机者，而规避风险的一方称为套期保值者，另外一类交易者被称为套利者，这三类交易者共同维护了金融衍生产品市场上述功能的发挥。

二、主要的金融衍生产品

根据产品形态，可以分为远期合约、期货合约、互换合约和期权四大类。

（一）远期合约和期货合约

远期合约和期货合约都是交易双方约定在未来某一特定时间、以某一特定价格、买卖某一特定数量和质量资产的交易形式。期货合约是期货交易所制定的标准化合约，对合约到期日及其买卖的资产的种类、数量、质量做出了统一规定。远期合约是根据买卖

① 数据来源于《中国企业家》2006年第13期由张宏翻译的“赞助世界杯可以推升股票价格吗?”一文。

双方的特殊需求由买卖双方自行签订的合约。因此，期货交易流动性较高，远期交易流动性较低。

（二）互换合约

互换合约又称掉期合约，是一种为交易双方签订的在未来某一时期相互交换某种资产的合约。更为准确地说，掉期合约是当事人之间签订的在未来某一时期内相互交换他们认为具有相等经济价值的现金流的合约。较为常见的是利率掉期合约和货币掉期合约。掉期合约中规定的交换货币是同种货币，则为利率掉期合约；是异种货币，则为货币掉期合约。掉期合约一般都是非标准化的，因此不能像期货合约和期权合约那样上市交易。

1. 利率掉期合约

利率掉期合约是互换双方交换一系列现金流的合约，不交换名义本金，双方按合约规定，一方定期向另一方支付名义本金的固定利息，而后者则定期向前者支付名义本金的浮动利息。

2. 货币掉期合约

货币掉期合约是指两笔金额相同、期限相同、计算利率方法相同，但货币不同的债务资金之间的调换，同时也进行不同利息额的货币调换的协议。

3. 商品掉期合约

商品掉期合约是指把所有同一种商品或商品指数相关的收益同另一种商品或商品指数进行收益互换的协议。

（三）期权

期权是一种选择权，是指一种能在未来某特定时间以特定价格买入或卖出一定数量的某种特定商品的权利。它是在期货的基础上产生的一种金融工具，给予买方（或持有者）购买或出售标的资产的权利。期权的持有者有可以在该项期权规定的时间内选择买或不买、卖或不卖的权利，他可以实施该权利，也可以放弃该权利，期权的出卖者则只负有期权合约规定的义务。期权合同有在交易所上市的标准化合同，也有在柜台交易的非标准化合同。

期权的分类：

（1）按期权的权利划分，有看涨期权和看跌期权两种类型。

看涨期权（call option）是指期权的买方向期权的卖方支付一定数额的权利金后，即拥有在期权合约的有效期内，按事先约定的价格向期权卖方买入一定数量的期权合约规定的特定商品的权利，但不负有必须买进的义务。期权卖方有义务在期权规定的有效期内，应期权买方的要求，以期权合约事先规定的价格卖出期权合约规定的特定商品。

看跌期权（put option）是指期权的买方向期权的卖方支付一定数额的权利金后，即拥有在期权合约的有效期内，按事先约定的价格向期权卖方卖出一定数量的期权合约规定的特定商品的权利，但不负有必须卖出的义务。期权卖方有义务在期权规定的有效期内，应期权买方的要求，以期权合约事先规定的价格买入期权合约规定的特定商品。

（2）按期权的交割时间划分，有美式期权、欧式期权和百慕大期权三种类型。

美式期权是指在期权合约规定的有效期内任何时候都可以行使权利。

欧式期权是指在期权合约规定的到期日方可行使权利，期权的买方在合约到期日之前不能行使权利，过了期限，合约则自动作废。

百慕大期权（Bermudan option）是一种可以在到期日前所规定的一系列时间行权的期权。

百慕大期权、美式期权和欧式期权的主要区别在于行使权利时间的不同。百慕大期权可以被视为美式期权与欧式期权的混合体，如同百慕大群岛混合了美国文化和英国文化一样。

（3）按期权合约上的标的划分，有股票期权、股指期权、利率期权、商品期权及外汇期权等种类。

案例分析

国务院办公厅关于加快发展体育产业的指导意见

国办发〔2010〕22号

各省、自治区、直辖市人民政府，国务院各部委、各直属机构：

近年来，各地区、各有关部门认真贯彻落实中央关于体育工作的部署和要求，在坚持体育事业公益性、加快发展体育事业的同时，对发展体育健身市场、开发体育竞赛和体育表演市场、发展体育用品业等体育产业进行了积极探索，取得一定成效。加快发展体育产业，对拓展体育发展空间，丰富群众体育生活，培养体育人才，提高全民族身体素质、生活质量和竞技体育水平，促进我国由体育大国向体育强国的转变，促进经济社会协调发展，具有重要意义。经国务院同意，现就有关工作提出以下指导意见：

一、基本方针、主要目标和重点任务

（一）基本方针。

以科学发展观为统领，坚持以人为本，努力满足广大人民群众日益增长的多元化、多层次的体育需求；坚持体育事业与体育产业协调发展，在加强体育公共服务、不断提高服务能力和水平的同时，不断增加体育市场供给，努力向人民群众提供健康丰富的体育产品；坚持深化改革、开拓创新，加快建立完善有利于体育产业健康发展的体制机制；坚持依法管理、科学管理，进一步规范体育市场秩序，切实维护消费者和经营者的合法权益。

（二）主要目标。

到2020年，培育一批具有国际竞争力的体育骨干企业和企业集团，形成一批有中国特色和国际影响力的体育产品品牌；建立以体育服务业为重点，门类齐全、结构合理的体育产业体系和规范有序、繁荣发展的体育市场；形成多种所有制并存，各种经济成分竞相参与、共同兴办体育产业的格局；形成与国际接轨、管理规范、充满生机活力的体育社会组织体系；居民人均体育消费显著增加，体育服务贸易较快发展，体育产业从业人数占全社会就业人数比例明显提高，体育产业增加值在国内生产总值中所占比重明显提高；形成体育公共服务与市场服务相互结合、体育事业与体育产业协调发展的良好局面。

（三）重点任务。

1. 大力发展体育健身市场。在不断加大投入，加强城乡居民基本体育服务的基础上，积极培育体育健身市场，培养群众体育健身意识，引导大众体育消费。广泛开展群众喜闻乐见的运动项目，加强群众体育俱乐部建设；积极稳妥开展新兴的户外运动、极限运动等项目的经营活动，因地制宜地开发和培育具有地方特色的体育健身项目，加强对民族民间传统体育项目的市场开发、推广。

2. 努力开发体育竞赛和体育表演市场。积极引导规范各类体育竞赛和体育表演的市场化运作。借鉴吸收国内外体育赛事组织运作的有益经验，探索完善全国综合性运动会和单项赛事的市场开发和运作模式；支持地方根据当地自然人文资源特色举办体育竞赛活动，鼓励企业举办商业性体育比赛，积极引进国际知名的体育赛事，努力打造有影响、有特色的赛事品牌。

3. 积极培育体育中介市场。鼓励发展体育中介组织，大力开展体育技术、信息咨询、体育保险等中介服务。建立体育经纪人管理规范，加强行业自律，培养高素质的体育经纪人队伍，充分发挥体育经纪人在赛事推广和人才流动等方面的作用。

4. 做大做强体育用品业。进一步提升我国在世界体育用品业中的地位。积极推进标准化工作，制定完善国家标准和行业标准，加强涉及强制性标准体育用品质量监管，加强体育用品产品的认证工作，有效推动体育用品的品牌建设，增强我国体育用品的国际市场竞争力。打造国际一流的体育用品博览会。

5. 大力促进体育服务贸易。以体育劳务、赛事组织、场馆建设、信息咨询、技术培训等为重点，逐步扩大体育服务规模。积极开拓海外市场，提升我国体育服务行业在国际上的竞争力。鼓励各类运动项目，特别是我国的优势项目和民族特色项目走出去，积极参与国际竞争，培育和形成一批实力雄厚、专业性强的体育服务贸易企业，树立我国体育服务贸易品牌。

6. 协调推进体育产业与相关产业互动发展。发挥体育产业的综合效应和拉动作用，推动体育产业与文化、旅游、电子信息等相关产业的复合经营，促进体育旅游、体育出版、体育媒介、体育广告、体育会展、体育影视等相关业态的发展。

二、主要政策和措施

（四）加大投融资支持力度。

拓宽体育产业发展资金来源渠道，政府可以通过安排补助资金等方式促进体育产业发展。支持有条件的体育企业进入资本市场融资，通过发行债券、股票，以及项目融资、资产重组、股权置换等方式筹措发展资金。积极鼓励民间和境外资本投资体育产业，兴建体育设施。鼓励金融机构适应体育产业发展需要，开发新产品，开拓新业务。

研究探索体育彩票市场发展规律，不断丰富体育彩票新品种。完善体育彩票市场管理制度，健全发行销售监督机制。加强对彩票公益金使用的监管，提高使用效益。

鼓励社会力量捐资设立体育类基金会，鼓励境内外组织与个人向基金会提供捐赠和资助。

（五）完善税费优惠政策。

符合条件的体育类非营利组织的收入，可按税法有关规定，享受企业所得税相关优惠政策。企业发生的符合条件的广告费支出，可以按照税法规定扣除。鼓励社会捐赠体育事业，对企业、个人和其他社会力量向公益性体育事业的捐赠，符合税法有关规定的部分，可在计算企业所得税应纳税所得额时扣除。

（六）加强公共体育设施建设和管理。

各级政府要立足国情、面向社会、服务群众，合理规划和布局公共体育设施，切实加强城乡公共体育设施的建设和管理，提高设施综合利用率和运营能力，充分发挥公共体育设施在提供社会体育服务、满足群众体育需求方面的作用。认真做好政府投资建设的公共体育场馆及其配套设施的监管工作，防止闲置浪费或挪作他用。公共体育设施应当根据其功能、特点向公众开放，并在一定时间和范围内，对学生、老年人和残疾人优惠或者免费开放。对露天体育场，要创造条件免费开放；已经免费开放的，不得改为收费经营。有条件的学校体育场馆应当向社会开放，鼓励机关、企事业单位的体育设施创造条件向社会开放，实现体育资源社会共享。完善政策，健全机制，探索运营管理的新模式。

多渠道投资兴建体育设施，加强中小型体育场馆和体育服务设施建设，特别要大力加强农村基础体育设施建设。大幅度增加群众性体育场所的数量，改善体育设施和服务的供给结构、质量和效率，满足群众性体育运动和健身需求。

政府对用于群众健身的体育设施日常运行和维护给予经费补助，并根据其向群众开放的程度，在用水、用气、用电、用热等方面给予政策优惠。

（七）支持和规范职业体育发展。

职业体育是体育发展的重要组织形式之一。积极探索中国特色职业体育发展道路，对于拓宽体育发展渠道、扩大体育社会参与、发展大众体育具有积极意义。要从国情和项目特点出发，借鉴国际经验，鼓励引导、规范发展足球等职业体育赛事。完善职业体育的政策、制度和管理体系，严格职业体育俱乐部准入和运行监管，扶持职业体育俱乐部建设，健全职业联赛赛制，促进规范健康发展，不断提高职业体育水平。

（八）加强体育无形资产开发保护。

加强对体育组织、体育赛事和活动名称、标志等无形资产的开发，依法保护知识产权。完善中国奥委会、中华全国体育总会、全国性单项体育协会等群众性体育组织的市场开发模式，理顺和明确各相关主体在市场开发活动中的身份及其相互关系。

强化知识产权对各类体育企业的导向作用，提升体育产业的知识产权创造、运用、保护和管理水平。在引进国外先进技术和管理经验的同时，加大自主研发和科研成果转化，开发科技含量高、拥有自主知识产权的产品。加强体育产品品牌建设，推动体育企业实施商标战略，增加体育产品商标内涵，提高产品附加值，提升体育产品的市场竞争力。

（九）加快体育市场法制化、规范化建设。

建立、健全相关法规，完善监督管理机制，明确监管主体及其管理职能和各类市场主体的权利义务，规范体育市场主体行为，维护市场秩序，促进体育市场规范发展。

加强体育经营活动的安全监管，对于高危险性体育项目的经营活动，依法确定严格、规范、公开、透明的准入和开放条件、技术要求和服务规程，加强技术指导和安全保护，加强日常监督检查及产品质量检测，确保设施设备和管理服务符合要求，确保消费者人身安全。推行体育服务质量认证制度，建立和完善体育服务规范，提高体育服务水平。开展体育行业特有职业技能鉴定工作，提高体育服务从业人员的服务意识和专业水平。经营单位和活动组织者应当根据情况，提供相关的安全保险。

（十）加快体育产业管理人才培养。

鼓励多方投入，开展各类体育教育培训，多渠道培养既懂经济又懂体育的复合型体育产业管理人才。有关高等院校要积极推进教育教学改革，优化专业和课程设置，培养适应体育产业发展需要的专门人才。

三、加强领导，深化改革

（十一）加强对体育产业发展的领导。

各级政府要高度重视促进体育产业的发展，把体育产业发展纳入经济与社会发展规划，制定和组织实施体育产业发展规划。加强对体育产业发展的区域布局，根据不同地区的比较优势和经济社会发展的实际情况，合理规划，促进形成体育产业发展的聚集区、示范区和城市发展功能区。协调不同地区的体育产业发展。完善体育产业统计体系，建立体育产业信息发布制度，为宏观调控提供信息支持。

坚持政企分开、政事分开、政社分开、营利性与非营利性分开原则，充分发挥市场在体育资源配置中的基础性作用，消除和防止对体育市场资源的限制和垄断。

（十二）鼓励支持群众性体育组织发展。

改革和创新体育社会团体管理模式，在加强业务指导和依法监管的同时，完善体育社团法人治理机制，充实体育社会团体业务职能，发挥体育社会团体服务功能。提高体育社团自我发展、自我管理、自我服务和自律规范的能力。鼓励支持社会力量兴办体育类民办非企业单位，促进体育事业健康发展。

各地区、各有关部门要根据本意见要求，按照各自职责，积极协调，抓紧制定促进体育产业发展的各项配套实施方案和具体政策措施，并在实践中不断加以完善。

国务院办公厅

二〇一〇年三月十九日

问题：分析以上材料，结合有关例子讨论体育组织和企业怎样运用各种投融资市场及金融工具获取资金及进行投资。

第三章　资金的时间价值与债券价格

第一节　资金时间价值概述

一、资金时间价值的概念

资金可以作为资本投放到企业的生产经营当中，经过一段时间的资本循环后，会产生利润。这种利润就是资金的增值。在现代市场经济中，由于金融市场的高度发达，任何资金持有人在任何时候都能很方便地将自己的资金投放到金融市场中，参与社会资本运营，而无须他直接将资金投入企业的生产经营。比如，资金持有者可将资金存入银行，或在证券市场上购买证券，他的资金就进入了金融市场，参与社会资本周转，因而发生增值。

总之，资金时间价值是指资金经过一定时间的投资和再投资所增加的价值。

资金之所以具有时间价值，至少有三个因素：①资金可用于投资，获取利息，从而在将来拥有更多的货币量；②资金的购买力会因通货膨胀的影响而随时间改变；③未来的预期收入具有不确定性（风险）。

二、资金时间价值的形式

资金时间价值可用绝对数形式，也可用相对数形式。在绝对数形式下，资金时间价值表示资金在经过一段时间后的增值额，它可能表现为存款的利息、债券的利息或股票的股利等。在相对数形式下，资金时间价值表示一个时间段后资金的增值幅度，它可能表现为存款利率、证券的投资报酬率、企业某个项目的投资回报率等。

例 1：企业在 2007 年年初投资 1000 万元，用于某生产项目投资，2007 年年底该项目投入运营，2008 年年底该项目的营业现金流入 2000 万元，购买材料、支付员工工资及税金等支出 500 万元，则该投资项目 2007 年年初到 2008 年年底资金时间价值是多少？

用绝对数表示资金时间价值 2000 万元 - 1000 万元 - 500 万元 = 500 万元，用相对数表示资金时间价值500万元/1000万元=50%。

例2：在2007年年初，企业有两个投资方案可供选择，一是项目投资，如上例；二是证券投资，需投资100万元，预计2年后本利和可达350万元，试比较两个项目的资金时间价值。

项目投资的资金时间价值已计算，现计算证券投资的资金时间价值。用绝对数表示：350万元-100万元=250万元。用相对数表示：250万元/100万元=250%。如果比较绝对数则项目投资较好，如果比较相对数则证券投资更优。

在实践过程中，投融资分析更偏向于相对数，因为它便于人们将两个不同规模的决策方案进行直接比较。上例中比较资金时间价值的绝对值显然不恰当，因为二者的原始投入不同，而比较相对数显然更有价值。但在特定情况下，比如两个方案是互相排斥的方案，这时可能采用绝对数更好。

第二节　一次性收付款的资金时间价值计算

由于投融资中收付款的次数很多，金额也不一致，因此资金时间价值的计算比较复杂，本节我们首先讨论一次性收付款的资金时间价值计算。

一、单利和复利

在资金的时间价值计算中，有两种计算方式：单利和复利。

（一）单　利

所谓单利，是指在计算利息时，每一次都按照原先融资双方确认的本金计算利息，每次计算的利息并不转入下一次本金中。比如，A借给B公司1000元，双方商定年利率为6%，3年归还，按单利计算，则A在3年后应收的利息为3×1000×6%=180元。

在单利计算利息时，隐含着这样的假设：每次计算的利息并不自动转为本金，而是借款人代为保存或由贷款人取走，因而不产生利息。

（二）复　利

所谓复利，是指每一次计算出利息后，即将利息加入本金，从而使下一次的利息计算在上一次的本利和的基础上进行，即通常所说的利滚利。

上例中，如A与B商定双方按复利计算利息，则A在3年后应得的本利和计算如下：

第1年利息：1000×6%=60元；

转为本金后，第2年利息：（1000+60）×6%=63.6元；

转为本金后，第3年利息：（1060+63.6）×6%=67.416元；

加上本金，第3年的本利和：1060 + 63.6 + 67.416 = 1191.016元。

再如：

投资100元，利息为每年10%，终值为：

1年后：$100 \times 1.1 = 110$；

2年后：$100 \times 1.1 \times 1.1 = 121$；

3年后：$100 \times 1.1 \times 1.1 \times 1.1 = 133.1$；

……

t年后：$100 \times \underbrace{1.1 \times 1.1 \times \cdots \times 1.1}_{t} = 100 \times 1.1^t$。

用复利计算利息时，隐含着这样的假设：每次计算利息，都要将计算的利息转入下次计算利息时的本金，重新计算利息，这是因为，贷款人每次收到利息，都不会让其闲置，而是重新贷出，从而扩大自己的资金价值。

比较单利和复利的计算思路和假设，我们可看出复利的依据更为充分，更为现实。因为如果贷款人是一个理性的人，就应该追求自身资金价值的最大化，当然会在每次收到贷款利息时重新将这部分利息贷出去生息。因此，在投融资中，大部分决策都是在复利计算方式下考虑投资收益和成本的。

二、终值的计算

终值是指现在存入一笔钱，按照一定的利率和利息计算方式，相当于将来是多少钱。在日常生活中有许多属于终值计算的问题。例如，小李最近出售旧房，获得350000元，他想将这笔钱存入银行，以便将来退休时使用，小李还有30年退休，如按年存款利率2%计算，30年后小李退休时能拿多少钱？

终值的计算有两种方式：单利和复利。

（一）单利的终值计算方式

设现有一笔资金，共计金额为P，存期为t年，年利率为i，则t年后的终值FV_t为：

$$FV_t = P + P \cdot i \cdot t = P\ (1 + i \cdot t)$$

上例中，小李退休能拿的本利和为：$350000 \times (1 + 2\% \times 30) = 560000$元。

（二）复利的终值计算方式

设现有一笔资金，共计金额为P，存期为t年，年利率为i，则t年后的终值FV_t为：

第1年年末的本利和为：$P\ (1+i)$；

第2年年末的本利和为：$P\ (1+i) + P\ (1+i) \cdot i = P\ (1+i)^2$；

第3年年末的本利和为：$P\ (1+i)^2 + P\ (1+i)^2 \cdot i = P\ (1+i)^3$；

……

第 t 年年末的本利和为：$P(1+i)^t$；

因此，$FV_t = P(1+i)^t$。

式中，$(1+i)^t$ 称为复利终值系数，用 $FVIF_{i,t}$ 表示。其中 i 是计算资金价值的利息率，t 是资金到期时间长度。人们可以用专门的程序在电子计算机中计算出来，以避免手工计算。

上例中，如果按复利计算，则小李 30 年后退休可获得：$P \cdot FVIF_{2\%,30} = 350000 \times (1+2\%)^{30} = 633976.6$ 元。

三、现值的计算

所谓现值，是指将来的一笔收付款相当于现在的价值。计算现值使得在将来不同时间发生的现金流可以比较，因而它们可以被加起来。

例子：在以后两年的每年年底你将获取 1000 元，你的总的现金流量是多少？

简单说，现值计算是终值计算的逆运算。

现值的计算也有两种方式：单利和复利。

（一）单利的现值计算方式

在单利条件下，一笔现在的存款 P，在存期为 t、年利率为 i 的情况下，相当于 t 年后的 $P(1+t \cdot i)$ 的金额，因此，t 年后的一笔款项 FV，相当于现在的价值应为 $FV/(1+t \cdot i)$。因此，在单利的计算方式下，t 年后的一笔款项，在利率为 i 的条件下，其现值 PV 的计算公式如下：

$$PV_t = FV \cdot [1/(1+t \cdot i)]$$

（二）复利的现值计算方式

在复利条件下，一笔现在的资金 P，在存期为 t、年利率为 i 的情况下，相当于 t 年后的 $P(1+i)^t$ 的金额，因此，t 年后的一笔款项 FV，相当于现在的价值应为 $FV/(1+i)^t$。因此，在复利的计算方式下，t 年后的一笔款项，在利率为 i 的条件下，其现值 PV 的计算公式如下：

$$PV_t = \frac{FV_t}{(1+i)^t}$$

我们用 $PVIF_{i,t}$ 来表示 $1/(1+i)^t$，称其为复利现值系数。其中 i 是计算资金价值的利息率，t 是资金到期时间长度。

如果是发生在多个年份的现金流，其价值计算类似：

例如（图 3－1）：

$FV_1 = 2200$ 元，$FV_2 = 4100$ 元，$FV_3 = 1460$ 元，$i = 9.5\%$，$PV = ?$

$$PV_3 = \frac{2200}{1.095} + \frac{4100}{1.095^2} + \frac{1460}{1.095^3}$$
$$= 2009.13 + 3419.44 + 1112.01$$
$$= 6540.58 \text{ 元}$$

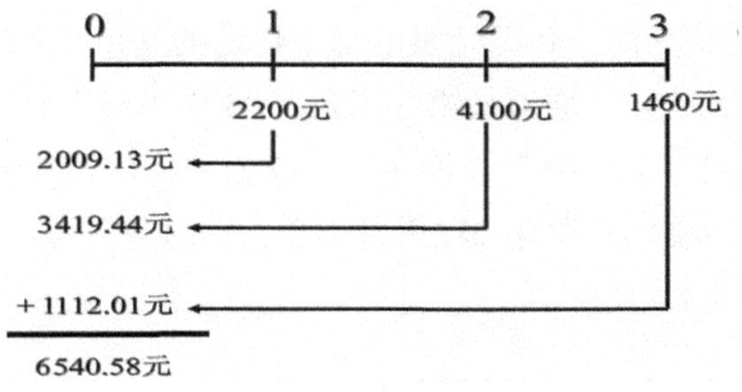

图 3－1 复利的现值计算

第三节 年金的资金时间价值

在日常经济生活中，我们经常会遇到有企业或个人在一段时期内定期支付或收取一定量资金的现象。比如，国债持有者每个付息日可获得一定的利息；租房户每月要支付大致相同的租金。这种现金的收付与平常的一次性收付款相比有两个明显的特点，一是定期收付，即每隔相等的时间段收款或付款一次；二是金额相等，即每次收到或付出的资金金额相等。我们把这种定期等额收付款的形式叫作年金（Annuity，以下公式中用 A 表示）。

一、后付年金的资金时间价值计算

后付年金又称普通年金，是指每次收付款的时间都发生在年末。后付年金的资金价值计算有两个方面：后付年金的终值和现值。

（一）后付年金的终值

要计算后付年金的终值，先要弄清它的含义。我们先看一个例子。某公司参与一个投资项目，自 2000 年年底开始，每年都要支出 100 万元，直到 2008 年年底。假设每年定期存款利率都是 2%，该项目支出在 2008 年年底相当于多少钱？

项目支出可用图 3－2 表示。

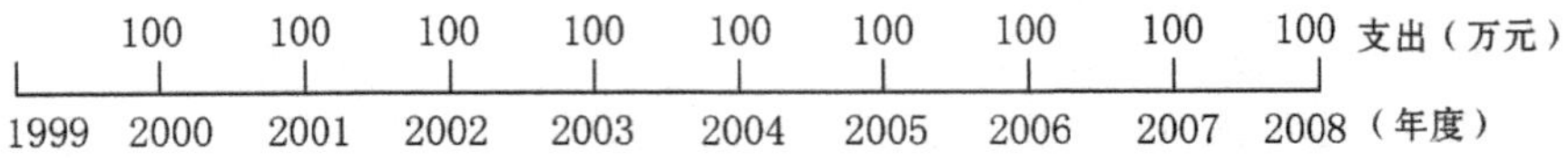

图 3－2　计算后付年金的终值

在图 3－2 中，每个结点的 100 万元表示每年年底的支出，9 年支出的终值相当于将 2000—2008 年每年年底的支出 100 万元都计算到 2008 年年底终值，然后再求和。

后付年金的终值，主要是指将每笔年终收付的款项，计算到最后一笔收付款发生时间的终值，再计算它们的总计。设有一项后付年金，它的期限为 t，每年收付款金额为 A，利率为 i，则可用图 3－3 表示。

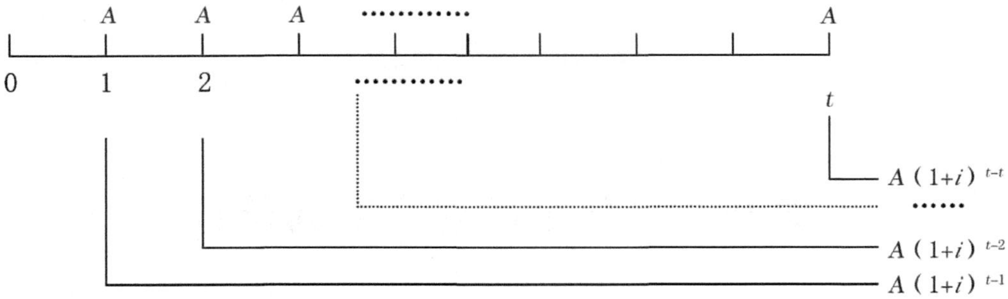

图 3－3　后付年金的终值计算

分别计算每一年收付款的终值，则：

第 1 年收付款终值：$FV_1=A\ (1+i)^{t-1}$

第 2 年收付款终值：$FV_2=A\ (1+i)^{t-2}$

……

第 t 年收付款终值：$FV_t=A\ (1+i)^{t-t}$

年金终值：

$$\begin{aligned}FV_A&=FV_1+FV_2+\cdots\cdots+FV_t\\&=A\ (1+i)^{t-1}+A\ (1+i)^{t-2}+\cdots\cdots+A\ (1+i)^{t-t}\\&=A\ [\ (1+i)^{t-1}+\ (1+i)^{t-2}+\cdots\cdots+\ (1+i)\ +1]\end{aligned}$$

按上式计算年金终值，比较复杂。我们可以计算出它的简化公式。

$$\begin{aligned}FV_A\ (1+i)\ &=A\ [\ (1+i)^{t-1}+\ (1+i)^{t-2}+\cdots\cdots+\ (1+i)\ +1]\ (1+i)\\&=A\ [\ (1+i)^{t}+\ (1+i)^{t-1}+\cdots\cdots+\ (1+i)^2+\ (1+i)]\end{aligned}$$

$$\begin{aligned}FV_A\ (1+i)\ -FV_A\ &=A\ [\ (1+i)^{t}+\ (1+i)^{t-1}+\cdots\cdots+\ (1+i)^2+\ (1+i)]\ -\\&\quad A\ [\ (1+i)^{t-1}+\ (1+i)^{t-2}+\cdots\cdots+\ (1+i)\ +1]\\&=A\ [\ (1+i)^{t}-1]\end{aligned}$$

$$iFV_A=A\ [\ (1+i)^{t}-1]$$

$$FV_A=A\ [\ (1+i)^{t}-1]\ /i$$

上式中，$[(1+i)^t-1]/i$ 被称为后付年金终值，用 $FVIFA_{i,t}$ 表示。

上例中，该公司投资终值计算如下：

$FV_A=A[(1+i)^t-1]/i=100$ 万元 · $FVIFA_{2\%,9}$

100 万元 $[(1+2\%)^9-1]/2\%=100$ 万元 $\times 9.7546=975.46$ 万元。

（二）后付年金的现值

后付年金的现值计算在现实生活中也比较常见。比如，小张最近准备买房，某开发商的售房方案：出售一套 100 平方米的住房，要求首期支付 10 万元，然后分 5 年每年支付 2 万元，年底支付。小张想知道每年付 2 万元相当于现在多少钱，好让他与现在 1500 元/平方米的市场价格进行比较。计算后付年金的现值，就是将后付年金的每一笔收付款折算为现值再求和。设有一笔后付年金，每年收付款金额为 A，期限为 t，利率为 i，则后付年金的现值如图 3－4。

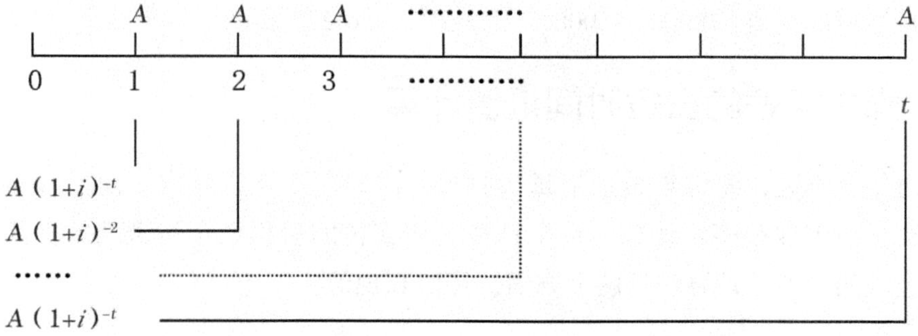

图 3－4　后付年金的现值计算

后付年金的现值：$PV_A=A(1+i)^{-1}+A(1+i)^{-2}+\cdots\cdots+A(1+i)^{-t}$

按照以上公式计算显然比较麻烦，我们可以对该公式进行推导。将上述等式两边同时乘以 $(1+i)$，得

$$(1+i)PV_A=[A(1+i)^{-1}+A(1+i)^{-2}+\cdots\cdots+A(1+i)^{-t}](1+i)$$

$$=[A+A(1+i)^{-1}+A(1+i)^{-2}+\cdots\cdots+A(1+i)^{-t+1}]$$

$$(1+i)PV_A-PV_A=[A+A(1+i)^{-1}+A(1+i)^{-2}+\cdots\cdots+A(1+i)^{-t+1}]-[A(1+i)^{-1}+A(1+i)^{-2}+\cdots\cdots+A(1+i)^{-t}]$$

$$=A-A(1+i)^{-t}=A[1-(1+i)^{-t}]$$

$PV_A=A[1-(1+i)^{-t}]/i$

如果不用以上推导公式，我们从年金的终值公式也能算出年金现值公式。设有一笔后付年金，每年收付款金额为 A，期限为 t，利率为 i，则年金终值为：$FV_A=A[(1+i)^t-1]/i$。将该终值折算为现值，则 $PV=\{A[(1+i)^t-1]/i\}(1+i)^t=A[1-(1+i)^{-t}]/i$。

上式中，$[1-(1+i)^{-t}]/i$ 被称为年金现值系数，用 $PVIFA_{i,t}$ 表示。比如 $PVIFA_{6\%,6}$ 表示 $[1-(1+6\%)^{-6}]/6\%$。

根据上述公式，设小张的住房贷款年利率为5%，则5年每年付2万元的现值为：

$PV=2$ 万元 · $PVIFA_{5\%,5}=8.66$ 万元

再看一个例子：

某健身俱乐部由于市场发展，需要添置设备。

- 选择1：租赁4年，每月租金3000元。
- 选择2：购买健身器材，价格为180000元；4年后，预期以60000元将健身器材卖掉。

如果资本成本为每月0.5%，哪个选择更合算？

答案：

租赁的现值：$\frac{3000}{0.005}\times(1-1.005^{-48})=12774$ 元。

购健身器材的现值：$18000-6000\times1.005^{-48}=13277$ 元。

二、先付年金的资金时间价值计算

与后付年金不同，先付年金是指每次收付款的时间不是在年末，而是在年初。先付年金在现实生活中也很多。比如，每个月在月初支付的房租、年初缴纳的保险费等。先付年金资金时间价值的计算包括两个方面：终值和现值。

（一）先付年金的终值

先付年金的终值和后付年金的终值其计算思想相似，都是将每次收付款折算到某一时点的终值，然后再将这些终值求和。但由于先付年金和后付年金的收付款时间不同，因此二者的计算方法有所区别。我们首先将二者的资金收付时间用图3－5和图3－6表示。

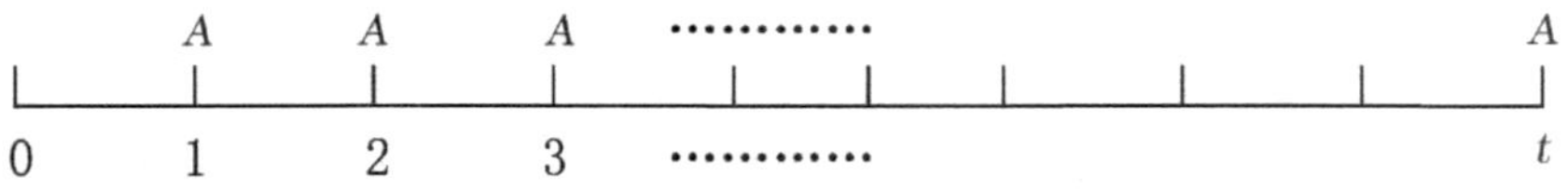

图3－5 后付年金示意图

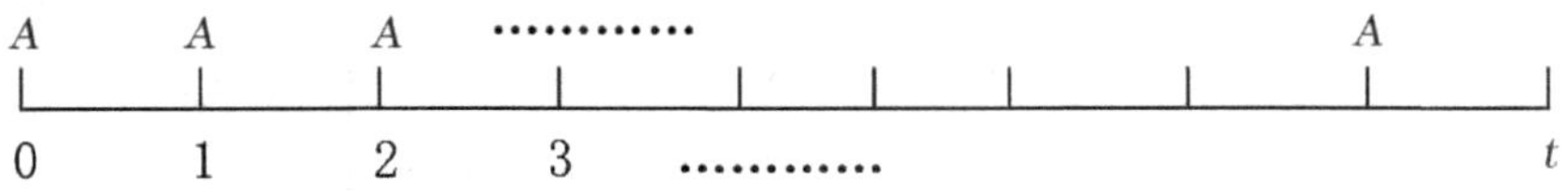

图3－6 先付年金示意图

从图 3－5 和图 3－6 中可看出，先付年金和后付年金相比，相当于整个现金收付向前提前了一年，因此与后付年金相比，先付年金的终值要大于一个年度的复利增加。我们现在推导先付年金的终值计算公式。

从图 3－7 可看出，先付年金的终值：

$$FVAD = FV_0 + FV_1 + FV_2 + \cdots\cdots + FV_{t-1}$$

$$= A(1+i)^t + A(1+i)^{t-1} + A(1+i)^{t-2} + \cdots\cdots + A(1+i)^1$$

等式两边同时乘以 $(1+i)^{-1}$，得：

$$FVAD(1+i)^{-1} = A(1+i)^{t-1} + A(1+i)^{t-2} + \cdots\cdots + A(1+i)^0$$

$$= A(1+i)^{t-1} + A(1+i)^{t-2} + \cdots\cdots + A(1+i)^{t-t}$$

$$= A[(1+i)^t - 1]/i$$

因此，$FVAD = \{A[(1+i)^t - 1]/i\}(1+i)$，即先付年金与后付年金相比，只增加了一个 $(1+i)$ 的乘数。

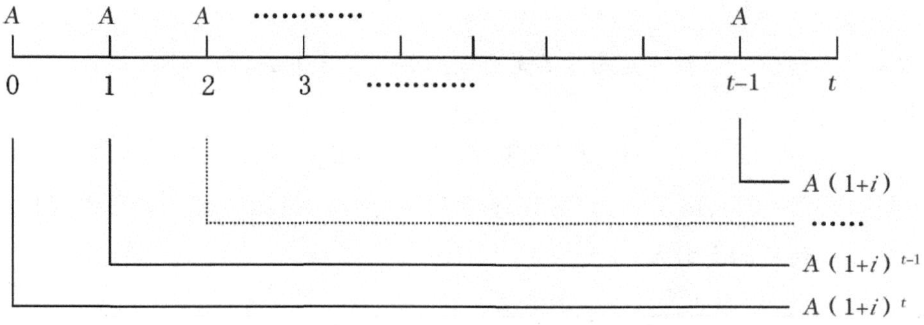

图 3－7　先付年金的终值计算

（二）先付年金的现值

先付年金的现值和后付年金的现值其计算思想相似，都是将每次收付款折算到现在的现值，然后再将这些现值求和。但由于先付年金和后付年金的收付款时间不同，因此二者的计算方法有所区别。用图形来表示先付年金的现值计算如图 3－8。

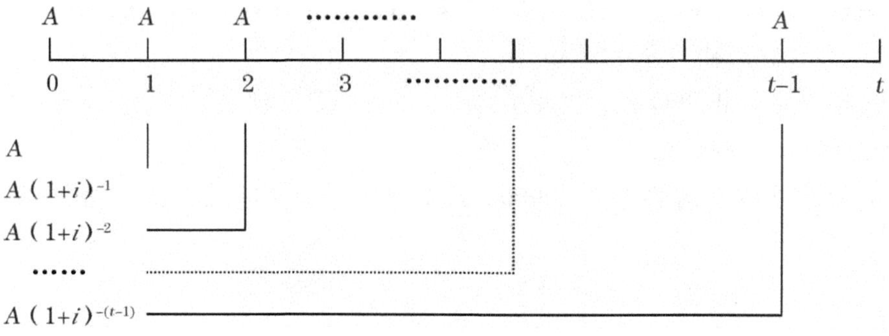

图 3－8　先付年金的现值计算

先付年金首次在年初支付，因此可以将它看成是现值，价值为：$A(1+i)^0$，从第2年年初到第$(t-1)$年年初支付的年金，相当于第1年年末到$(t-2)$年年末的后付年金，因此可以将这部分按$(t-1)$年的后付年金的现值计算，因此先付年金的现值为：

$$PVAD=A+A[1-(1+i)^{-t+1}]/i=A\{1+[1-(1+i)^{-t+1}]/i\}$$

三、永续年金

一般的年金都有一个有限的期限，但在现实生活中，有些年金很难确定它的收付款何时结束。比如一个股东持有一个企业的股票，如果该企业每年每股股利相同，那么只要该企业不被清算，这种股利总会被支付下去，很难确定它的最后期限。我们将这种无限期定额收付的年金称为永续年金。

（一）永续年金的终值

永续年金的终值可以看成是一个t无穷大的后付年金的终值，则永续年金的终值计算公式如下：

$$FV_{A(t=\infty)}=A[(1+i)^t-1]/i$$

当t趋向无穷大时，由于A、i都有界量，$(1+i)^t$趋向无穷大，因此$FV_{A(t=\infty)}=A[(1+i)^t-1]/i$趋向无穷大。

（二）永续年金的现值

永续年金的现值可以看成是一个t无穷大的后付年金的现值，则永续年金的现值计算公式如下：

$$PV_{A(t=\infty)}=A[1-(1+i)^{-t}]/i$$

当t趋向无穷大时，由于A、i都有界量，$(1+i)^{-t}$趋向无穷小，因此$PV_{A(t=\infty)}=A[1-(1+i)^{-t}]/i$趋向$A/i$。

例：某体育馆设置一笔维修资金，资金每年使用一次，使用金额为5000元。维修资金保存在银行。银行一年的定期存款利率为2.5%。问该体育馆要设置多少钱作为维修基金以保持体育馆维修长期运行？

由于每年都要拿出5000元，因此维修资金的性质是一项永续年金，其现值应为：

5000/2.5% =200000元。

也就是说，该体育馆要存入200000元作为基金，才能保证这一维修基金的成功运行。

第四节 资金时间价值计算中的其他情况

我们前面主要讨论了资金时间价值计算的基本问题，即一次性收付款的终值和现值、年金的终值和现值的计算问题。在实际使用中，由于现金流量的不规则和时间分布的不统一，使得资金时间价值的计算存在一些情况需要说明。

一、名义利率与实际利率

（一）名义利率

如果在计算利息时，每年计算 t 次，则我们将没有经过复利计算，而是根据具体计算利息期限的利息率乘以年计息次数算出来的利息率称为名义利率。比如，A 公司债券半年计算一次利息，半年的票面利率为 5%，则一年的名义利率为 5% ×2 =10%。

在利息计算方法按单利计算的条件下，名义利率与实际利率相同，但在复利计算方法下，名义利率要小于实际利率。

（二）实际利率

实际利率是指当一笔资金的利息计算不是一年一次，而是一年多次的情况下，由于采用复利计算利息而计算出来的实际利息率。设一笔资金的名义利率为 i，每年计息 t 次，则每次计算的利率为 i/t，这相当于每年复利 t 次，每次复利的利率为 i/t。设某人初始存款为 A，则年后存款本利和为 $A(1+i/t)^t$，实际利率为 $[A(1+i/t)^t-A]/A=(1+i/t)^t-1$。实际年利率的计算如表 3－1。

表 3－1 年度百分率 12% 的实际年利率

计息频率	一年中的期间数	每期间的利率（%）	实际年利率（%）
一年一次	1	12	12.000
半年一次	2	6	12.360
一季度一次	4	3	12.551
一月一次	12	1	12.683
每日一次	365	0.0328	12.747
连续计息	无穷	无穷小	12.750

实际利率 $=\left(1+\dfrac{\text{年度百分率}}{m}\right)^m-1$，$m$ 为每年的计息次数。

（三）考虑通货膨胀的名义利率与实际利率

- 名义利率（r）：以人民币或其他货币表示的利率。
- 实际利率（i）：以购买力表示的利率。
- 通货膨胀率（p）：所有商品价格的增长率。

$$(1+r)=(1+i)\times(1+p)$$

若 $r=10\%$ 和 $p=5\%$，则 $i=4.76\%$。

近似公式：

$(1+r)=(1+i)\times(1+p)=1+i+p+ip\approx 1+i+p$

$r\approx i+p$

二、增长率问题

在企业经营中，经常出现固定增长率的现象。比如，销售收入按一定比例固定增长，股票的每股股利按规定比例增长，等等。

例：体育公司的股票每股股利按每年 10% 的比例固定增长，年初体育公司每股股利为 1 元，体育公司每年年初支付一次股利。A 持有该公司股票 10000 股，每年将收到的股利存入银行。假设银行一年定期存款利率为 2%，则第 6 年年初 A 收到的股利终值是多少？

要计算 6 年后股利的终值，首先要计算 6 年内每次支付股利的金额，然后将这些股利按复利计算方法分别计算每年股利到第 6 年的终值，最后将这些终值求和。

A 持有体育公司股票以后 6 年的每股股利计算如表 3－2。

表 3－2　A 持有体育公司股票 6 年后的股利计算

年份	股利（D_t）	股利终值
1	1	1.104081
2	1.1	1.190675
3	1.21	1.284062
4	1.331	1.384772
5	1.4641	1.493382
6	1.61051	1.610510
合计		8.067482

表中 $D_t=D_0\ (1+10\%)^t$

根据股利，计算各年的股利终值：表中复利终值按 $(1+2\%)^t$ 计算而得。

根据以上计算结果可看出，A 持有股票 6 年后每股可获得本利和 8.067482 元，10000 股可获得 80674.82 元。

三、偿债基金

偿债基金亦称“减债基金”，是指国家或发行公司为偿还未到期公债或公司债而设置的专项基金。所谓偿债基金，是指为了保证在将来获得一笔资金，而预先每年存入一定的款项，并以这批款项的到期本利和偿还到期债务的做法。它便于安排企业或负债组织各年的收支平衡，使之不至于陷入财务困境。

现在假设某公司因业务需要，向银行借款 500 万元，5 年后归还，利息每年归还。为此，该公司准备建立偿债基金，每年存入一定量数额的资金，希望到期本利和偿还借款本金 500 万元，假定银行年存款利率为 2%，则偿债基金每年应投入多少钱？

上述问题如果我们仔细分析，就会发现它是一个年金计算问题。在这个年金计算问题中，到期要偿还的债务额相当于年金计算的终值 FV_A，年存款利率 2% 相当于年金计算的适用利率 i，而 5 年期限相当于年金的期限 t，要求的每年存款额就是一个年金金额 A。因此我们有下列公式：

$$FV_A = A\left[(1+i)^t - 1\right]/i$$

$$A = FV_A \cdot i/\left[(1+i)^t - 1\right]$$

将上述例题中的数据代入公式，我们可得：

$A = 500 \cdot 2\%/\left[(1+2\%)^5 - 1\right] = 10/(1.1041 - 1) \approx 96.06$ 万元

四、贷款摊销

在偿债基金问题中，企业以另外抽出一部分资金设立基金的办法偿还到期债务。实际生活中还有一种偿还巨额债务的办法，就是将巨额债务分期偿还。

例如，小张贷款 100 万买房，假定贷款年利率为 5%，10 年还清，每年偿还固定金额，保证 10 年后本利一并偿还，那么每年应偿还多少钱呢？我们可以先设每年应偿还的资金为 A，则 A 应该是一个后付年金，其现值按贷款利率折现，应该等于贷款金额 100 万。因此，假设小张现在贷款为 L，贷款利率为 i，偿还年限为 t，则每年偿还的资金 A 应符合下列公式：

$$L = A\left[1 - (1+i)^{-t}\right]/i$$

$$A = L/\left\{\left[1 - (1+i)^{-t}\right]/i\right\}$$

按上例，如小张分期偿还，则每次偿还的金额为：

$100/\left\{\left[1 - (1+5\%)^{-10}\right]/5\%\right\} = 12.95$ 万元。

第五节 债券的价格

本节将利用现值公式说明如何计算债券价值。持有债券期间，持有者将依债券上约定的时间取得现金流量的给付，这些现金流量的现值就是债券持有者持有此债券所愿意付出的最高价格。考虑到各种风险因素后，债券应有的价值是投资者获得的现金流按要求的风险报酬率贴现的现值。

债券简单地说就是标示资金借入者（债券发行者）未来各期应偿付多少金额给债券持有者的凭证。债券至少应包括以下几个组成要素：面额、到期期限、息票给付及面额偿还方式。比如，A 企业于 2006 年发行面额（以 FV 简记）1000 元的债券 2 万张，债券息票率（以 r_c 简记）为6%，期限5 年，每年给付息票一次，债券到期后一次还本。由这个例子，我们知道 A 企业债券的组成要素包括：

面额：债券面额为 1000 元。此次 A 企业发行总金额为 2000 万元（2 万张 ×1000 元）。

票息给付：票息金额计算公式为面额 × 息票率（$FV \times r_c$）。A 企业必须在每年年度结束时支付给债券持有者 60 元（1000 元 ×6%）的票息。

到期期限：债券持有者收到最后一次应给付的金额的时间。

面额偿还方式：债券 5 年后到期时，A 企业除了必须支付债券持有者 60 元票息，还需支付 1000 元的面额。

不同的组成要素形成不同的债券形式。以下将介绍几种常见债券及其价值决定公式。

一、债券估价的基本模型

典型的债券是固定利率，每年计算并支付利息，到期归还本金。按照这种模式，债券价值计算的基本模型：

$$PV = \sum_{t=1}^{n} \frac{I_t}{(1 + R_d)^t} + \frac{FV}{(1 + R_d)^n}$$

式中：PV——债券价值；

I_t——各期利息（$I_t = FV \times r_c$）；

FV——发行面额/面额；

R_d——贴现率（投资者投资于债券的预期必要收益率）；

n——债券的期限。

例：ABC 公司拟于 2001 年 2 月 1 日发行面额为 1000 元的债券，其票面利率为 8%，每年 2 月 1 日计算并支付利息，并于 5 年后的 1 月 31 日到期，同等风险投资的必要收益率为 10%，则债券的现值为：

$$PV = \sum_{t=1}^{n} \frac{I_t}{(1+R_d)^t} + \frac{FV}{(1+R_d)^n}$$

$$= \sum_{t=1}^{5} \frac{1000 \times 8\%}{(1+10\%)^t} + \frac{1000}{(1+10\%)^5}$$

$$= 80 \times 3.791 + 1000 \times 0.621$$

$$= 924.28 \text{ 元}$$

二、零息债券

零息债券或称纯贴现债券，是形式最简单的债券，是承诺在到期日支付一定数量现金的债券。纯贴现债券的交易价格低于面值（折价）；交易价格与面值的差额就是投资者所获得的收益。给付的日期则为债券的到期日，而给付金额为债券面额（简记作 FV）。由于债券持有者在持有期间不会有任何票息，只在到期日收到等于债券面额的给付，这也是为何此类债券称为零息债券。

例如，T 期零息债券的现金流量图如图 3－9。

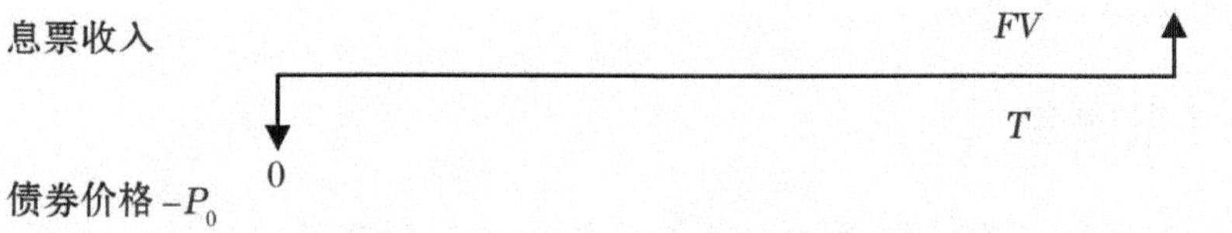

图 3－9　T 期零息债券的现金流量图

FV 为零息债券的面额，T 为债券到期日，P_0 为零息债券当期价格。利用现值公式可算出零息债券的价值（PV）：

$$PV = \frac{FV}{(1+r)^T}$$

假设 20 年期纯折现率为 10%，公司发行面额 1000 元的 20 年期纯折现债券，债券价格应为：

$$P_0 = \frac{1000}{(1+10\%)^{20}} = 148.64 \text{ 元}$$

该折现债券的价格约等于面额的 15%。

到期一次还本付息的债券，实际上也是一种纯贴现债券，只不过到期日不是按票面额支付而是按本利和做单笔支付。如现有一个 5 年期公司债券，面值 1000 元，票面利率 11%，单利计息，到期一次还本付息，贴现率为 10%，则其价值为：

$$PV = \frac{1000 + 1000 \times 11\% \times 5}{(1+10\%)^5} = 962.43 \text{ 元}$$

三、永久性债券

永久性债券是指没有到期日，而是每期给付一定金额的票息给债券持有者，此种债券属于永续年金的形式，亦称为永久性债券。永久性债券的价值为：

$$PV = \sum_{T=1}^{\infty} \frac{I}{(1+r)^T} = I/r$$

因此，永久性债券的现值就可以简单地表示成每期的利息支付额除以给定的贴现率。假定投资者购买了一种永久性债券，该债券无限期每年向投资者支付60元，投资者投资于这种债券的折现率为11%，则该证券的价值为：

$$PV = 60/0.11 = 545.45 \text{ 元}$$

美国政府为筹集巴拿马运河建造费用曾发行永久性公债，这种债券附有赎回条款，美国政府可随时赎回这种债券。由于此项赎回条款，该债券由美国政府陆续赎回已不复在市场流通。

公司发行的特别股也可看成永久性债券的一种。如果公司每年皆能如期付出股息，则特别股可看成永久性债券。

四、附息债券

大部分的债券属于附息债券。附息债券的特色是到期日之前债券发行者必须定期给债券持有者支付利息，支付的频率可能是一年一次、半年一次或每季度一次等。

附息债券和零息债券的差别在于附息债券持有者从第一期至到期日每期都有利息收入，附息债券和永久性债券的差别则在于债券到期日之有无。

计算附息债券的价格时，假定到期日前各期应给付的利息为 $I = FV \times r_c$，然后运用现值公式算出该债券的本期价格（假设利息支付一年一次）：

$$PV = \frac{I}{1+R_d} + \frac{I}{(1+R_d)^2} + \cdots + \frac{I+FV}{(1+R_d)^T},$$

式中：PV——债券价格；

I——每年的息票利率；

FV——债券的面值；

R_d——贴现率，或称必要收益率；

T——到期日。

来看一个例子：

（1）有一个附息债券票面价值为1000元，票面利率为10%，必要收益率也为10%，每年给付票息一次，该债券的当期价格为多少？

$$1000 \text{ 元} = \frac{100}{1.1} + \frac{1100}{1.1^2}$$

此时，该附息债券价格等于债券面值：$PV = FV$，将以面值平价交易。

（2）同样一支附息债券，如果这两年必要收益率由10%降为8%，债券价格变为：

$$1035.67\text{ 元} = \frac{100}{1.08} + \frac{1100}{1.08^2}$$

由于债券价格高于面值，即 $PV > FV$，该附息债券以溢价出售。

（3）同样一支附息债券，如果这两年必要收益率由10%上升至12%，债券价格变为：

$$966.2\text{ 元} = \frac{100}{1.12} + \frac{1100}{1.12^2}$$

此时债券价格低于面值，即 $PV < FV$，该附息债券以折价出售。

一般地，票面利率与必要收益率间有如下关系：

（1）当债券价格等于债券面值时，息票率等于必要收益率。

（2）当债券价格高于债券面值时，息票率高于必要收益率。

（3）当债券价格低于债券面值时，息票率低于必要收益率。

对于不是一年支付一次债券利息的情况，按实际的付息金额进行计算。

例子：某企业发行5年期附息债券，债券年息票率为12%，面额为1000元，每年6月以及12月各发放利息一次。假设必要收益率为10%，请问该附息债券的价格为多少？

首先，我们计算到期日前各期的息票支付金额。债券的面额为1000元，年息票率为12%，故年票息金额为：

120元 = 1000元 × 12%

由于每半年支付一次，故每次支付票息金额为60元（1000元 ×6%）。将各期现金收入以及必要收益率（12%/2）代入折现公式就可算出此附息债券的价格：

$$PV = \frac{60}{1.05} + \cdots + \frac{60}{(1.05)^9} + \frac{1065}{(1.05)^{10}} = 107.72\text{ 元}$$

由于每半年发放息票一次，根据有效年利率的定义可算出此附息债券的有效年必要收益率：

$$\text{实际利率} = \left(1 + \frac{\text{年度百分率}}{m}\right)^m - 1\text{，m 为每年的计息次数。}$$

$$\text{即：}(1 + \frac{12\%}{2})^2 - 1 = 12.36\%$$

对于已发行并在二级市场上流通的债券，由于已经在市场上流通了一段时间，在估价时需要考虑当前到下一次利息支付这段时间的利息，其计算也要相应调整。

五、债券的到期收益率

到期收益率（yield to maturity，YTM）是指如果现在购买债券并持有至到期日所获得的平均收益率。到期收益率可以使未来现金流的现值等于交易价格的贴现率。

到期收益率的计算：

$$P = \frac{c}{1 + YTM} + \frac{c}{(1 + YTM)^2} + \cdots + \frac{c + F}{(1 + YTM)^T}$$

式中：P——市场价格；

c——利率；

T——债券的期限；

F——债券面值。

例如：有一个3年期债券，面值1000元，息票利率8%（每年一次支付），市场价格932.22元，到期收益率为多少？

$$\frac{80}{1 + YTM} + \frac{80}{(1 + YTM)^2} + \frac{1080}{(1 + YTM)^3} = 932.22 \text{ 元}$$

$YTM \approx 10.76\%$

收益率曲线：到期收益率与到期日之间的关系（图3－10）。即使到期日相同的债券也可能因为不同的息票利率而导致不同的到期收益率。

收益率曲线可以采取多种形式：

（1）如果同类债务工具的期限越长，其收益率水平越高，则称之为向上倾斜的收益率曲线，据此绘出的曲线叫作正收益曲线。

（2）如果同类债务工具的期限越长，其收益率水平越低，则称之为向下倾斜的收益率曲线，据此绘出的曲线叫作反收益曲线。

（3）如果收益率水平不随债务工具期限的变化而变化，则称之为平坦的收益率曲线，据此绘出的曲线叫作平收益曲线。

（4）驼背形的曲线。

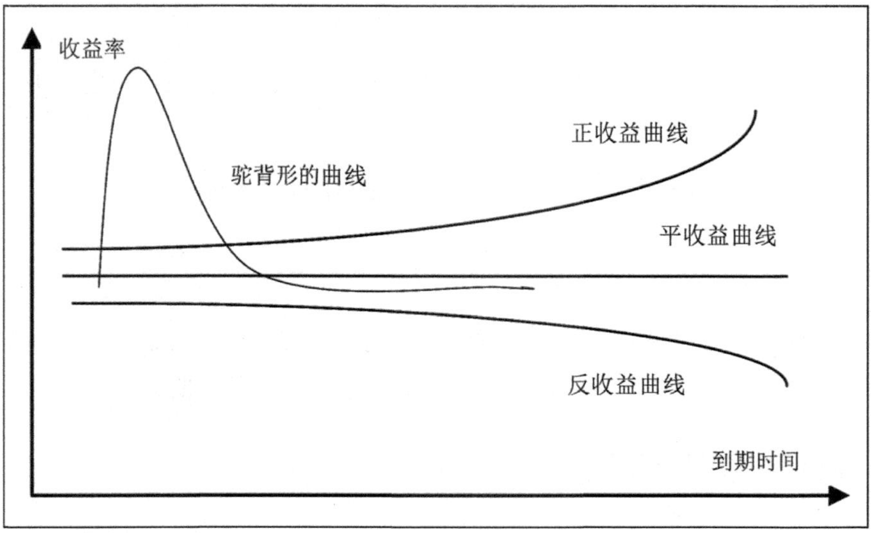

图3－10　收益率曲线

第四章　投融资的收益及风险分析

第一节　资产收益与风险的统计特征

一、风险的概念与类别

（一）风险的概念

“风险”一词本身是中性的，即风险本身并无好坏之分。风险是人类活动的内在特征，它来源于对未来结果的不可知性。因此，粗略地讲，风险可以被定义为对未来结果不确定性的暴露。

在风险的定义中包含了两个极其重要的因素：首先是不确定性。不确定性可以被认为是一个或几个事件（结果）发生的概率分布。因此，每一个事件的发生都应该对应着一定的概率。为了研究风险，对未来结果及其发生的概率就应该有一个精确的描述。但是从风险管理的实践角度来讲，未来可能存在的结果及其服从的概率分布特征常常是不可知的。因此人们在管理风险的时候，常常需要对此进行主观的推断。其次是对这种不确定性的暴露。对于同样的不确定性，不同的人类活动所受到的影响是不一样的。比如说，未来的天气状况对所有人来讲都是不确定的，但是它对不同的人类活动产生的影响可能是完全不同的：天气对农业的影响远远大于其对工业和金融业等其他行业的影响。

风险的来源主要有：经营风险、金融风险、流动风险、违约风险、利率风险、通货膨胀风险和整体经济状况等。

本书所讨论的风险是指那种未来的结果不确定，但未来哪些结果会出现，以及这些结果出现的概率是已知的或可以估计的这样一类特殊的不确定性事件。

根据以上定义，风险意味着对未来预期结果的偏离，这种偏离是正反两方面的，有可能向不好的方向偏离，也有可能向好的方向偏离。因此，风险并不仅仅意味着遭受损失的可能。

比较图4－1和图4－2不难发现，投资B的随机事件偏离期望值的幅度更大，而这可以通过方差的大小反映出来。因此，投资收益的风险可以用投资收益的方差来衡量。

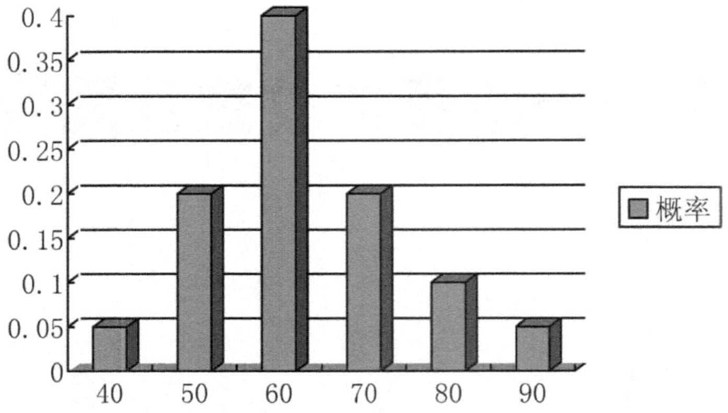

图 4-1　投资 A 的收益及获得该收益的概率

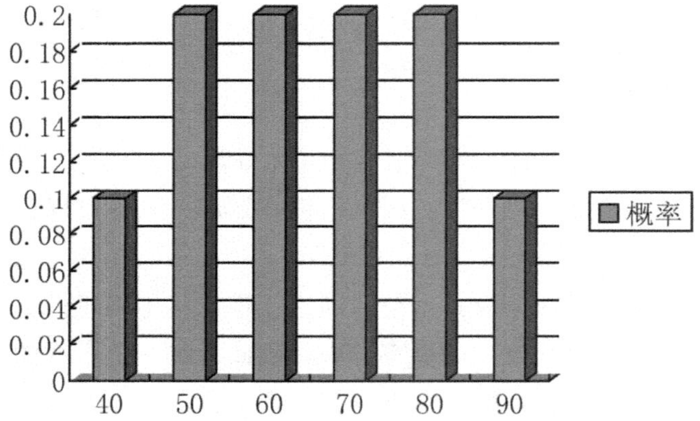

图 4-2　投资 B 的收益及获得该收益的概率

由于方差具有良好的统计特性，在用方差测度金融资产组合的总风险时，组合的方差可以分解为组合中单个金融资产的方差和协方差。用方差或标准差作为金融资产风险的测度指标被学术界和实务界广泛接受。

风险的性质：风险具有普遍性、客观性、损失性、不确定性和社会性。

风险频率与风险程度：风险频率，又称损失频率，是指一定数量的标的在确定的时间内发生事故的次数。风险程度，又称损失程度，是指每发生一次事故导致标的的毁损状况，即毁损价值占被毁损标的全部价值的百分比。

在现实生活中，风险频率与风险程度一般是反比的关系，即风险频率很高，但风险程度不大；风险频率不高，但风险程度很大。

（二）风险的类别

资本运动是投融资的核心内容，企业通过对资本运动的管理来达到其价值最大化的目标，因此企业的风险也就蕴藏在整个资本运动过程中。资本运动包括资本的筹集、运用、耗费、收回及分配等几个环节，简单论述即筹资、投资和利润分配三个环节，这三个环节决定了企业的财务结构。

1. 投融资风险按照内容角度划分

从投融资的内容角度看，风险包括筹资风险、投资风险、资金回收风险与收益分配风险等。

（1）筹资风险。筹集资本是一个企业生产经营活动的起点。企业筹集资本的主要目的是扩大生产经营规模，提高经济效益。如果企业决策正确、管理有效，就可以实现其经营目标。但在市场经济条件下，由于市场行情瞬息万变，企业竞争日益激烈，容易导致决策失误，管理措施失当，从而使得筹集资本的使用效益具有很大的不确定性，由此产生了筹资风险。企业在筹集资本的过程中所具有的不确定性就是筹资风险。企业筹资渠道可以分为两大类，一类是所有者投资，另一类是借入资金。对于借入资金，放贷方一般均严格规定了借款人的还款方式、还款期限和还款金额，如果借入资金不能产生效益，企业不能按期还本付息，就会使企业付出更多的经济和社会代价。例如，向银行支付罚息、拍卖抵押资产、企业股票价格下跌等，严重者则会面临破产倒闭。因此，借入资金的风险表现为企业能否及时足额地还本付息。对于向所有者筹集资金，企业是否能够向所有者筹得资金取决于企业经营项目优劣和业绩好坏，取决于企业前期投资的经营成果。也就是说，企业在所有者筹资方面的筹资风险与企业自身的投资风险相对。综上所述，筹资风险的影响因素包括筹资时间、筹资数量、筹资渠道和筹资方式。具体的影响为：筹资时间越长，不确定因素越多，筹资的风险越大，因此要在最短的时间内筹集到所需要的资金。筹资数量越大，则筹资风险越大。另外，筹资渠道与筹资方式的不同，也会影响到筹资风险，如股票筹资与债券筹资其风险就显著不同。

（2）投资风险。投资风险指投资项目不能达到预期效益，从而影响企业获利水平和偿债能力的风险，即企业将筹集的资本投向某种活动所具有的不确定性。投资风险主要由投资的行业和投资时间的长短来决定。一般企业的资本可选择多种行业进行投资，每种行业的利润率不同，决定了其投资风险不同。如投资于经济衰退国家的体育产业和投资于经济增长国家的体育产业所面临的风险会有很大区别。一般来说，长期投资比中短期投资的风险要高。可以用投资项目的收益期望值和期望值标准差两个指标来比较投资风险的大小，其关系为：收益期望值越小，标准差越大，表明某个投资方案的投资收益率的平均水平越低，不确定性越大，投资风险就越大；反之，投资风险越小。

（3）资金回收风险。资金是企业营运的血液，是企业生存的根本，只有充足的资金才能保证企业生产经营活动的正常进行。在资金转换过程中，时间和金额的不确定性就是资金回收风险。企业资金回收风险与整体经济环境、行业的发展情况等息息相关。企业资金回收风险的大小也取决于企业的经营决策和管理水平的高低。为减少企业资金回收风险，企业要注意评估整体经济环境和行业发展情况，在整体经济环境好时扩大经营，整体经济环境不好时谨慎经营；要加强对业务往来企业的财务状况、资信状况等的了解，合理利用现金折扣手段，促使客户及时付款，同时加强对销售货款的催收。企业财务部门应定期进行账龄分析，对各项应收账款建立相应的催收制度，必要时可以依靠诉讼方式进行，以控制资金回收风险。

（4）收益分配风险。收益分配是指企业实现的财务成果对投资者的分配。收益分配风险是指企业在收益的形成与分配上所具有的不确定性。在企业效益得到保证、资金周转正常、调度适当的情况下，合理的收益分配会提高企业声誉，调动投资者积极性，证券市场上股票价格上涨，给企业今后的筹资活动奠定良好的基础。收益分配存在风险，如由于通货膨胀严重，按照现行的历史会计模式就必然存在虚减成本、虚增收益，从而分配利润时就会多缴纳税款。再如，如果企业正处于资金紧缺时期，以货币资金的形式对外分派，且金额过大，必然会大大降低企业的偿债能力，影响企业生产的规模。因此，企业无论是否进行收益分配，也不论是在什么时间、以什么方式进行，都具有一定的风险性。

2. 投融资风险按照是否可以分散划分

投融资风险按照是否可以分散，分为系统性风险和非系统性风险两大类。系统性风险是指某种因素会给市场上所有的投资带来损失的可能性，如政策风险、经济环境风险、利率风险和通货膨胀风险等具有比较宏观影响的风险，投资者不能通过购买多种特征的资产来分散风险。非系统性风险是指某些因素对单个资产造成损失的可能性，属于微观层面上的风险，投资者可以通过制定资产投资组合将这种风险分散或转移。由于非系统性风险是可以通过资产投资组合分散的风险，而系统性风险不能通过资产投资组合规避，因此市场上所说的“高风险高收益”的风险只是针对系统性风险而言，市场只是给高的系统性风险以高收益的回报，对非系统性风险则不予以弥补。

（1）系统性风险是指那些对所有的企业都产生影响的因素引起的风险，如经济环境变化、通货膨胀、国家政策调整、利率变化等。系统性风险源于企业之外，在其发生时，所有企业都受影响，表现为整个市场总体收益率的变化。由于这类风险涉及所有的投资对象，不能通过分散投资来加以分散，一般称之为不可分散风险或市场风险。

经济环境风险，是指由于经济环境的变化而引起的市场行情变动的风险。经济运行中周期性出现的经济扩张与经济紧缩交替更迭、循环往复的变化决定了企业的效益。在市场经济条件下，一个企业生产经营状况的好坏，既受其内部条件的影响，又受其外部宏观经济环境和市场环境的影响。一个企业无力决定它的外部环境，但可以通过内部条件的改善来积极适应外部环境的变化，充分利用外部环境，并在一定范围内，改变自己的小环境，以增强自身活力，扩大市场占有率。因此，作为企业家对经济周期波动必须了解、把握，并能制订相应的对策来适应周期的波动，否则将在波动中丧失生机。

利率风险，是指由于市场利率变动而使投资者遭受损失的风险。利率变化会严重影响企业投资、融资成本及收益。利率提高，企业融资成本提高，在其他条件不变的情况下，收益减少。证券价格与市场利率的关系极为密切。银行利率提高会吸引一部分资金流向银行等储蓄机构，从而减少对证券及其他资产的投资需求，致使证券及这些资产价格下降，反之亦然。

通货膨胀风险，是指投资报酬跟不上一般物价上涨速度的风险。在通货膨胀期间，虽然随着商品价格的普遍上涨，投资者的货币收入会有所增加，但由于货币贬值，购买力水平下降，投资者的实际收益可能没有增加反而有所下降。

（2）非系统性风险又称非市场风险或可分散风险。它是与整个市场无关的风险，非系统性风险的主要特征是：

- 它是由特殊因素引起的，如企业的管理问题、上市公司的劳资问题等。
- 它是某一企业或行业特有的那部分风险，如房地产业股票遇到房地产业不景气时就会出现下跌。
- 它可通过分散投资加以消除。由于非系统性风险属于个别风险，是由个别人、个别企业或个别行业等可控因素带来的，因此，可通过投资的多样化来化解非系统性风险，即发生于一家企业的不利事件可以被其他企业的有利事件所抵消，企业的收益不会受到更大的影响。

非系统性风险主要有金融风险、经营风险、违约风险、流动性风险与操作风险等。

金融风险是筹资决策所产生的风险，又称筹资风险。企业的资本结构，即企业总资本中负债与权益（即股本）的比值决定了企业财务风险的大小。资本结构中贷款和债券比重小的企业，其股票的金融风险低；贷款和债券比重大的企业，其股票的金融风险高。股份制的企业只有在支付了所有债务利息以及到期的本金之后，才能对股东支付股息。如果一个企业的全部资本都是通过发行股票筹集的，则它没有利息支出。对于任何采用举债方式筹措部分资金的企业，由于必须支付利息，因此其营业收入的变动将引起股东净收入的更大变动。可见，利息支出产生更加易变的净收入，从而将股东置于风险更大的处境之中。

降低金融风险的方法比较简单，只要购买债务较少的企业股票就可以降低金融风险。然而，选择购买债务较少的企业股票也有缺点，因为这些企业在经济扩张时期的收益和股息的增加往往落后于那些将债务作为企业资本结构的一部分的企业，因此，金融风险的减少是以减少潜在的收益为代价的，股票投资者需要在这两者之间权衡。

经营风险亦称商业风险，是指因生产经营方面的原因给企业盈利带来的不确定性。经营风险的程度因企业而异，取决于企业的经营活动，某些行业的收入很容易变动，因而很难准确预测。企业的生产经营活动受到来自企业外部和内部多方面的影响，具有很大的不确定性。外部的影响因素包括政治环境、经济结构、资源环境、财政环境、金融环境、市场环境等；内部的影响因素包括运营状况、经营管理状况、内部财务管理能力等。其中，内部的影响因素是企业经营风险的主要来源，如决策失误导致投资失败，管理混乱导致产品质量下降、成本上升，产品开发能力不足导致市场需求下降，市场开拓不力导致竞争力减弱等，都会影响企业的盈利水平，增加经营风险。

违约风险，又称信用风险，是指证券发行人无法按时还本付息而使投资者遭受损失的风险。违约风险是债券的主要风险。一般认为，在各类债券中，违约风险从低到高排列依次为中央政府债券、地方政府债券、金融债券、公司债券。当然，不同企业发行的公司债券的违约风险也有所不同，它受到各企业的经营能力、盈利水平、规模大小及行业状况等因素的影响。所以，信用评估机构要对中央政府以外发行的债券进行评价，以反映其违约风险。

流动性风险，又称变现力风险，是指由于将资产变成现金方面的潜在困难而造成的投资者收益的不确定性。一种股票在不做出大的价格让步的情况下，卖出的困难越大，则拥有该种股票的流动性风险程度越大。在流通市场上交易的各种股票当中，流动性风险差异很大，有些股票极易脱手，市场可在与前一交易相同的价格水平上吸收大批量的该种股票交易。如美国的IBM股票，每天成交成千上万手，表现出极大的流动性，这类股票，投资者可轻而易举地卖出，在价格上不引起任何波动。另一些股票在投资者急着要将它们变现时，很难脱手，除非忍痛贱卖，在价格上做出很大牺牲。所以，投资者在投资于流动性差的资产时，总是要求获得额外的收益以补偿流动性风险。

操作风险，在同一个证券市场，对待同一家公司的股票，不同投资者投资的结果可能会出现截然不同的情况，有的盈利，有的亏损，这种差异很大程度上是因投资者不同的心理素质与心理状态、不同的判断标准、不同的操作技巧造成的。由于这些原因造成的投资者投资收益的差异，称作操作风险。操作风险中最重要的是心理因素的影响。

二、资产收益率的统计特性

（一）收益与风险的描述

资本市场中资产收益率上下波动幅度很大。对于资产收益率变化多端的情况，最基本的分析方法就是利用基本统计量来表现不同资产收益率的统计特性，即以某一特定期间（如：2000—2009年期间或2000年）收益率期望值来衡量资产收益率的高低，以资产收益率方差（或标准差）来衡量资产收益率波动程度。

我们用如下指标来描述不确定性：

（1）期望收益率，即预期将获得的平均收益率。

（2）方差或标准差，即未来收益率的分散程度。

（3）股票的方差越大，可能的收益率区间越宽，收益率出现极端情况的可能性越大。

若 r_1，$r_2 \cdots r_T$ 为第1期到第 T 期个别资产收益率的观察值，T 为观察样本数，则资产收益率的算术平均值（以$\bar{r}$表示）：

$$\bar{r} = \frac{r_1 + r_2 + \cdots + r_T}{T}$$

例子：体育娱乐公司股票在2006年下半年各月份的收益率分别为21.2%、1.00%、2.43%、4.42%、－1.02%、3.69%，试计算2006年下半年该公司股票的平均收益率：

$$\bar{r} = \frac{21.2\% + 1.00\% + 2.43\% + 4.42\% - 1.02\% + 3.69\%}{6}$$

$= 5.29\%$

期望收益率：

$$E(\tilde{R}) = \sum_{i=1}^{n} \pi_i R_i = \pi_1 R_1 + \pi_2 R_2 + \cdots + \pi_n R_n$$

式中：$E(\tilde{R})$——投资的期望收益率；

π_i——第i种状态发生的概率；

R_i——第i种状态的收益率；

n——可能状态的数量。

例子：某体育用品制造业的收益率如表4－1。

表4－1　收益率表

经济的状态	概率	A的收益率	B的收益率
强	0.20	50%	30%
正常	0.60	10%	10%
弱	0.20	－30%	－10%

$E(\tilde{R}_A) = 0.20 \times 0.50 + 0.60 \times 0.10 + 0.20 \times (-0.30) = 10\%$

$E(\tilde{R}_B) = 0.20 \times 0.30 + 0.60 \times 0.10 + 0.20 \times (-0.10) = 10\%$

若某一资产收益率上下波动程度很大，表示持有这个资产的实际收益率会有很高和很低的可能，持有这个资产的风险自然较大。依此概念，投融资实践中大都以随机变量离散程度的方差或标准差作为衡量风险的指标。本书亦以资产收益率方差（σ^2或Var）或标准差（σ或SD）作为风险衡量指标。方差的公式为：

$$\sigma^2 = \frac{\sum_{i=1}^{T} (r_i - \bar{r})^2}{T}$$

例子：假设库克高尔夫俱乐部在2007年各季的收益率分别为1.2%、2.2%、13.2%、－4.5%。请算出库克高尔夫俱乐部2007年各季收益率的方差（σ^2）以及标准差（σ）：

$$\sigma^2 = \frac{(1.2\% - 3.025\%)^2 + (2.2\% - 3.025\%)^2 + (13.2\% - 3.025\%)^2 + (-4.5\% - 3.025\%)^2}{4}$$

$$= 54.7\%$$

$$\sigma = \sqrt{54.7\%} = 0.74$$

式中，3.025%为库克高尔夫俱乐部2007年各季收益率的平均值。

当收益为不确定变量时，其方差为：

$$\sigma^2(\tilde{R}) = \sum_{i=1}^{n} \pi_i (R_i - E(\tilde{R}))^2$$

例子：某体育用品制造业的收益数据如表4－2。

表4－2　收益数据表

经济的状态	概率	收益率	对均值的偏离	偏离的平方	概率×偏离的平方
强	0.20	50%	40%	0.16	0.032
正常	0.60	10%	0	0	0
弱	0.20	－30%	－40%	0.16	0.032

$$\sigma(\tilde{R}) = 0.253 = 25.3\%$$

$$\sigma^2(\tilde{R}) = 0.064$$

（二）一些金融资产的统计特性

美国的资本市场发展较为完善，市场中交易的金融资产种类极多，很多学者对这些金融资产的收益率及方差做了比较研究。例如，比较一段时间的美国大型公司股票、小型公司股票、长期公司债、美国联邦政府中长期公债及财政部所发行的国库券等金融资产的年平均收益率，发现，美国联邦政府中长期公债的年平均收益率波动幅度最小。此外，美国联邦政府财政部每周亦定期发行一年期以下的公债，称为短期国债（Treasury Bills，T－bills）。T－bills以零息债券形式发行，到期期限不超过一年。由于美国联邦政府拥有课税权及印钞权，其所发行的T－bills违约风险很小，可以认为几乎不存在，故T－bills的收益率常被视为短期无风险资产的收益率。股票和其他风险性资产预期收益率和T－bills收益率间存在一个差值，这就是这些风险性资产的超额收益率。超额收益率显示持有股票或其他金融资产具有不同程度的风险，这些风险资产收益率必须较无风险资产收益率高以作为补偿，故超额收益率亦称为风险溢酬。

对于我国的资本市场来说，情况类似如表4－3，表4－4。

表 4 - 3 2008 年 11 月 13 日国债收益率表

序号	国债代码	国债简称	收益率
1	100806	国债 0806	4. 50%
2	100813	国债 0813	4. 94%
3	100706	国债 0706	4. 15%
4	010706	07 国债（6）	4. 15%
5	100713	国债 0713	4. 52%
6	010713	07 国债（13）	4. 52%
7	100802	国债 0802	4. 16%
8	100504	国债 0504	3. 95%
9	100810	国债 0810	4. 41%
10	100710	国债 0710	4. 40%
11	100803	国债 0803	4. 07%
12	101904	国债 904	4. 41%
13	010609	06 国债（9）	3. 70%
14	100609	国债 0609	3. 70%
15	100718	国债 0718	4. 35%
16	010004	20 国债（4）	4. 06%
17	100814	国债 0814	4. 23%
18	100512	国债 0512	3. 47%
19	100807	国债 0807	4. 01%
20	100801	国债 0801	3. 95%

数据来源：证券之星网站。

表 4 - 4 2008 年 11 月 13 日企债收益率表

序号	企债代码	企债简称	收益率
1	122009	08 新湖债	9. 56%
2	120490	04 南网（2）	8. 77%
3	122011	08 金发债	8. 91%
4	111039	08 奈伦债	8. 03%
5	111041	08 铁岭债	7. 61%
6	112002	08 中联债	7. 33%
7	120609	06 赣投债	6. 73%

续表

序号	企债代码	企债简称	收益率
8	122013	08 北辰债	7.59%
9	122005	08 钒钛债	7.30%
10	111036	07 中关村	7.72%
11	111042	08 嘉城投	6.49%
12	122996	08 常城建	6.27%
13	112003	08 泰达债	6.54%
14	111038	08 西基投	6.51%
15	122999	08 广纸债	5.67%
16	122012	08 保利债	6.20%
17	120605	06 三峡债	4.89%
18	120602	06 冀建投	4.86%
19	120601	06 大唐债	4.81%
20	120527	05 武城投	5.17%

数据来源：证券之星网站。

可以看出，企债收益率明显比同期国债收益率高，这个高出的收益率是对投资于风险更高的企债所获得的风险报酬。同样，风险性更大的股票资产，其获得的收益率比相应的企债收益率更高，同时其风险和波动性也更大。

表 4-5 为 1926—1997 年美国几种金融资产收益率的统计表。表中，平均收益率和收益率标准差分别用平均数及方差公式算出。先将各金融资产平均收益率和 T-bills 年平均收益率相比，算出风险性金融资产的风险溢酬。比如，1926—1997 年，美国股票的风险溢酬为 9.2%（13.0%-3.8%），说明 1926—1997 年股票收益率要比 T-bills 的收益率高出 3 倍多（13.0%/3.8%=3.42）。

表 4-5　1926—1997 年美国几种金融资产收益率统计

	股票	长期公司债	长期政府公债	中长期政府公债	T-bills	物价膨胀率
平均收益率	13.0%	6.1%	5.6%	5.4%	3.8%	3.2%
风险溢酬	9.2%	2.3%	1.8%	1.6%		
收益率标准差	20.3%	8.7%	9.2%	5.7%	3.2%	4.5%

资料来源：Stocks，Bonds，Bills and Inflation：1998 Year book。

比较表中股票收益率和 T – bills 收益率走势，可清楚看出股票收益率的波动幅度较大，同期股票的收益率标准差 20.3% 比 T – bills 收益率标准差 3.2% 要大得多。我们知道，可以用收益率标准差来衡量资产风险，那么从这个意义上说，持有 T – bills 的风险较持有股票的风险低。事实上，美国股票收益率的标准差也远比长期公司债（8.7%）、长期政府公债（9.2%）高。由于几乎不可能会有一家公司所面对的营运风险在多年间不会有任何改变，以标准差的公式算出同一样本期间内单个公司股票收益率的标准差可能没有太多的意义。

（三）风险与收益的关系

虽然标准差能正确地评价投资的风险程度，但人们更关心的是风险溢酬。投资者都希望在最短的时间里，以最少的投资和最小的风险获取最大的收益。总体来说，在证券市场上存在着四种风险与收益组合而成的投资标的：①高风险与低收益；②高风险与高收益；③低风险与低收益；④低风险与高收益。

显然，理性的投资者都不愿意投资第一类标的。第四类投资标的很少存在，这种机会一旦出现，会很快被投资者涌入而使收益降低，风险加大，最终机会消失。这样一来，在证券市场上最多的供投资者选择的两种投资标的为：高风险与高收益、低风险与低收益。

对于投资者来说，要获得高收益，就必须承受高风险，高收益必然伴随高风险。但反过来，高风险的投资机会却并不一定能确保高收益的实现，因为高风险本身就意味着收益具有较大的不确定性，高风险的结果可能是高收益，也可能是低收益，甚至可能是高损失，可见，收益是以风险为代价的。因此，要使投资者心甘情愿地承担风险，必须以一定的收益作为回报或补偿，风险越大，补偿应越高，也就是说，风险与收益的基本关系是：风险越大，要求的投资收益率越高。

在投资收益率相同的情况下，人们都会选择风险小的投资，竞争的结果使风险增加，收益下降，最终，高风险的投资必须有高收益，否则就没有人投资；低收益的投资必须风险很低，否则也没有人投资。风险和收益之间的这种关系，是市场竞争的结果，其关系可表示如下：

$$\text{期望收益率} = \text{无风险收益率} + \text{风险溢酬}$$

上式中期望收益率是投资者在投资中所要求得到的收益率，在证券投资中常作为贴现率的值。期望收益率因人而异，因为不同的投资者对风险和收益的态度不同，有的愿意承担较高风险而要求收益率高一些，有的宁可接受较低的收益率也不愿承担过高的风险。

无风险收益率是指不存在任何风险的证券的投资收益率。在证券市场上，中央政府发行的短期国债，因其收益率完全确定而被视为无风险证券，因此，短期国债的利率常被看作无风险收益率。

投资者在投资于短期国债以外的任何证券时，都要将其与无风险的国债相比较，在无风险国债利率之上加上一定的风险溢酬。

第二节　资产组合理论

当投资者只持有一种金融资产，则该项资产的平均收益率可作为持有该资产的预期收益率的估计值，而收益率的方差（或标准差）则可用于衡量持有该资产的风险。当投资者持有不同金融资产所组合而成的资产组合时，以个别资金预期收益率的加权平均值衡量资产组合收益率的概念不变，但资产组合收益率标准差不再是该资产组合中个别资产收益率标准差的加权平均值。如果还是单纯用该组合中个别资产收益率方差（或标准差）来衡量该资产组合的风险，就忽略了不同资产收益率间的相关关系。例如，两种资产间收益率若有一定的反向相关关系，则同时持有这些资产会降低整个资产组合的风险。

一般来说，分散组合持有资产可降低风险。个别公司股票收益率标准差一般都会比市场整体收益率标准差高。当然不排除少数公司，某些时候股票收益率的标准差低于市场整体水平。从长期和总体来说，个别公司股票收益率标准差都比市场整体收益率标准差高。只要不同股票的收益率变动方向不完全相同，分散持有就会让不同股票收益率变动产生相互作用，从而有可能降低组合的收益率标准差。

金融市场的资产有如下规律：①资产收益率显示不同程度的波动，但总体趋势类似；②资产预期收益率和预期收益率标准差有正相关关系，即前一节看到的“高风险，高收益”的情形；③个别资产收益率标准差大于资产组合收益率的标准差，即分散组合持有资产可降低风险。

不同资产间收益率只要不完全正相关，同时持有这些资产就有降低资产组合风险的效果。当市场投资者持有资产组合而非个别资产时，投资者关心的应是变动某一特定资产持有比重对他所持有的资产组合的风险的影响。

一、资产组合的预期收益率

假定某投资者同时持有多种资产，或者说，该投资者持有一种资产组合，资产组合的预期收益率 $E(r_p)$ 的计算公式如下：

$$E(r_p) = \sum E(r_i) \quad (i=1\cdots\cdots n)$$

式中 $E(r_i)$ 是第 i 种资产的预期收益率，i 是第 i 种资产在总资产中所占的比重，n 是资产组合中的资产种类数。该式表示，资产组合的预期收益率是资产组合中所有资产预期收益率的加权平均值。

如果只考虑 A 和 B 两种资产，资产持有比重分别为 α 和 $1-\alpha$。以 r_A 和 r_B 分别表示资产 A 和 B 的收益率，r_P 为资产组合收益率：$r_P = \alpha r_A + (1-\alpha) r_B$，亦即 r_p 为 r_A 和 r_B 的

加权平均数。由资产组合收益率公式可算出资产组合的预期收益率。

资产组合的预期收益率亦为个别资产预期收益率的加权平均值，其权数为个别资产的持有比重。计算资产组合预期收益率时，可以使用以下公式：

$$E[\alpha X+\beta Y]=\alpha E[X]+\beta E[Y]$$

式中 X 和 Y 为随机变量，α 和 β 为固定常数，而 $E[X]$、$E[Y]$ 分别表示随机变量 X、Y 的期望值。

二、资产组合的风险

资产组合的风险并不是单个资产标准差的简单加权平均值，它不仅与一种证券的风险有关，还与各种证券之间的相关性有关。通过选择相关性小的资产，投资者可以降低总风险。图 4－3 显示了通过证券组合可以分散风险以降低总风险的情况。可以看出，体育娱乐公司股票的收益率随时间周期变化，康科地产公司股票的收益率随时间变化的幅度相对较小，且与体育娱乐公司股票的周期相反，最后得到的组合证券的收益率在整个时间范围内波动减小了，即风险降低了。

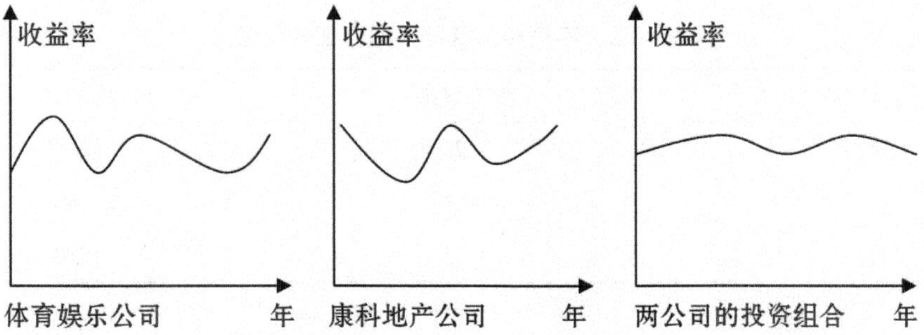

图 4－3 多样化降低风险

我们再看一个例子，证券 A 与证券 B 收益的波动周期相同，两种证券在三个不同状态的概率及预期收益数据如表 4－6。

表 4－6 证券 A、B 投资未来收益状态分布表

经济状况	发生概率	证券 A 预期收益率	证券 B 预期收益率
繁荣	0.25	30%	10%
正常	0.5	13%	15%
衰退	0.25	－8%	10%

表 4－7 为两种证券预期收益和收益概率分布的标准差。

表4-7　证券A、B的预期收益与标准差

	证券A	证券B
预期收益	12%	12.5%
标准差	13.5%	2.5%

如果投资两种证券的资金相等，两种证券预期收益的加权平均值为：

$12\% \times 0.5 + 12.5\% \times 0.5 = 12.25\%$

两种证券标准差的加权平均值为：

$13.5\% \times 0.5 + 2.5\% \times 0.5 = 8\%$

上面计算出的两种证券预期收益率的加权平均值与由两种证券组成的组合证券的期望收益是相等的，都为12.25%；但组合证券的标准差并不等于两种证券的标准差的加权平均值。这点可以从下面的计算结果中得到验证。

因为投资两种证券的资金相等，我们可以计算出三种经济状态下组合证券的收益如表4-8。

表4-8　不同经济状况下组合证券收益

经济状况	发生概率	组合证券的收益
繁荣	0.25	20%
正常	0.5	14%
衰退	0.25	1%

组合证券期望的收益为：

$20\% \times 0.25 + 14\% \times 0.5 + 1\% \times 0.25 = 12.25\%$

可见，组合证券的期望收益与两种证券的预期收益加权平均值是一致的。

组合证券的标准差为：

$[(0.20-0.1225)^2 \times 0.25 + (0.14-0.1225)^2 \times 0.5 + (0.01-0.1225)^2 \times 0.25]^{\frac{1}{2}} = 6.94\%$

两种证券标准差的简单加权平均值为8%。标准差的简单加权平均值不能正确表示组合证券的标准差，是因为它忽略了两种证券收益之间的关系，即协方差。

三、两种证券收益之间的关系：协方差

如果市场投资者投资对象不是个别资产而是不同资产形成的投资组合时，则投资者关心的是增加某个别资产持有比重后对投资组合风险的影响。增加某特定资产持有比重对投资组合风险的影响主要由两方面决定：①该资产的风险，即该资产收益率的标准差；

②该资产收益率和投资组合中其他资产收益率变动的相关度。也就是说，市场投资者除了要关心个别资产持有比重及风险，也要关心该投资与不同资产收益率的相关度。

对于两种以上的资产组合，我们不能简单地用单个资产收益率标准差的加权平均值来计算资产组合收益率的标准差。资产组合收益率的标准差公式如下：

$$\sigma_P = \sqrt{\sum_{j=1}^{m}\sum_{k=1}^{m} W_j W_k \sigma_{jk}}$$

公式中：m 是组合内证券种类总数；W_j 是第 j 种证券在投资总额中的比例；W_k 是第 k 种证券在投资总额中的比例；两个 Σ 的含义是所有可能的证券组合的协方差；σ_{jk} 是第 j 种证券与第 k 种证券收益率的协方差。

（一）协方差的计算

在统计学上，协方差是衡量两个随机变量相关程度最常用的统计量。两个随机变量 r_A 和 r_B 协方差（以 σ_{AB} 表示）的定义为：

$$\sigma_{AB} = Cov(r_A, r_B) = E[(r_A - \overline{r_A}) \cdot (r_B - \overline{r_B})]$$

式中$\overline{r_A}$和$\overline{r_B}$分别是随机变量 r_A 和 r_B 的期望值。方差是衡量随机变量可能实现值的离散程度，协方差则是衡量两个随机变量变动的统计相关程度。

在某种经济状态下，若 A 公司股票收益率 r_A 高于其平均值$\overline{r_A}$，B 公司股票收益率 r_B 低于其平均值$\overline{r_B}$，表示这两家公司股票在该经济状态下，收益率呈反向变动。若大部分情况下，这两家公司股票收益率呈反向变动关系，则这两家公司股票收益率协方差应为负值。若这两家公司股票收益率变动方向表现为同向变动和反向变动出现机会相近，则协方差平均值接近于零。当然两家公司的股票收益率不出现任何统计相关，由于统计抽样误差等原因，会让原无任何统计相关的两家公司股票收益率协方差不为零，而是很接近零。

由于不同变量所用的单位不相同，因而用协方差表示两个变量相关程度存在一定的不可比性。为了解决这个问题，引入了相关系数（以 ρ_{AB} 表示）：

$$\rho_{AB} = \frac{\sigma_{AB}}{\sigma_A \cdot \sigma_B}$$

对于相关系数来说，r_A 和 r_B 的相关系数等于 r_B 和 r_A 的相关系数：$\rho_{AB} = \rho_{BA}$。此外，由于 σ_A 和 σ_B 均为正值，ρ_{AB} 的正负号和 σ_{AB} 的正负号一致。

（1）若 $\rho_{AB} > 0$，则 r_A 和 r_B 变动呈现正相关。

（2）若 $\rho_{AB} < 0$，则 r_A 和 r_B 变动呈现负相关。

（3）若 $\rho_{AB} = 0$，则表示两者无关。

ρ_{AB} 的值最大不会超过 1，最小亦不会小于 -1，即 $-1 \leq \rho_{AB} \leq 1$。

相关系数总是在 -1 至 +1 间取值。当相关系数为 1 时，表示一种证券收益率的增长总是与另一种证券收益率的增长呈比例关系，反之亦然；当相关系数为 -1 时，表示一种证券收益率的增长与另一种证券收益率的减少呈比例关系，反之亦然；当相关系数为 0 时，表示缺乏相关性，一种证券的收益率相对于另一种证券的收益率独立变动。一般而言，多数证券的收益率趋于同向变动，因此两种证券之间的相关系数多为小于 1 的正值。

至此，两种证券收益率的协方差，可以用相关系数计算：

$$\sigma_{jk} = \rho_{jk}\sigma_j\sigma_k$$

其中 ρ_{jk} 是证券 j 和证券 k 收益率之间的相关系数，σ_j 是第 j 种证券的标准差，σ_k 是第 k 种证券的标准差。

证券 j 和证券 k 收益率概率分布的标准差的计算方法，前面讲述证券标准差时已经介绍过。

（二）协方差矩阵

根号内的双重 Σ 符号，表示对所有可能配成组合的协方差，分别乘以两种证券的投资比例，然后求其总和。

例如，当 m 为 3 时，所有可能配成组合的协方差矩阵表示如下：

$$\begin{pmatrix} \sigma_{1,1} & \sigma_{1,2} & \sigma_{1,3} \\ \sigma_{2,1} & \sigma_{2,2} & \sigma_{2,3} \\ \sigma_{3,1} & \sigma_{3,2} & \sigma_{3,3} \end{pmatrix}$$

左上角的组合（1，1）是 σ_1 与 σ_2 之积，即标准差的平方，此时 $j=k$。从左上角到右下角共有三种 $j=k$ 的组合，在这三种情况下，相关系数是 1，协方差就是各证券自身的方差。依次类推，三种证券投资组合的协方差由 3 个方差与 6 个协方差构成。

上述公式表明，影响证券投资组合的标准差不仅取决于单个证券的标准差，还取决于证券之间的协方差。随着资产组合中资产种类的增加，协方差项相对于方差项变得越来越重要，对于足够完善的投资组合，其组合风险主要受证券之间协方差的影响。

将协方差公式代入资产组合收益率标准差的公式，我们可以得到以下公式：

$$\sigma_P = \left(\sum_{j=1}^{m}\sum_{k=1}^{m} W_j W_k \rho_{jk}\sigma_j\sigma_k\right)^{1/2}$$

根据上面公式，我们可以看出：当 $\rho_{jk}<1$ 时，$\sigma_P < \sum W_j\sigma_j$。这说明当相关系数小于 1 时，资产组合的标准差小于单个资产标准差的加权平均值，并且相关系数越小，σ_p 也越小，多样化降低风险的效果越好；反之，相关系数越大，σ_p 也越大，多样化降低风险的效果越差。

以两种证券为例，假设 A 赛事公司的证券预期收益率是 10%，标准差是 12%；同时 B 地产公司的证券预期收益率是 18%，标准差为 20%，两种证券的相关系数是 0.2。如果两种证券投资比例各占 50%，组合证券的预期收益率为：

$$R_P = \sum R_j W_j$$
$$= 10\% \times 50\% + 18\% \times 50\%$$
$$= 14\%$$

式中：R_P——组合证券的预期收益率；

R_j——第 j 种证券的预期收益率；

W_j——第 j 种证券的投资比例。

两种证券标准差的加权平均值为：

$12\% \times 0.5 + 20\% \times 0.5 = 16\%$

该组合证券的标准差为：

$$\sigma_P = \sqrt{\sum_{j=1}^{2} \sum_{i=1}^{2} W_j W_k \sigma_{jk}}$$
$$= (0.5 \times 0.5 \times 0.12^2 + 2 \times 0.5 \times 0.5 \times 0.20 \times 0.12 \times 0.2 + 0.5 \times 0.5 \times 0.2^2)^{\frac{1}{2}}$$
$$= (0.0036 + 0.0024 + 0.01)^{\frac{1}{2}}$$
$$= 12.65\%$$

从这个计算过程可以看出：只要两种证券之间的相关系数小于1，组合证券的标准差就小于各证券收益率标准差的加权平均数。

我们知道两种证券的协方差必须计算两次，所以协方差乘以2。通过计算，我们得到$\sigma_p = 12.65\%$，小于两种证券标准差的加权平均值16%，这与前面的结论是一致的，即当相关系数小于1时，资产组合的标准差小于单个资产标准差的加权平均值。

四、机会集合和有效集合

诺贝尔经济学奖获得者马可维茨教授早在1952年就提出投资组合选择的概念。市场投资者先利用资本市场中各种资产收益率的数据求出样本中个别资产的平均收益率、收益率标准差及与不同资产收益率间的相关系数，再利用数学规划模型，导出可供市场投资者选择的投资组合机会集合。马可维茨的最大贡献在于提出了“均值－方差分析”，并推导出投资组合的有效集合。在有效集合上的投资组合不是在给定风险值下预期收益率最高，就是在给定预期收益率下风险最小。马可维茨阐述了证券收益和风险分析的主要原理和方法，奠定了证券选择的牢固理论基础。

下面我们通过A和B这两种证券之间的组合来介绍两个重要的概念，即机会集合和有效集合，并进一步说明收益相关性和避险效果之间的关系。

我们已计算出当A公司和B公司投资相等时，组合证券的标准差是12.65%，而两种证券标准差的加权平均值为16%。这个差值表示多样化投资在降低风险方面的作用。对这两种证券进行其他的组合，再应用上面给出的公式进行计算，我们可以得到表4－9的相关数据。

表 4-9 证券 A、B 不同投资比例的组合收益及标准差

组合	A 的投资比例	B 的投资比例	组合证券的收益	组合证券的标准差
1	1	0	10.00%	0.1200
2	0.8	0.2	11.60%	0.1111
3	0.6	0.4	13.20%	0.1178
4	0.4	0.6	14.80%	0.1379
5	0.2	0.8	16.40%	0.1665
6	0	1	18.00%	0.2000

将上述组合描绘在图 4-4 中（以横轴代表组合证券的标准差，以纵轴代表组合证券的预期收益率），并进一步改变两种证券的投资比例，我们就可以得到一条形如曲线 AB 的机会集合曲线，它代表了 A 和 B 的所有可能组合的预期收益率和标准差。

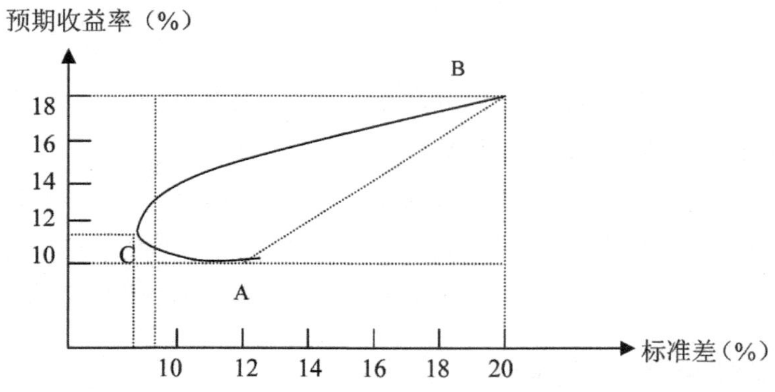

图 4-4 投资于两种证券组合的机会集

图 4-4 中，A 为全部投资于证券 A 的收益及标准差点，B 为全部投资于证券 B 的收益及标准差点，C 为最小方差组合点。

从图 4-4 中，我们还可以发现：

（1）曲线 AB 一开始是向左弯曲的。这表明通过将一部分资金投资到风险较高的证券 B 上，可以得到比全部投资证券 A 更小的标准差。这个结果正是多样化投资的好处。

（2）机会集合曲线向左弯曲的程度越大，通过资产组合降低风险的效果就越好。

（3）组合降低风险不是必然的，还与组合资产之间的相关系数有关。从前面所得到的组合标准差公式也可知道，两种证券收益率的相关系数越小，风险分散效果越好，曲线弯曲的程度就越高。

图 4-4 只列示了相关系数为 0.2 与 1 的机会集合曲线，如果增加其他相关系数的机会集合曲线，就会变成图 4-5。图 4-5 中 1、2、3 曲线分别为相关系数为 1、相关系数为 0.4、相关系数为 0.2 的两种证券组合机会集合曲线。

从图 4 - 5 中可以看出：

当两种资产的收益率完全正相关（相关系数 = 1）时，机会集合曲线是一条直线，没有向左弯曲。此时，任何预期收益率的上升都伴随着风险的上升，因而多样化并不能使风险降低，即曲线 1 所表示的情形。

当两种资产的收益率相关系数降低时，多样化可以明显地降低风险。这是曲线 2、3 表示的情形。证券收益率的相关系数越小，机会集合曲线就越弯曲，风险分散化效应也就越强；证券收益率之间的相关性越高，风险分散化效应就越弱。完全正相关的投资组合，不具有风险分散化效应，其机会集合曲线是一条直线。

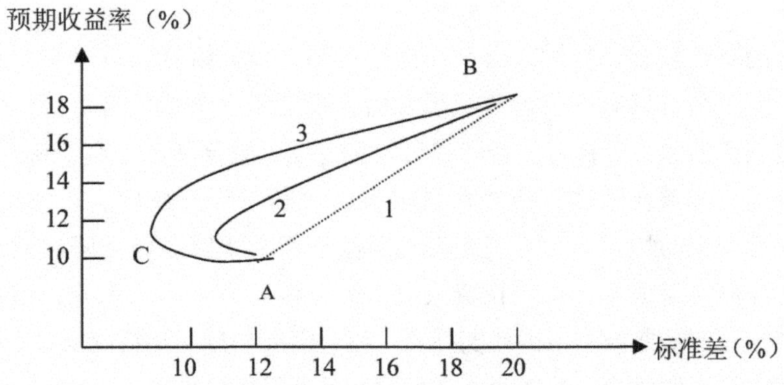

图 4 - 5　不同相关系数两种证券组合的机会集

图 4 - 6 描述了相关系数分别为 - 1 和 1 时的机会集合曲线。

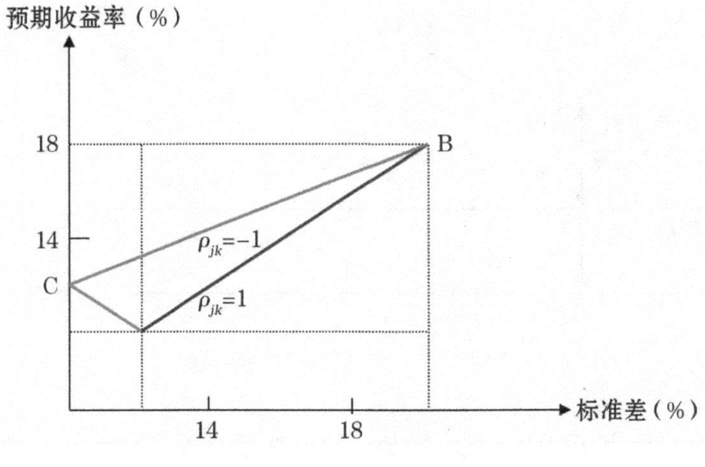

图 4 - 6　相关系数 - 1、1 两种证券组合的机会集

图 4 - 6 说明，当两种资产收益率完全负相关时，多样化甚至可使风险降低到零。这是折线 ACB 所表示的情形。由此可见，多样化的避险效果是随着资产收益率负相关程度的上升而上升的。

有效集合：

在图4－4中，机会集合曲线AB的最左端C所对应的是风险最小的证券组合，被称作最小方差证券组合，它是所有证券组合中标准差最小的一个。由于没有人愿意持有方差比最小方差大，而预期收益率比最小方差组合的预期收益率低的证券组合，因此机会集合中A至C之间的证券组合是不会被选择的，或者说是无效的，只有C至B之间的证券组合才是有效的，把后者称作有效集合（或有效边界）。投资者将根据自己的偏好，选择位于有效集合上的证券组合。

五、投资组合的风险

当可持有的资产只有一种时，由前面论述可知，投资组合收益率方差就等于个别资产收益率的方差。当可持有的资产数目增加时，投资组合的风险会下降，但投资组合的风险仍不可能完全消除。可持有的资产数目较多，投资组合风险也不可能小于市场风险。

由于投资组合方差会随持有资产数目增加而逐渐下降且最后会非常接近市场风险，表示每增加一种资产的持有后，投资组合的风险会跟着下降，但下降的效果愈来愈不明显。假设没有任何交易成本，市场投资人应借着分散持有来降低风险，但在实际市场中增加持有资产数目都需要成本，因此实际资产组合需要根据实际情况安排。

个别资产收益率的风险可分解为市场风险和独特风险（图4－7）。

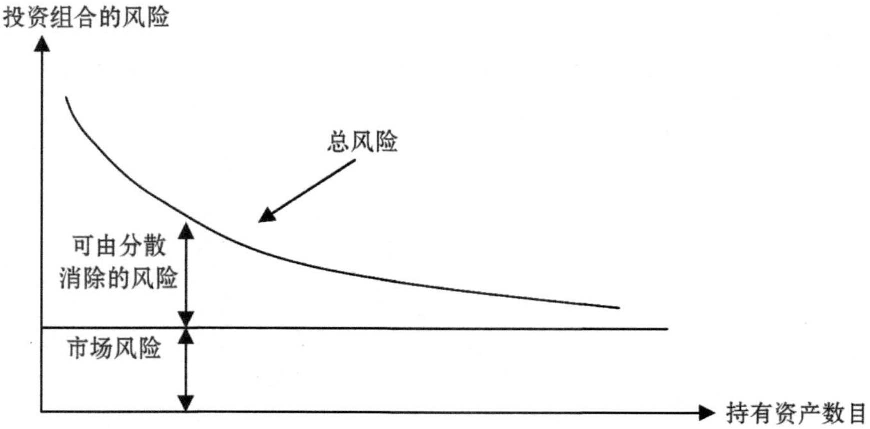

图4－7　市场风险与独特风险

系统性风险或称市场风险，反映的是一切足以影响所有资产收益率的总体经济因素，如整体政治经济环境变化或经济波动。个别资产中可通过分散持有而消除掉的风险，称为非系统性风险或独特风险，这部分风险主要反映的是那些会影响个别资产收益率的个别经济因素。

由于一个可持有分散组合资产的投资者可以通过分散持有而消除一部分个别资产的

风险，该投资者在考虑投资时，真正关心的应是投资组合风险中不能被消除的市场风险。同时，有效的市场给出的风险报酬也主要体现在不可分散的市场风险上。

我们经常听到的“不将所有的鸡蛋放在同一个篮子里”就说明分散持有对投资组合风险的效果。个别资产的风险可通过完全分散持有而消除，但资产间收益率变动的协方差却无法通过分散持有而完全消除。

现实中一个通过分散持有而消除部分风险的例子：股票投资时不轻易满仓，也不轻易满仓同一支股票。

还有一个经典的赌博游戏：

小明有1000元用于游戏。如果游戏输赢的概率各为50%，小明将这1000元一次投注到游戏中，则这次游戏胜负风险将太大，他赢了虽然可获得2000元，但输了小明就分文不剩。如果小明将1000元分100次下注，每次下注10元，依概率来看，小明有50次赢钱的机会。依照这种玩法，他大概可以拿回原先下注的1000元。换句话说，小明下注次数增加可使游戏输了的风险降低。

第五章 股权类证券分析

第一节 宏观经济与产业分析

一、宏观经济分析

影响证券投资的因素是错综复杂的，有经济因素，也有政治、社会、文化、心理等非经济因素。投资的宏观分析必须对这些因素与证券市场运行之间的关系做出全局性和长期性的分析。许多反映宏观经济状况的宏观经济变量在分析证券时是十分重要的，如就业、利率水平、通货膨胀、货币供应、经济增长、财政收支状况、汇率、国际收支状况等。

（一）世界经济周期及运行状况

根据学者近年来进行的数据测算，中国出口增长率与世界进口增长率之间存在着较强的正相关关系。2009 年发达经济体的衰退对中国出口和就业产生很大影响。

自从中国加入世界贸易组织以来，中国经济与世界经济之间的互动关系不断增强，中国外贸总额在世界上的位次不断前移。近几年外需对中国经济增长的贡献率显著上升。因而分析宏观经济的影响时，世界经济周期及运行状况是重要的一方面。

（二）经济运行周期与股票市场关系

理论研究和经济发展的实证均表明，由于受多种因素的影响，宏观经济的运行总是呈现出周期性变化。这种周期性变化表现在许多宏观经济统计数据的周期性波动上，如国内生产总值（GDP）、消费总量、投资总量、工业生产指标、失业率等。由于 GDP 是最常见、综合性最强的衡量宏观经济的指标，因此，宏观经济的周期性变化通常用 GDP 的系列统计数据来表示。研究表明，宏观经济周期一般经历四个阶段：萧条、复苏、繁荣、衰退。

股市价格水平的周期性波动是经济运行周期的各阶段交替的结果。一般来说，当经济衰退时，股市总体水平也会随之处于衰退或下行状态；而当经济复苏或高涨时，股市总体水平会随之呈繁荣或上升状态。

股市行情往往又是经济周期的先行指标。因为股价变动是众多投资者买卖行为的结果，个别投资者的买卖尽管常带有随机性，但多数投资者还是依据其对未来经济走势的预期做出理性的决策。

（三）宏观经济政策调整对证券市场的影响

货币政策的调整会直接、迅速地影响证券市场。当增加货币供应量时，推动证券价格上扬。当提高利率时，证券价格下跌。当中央银行在公开市场上买进证券时，促进证券价格上扬。

财政政策的调整对证券市场具有持久的但较为缓慢的影响。

财政政策的主要手段有三个：改变政府的购买水平、改变政府转移支付水平、改变税率。例如：当采取扩张性财政政策时，提高政府购买水平和转移支付水平，降低税率；当采取紧缩性财政政策时，降低政府购买水平和转移支付水平，提高税率。证券市场会有持久的但较为缓慢的相应变化。

汇率政策的调整从结构上影响证券市场价格。汇率上升，本币贬值，本国产品的竞争力增强，出口型企业将受益，因而此类公司的证券价格就会上扬；相反，进口型企业将因成本增加而受损，此类公司的证券价格将因此而下跌。此外，汇率上升还会导致资本流出本国，使本国的证券市场需求减少，价格下跌；汇率下跌的情形与此相反。

投资者必须对宏观经济形势做出判断。但对于非专业化的投资者而言，往往难以预料宏观经济的未来趋势，从而无法根据宏观经济形势进行投资决策。

幸运的是，社会有关机构提供的宏观经济监测预警报告为投资者提供了较好的宏观经济分析参考依据。宏观经济监测预警报告包括对经济波动、供求平衡、经济效益等方面的监测和预警。投资者主要依据先行指标、同步指标、滞后指标把握宏观经济景气运行态势的变化。

先行指标是在经济的全面增长或颓势尚未到来之前，率先发生变动的指标。这些指标可以预警国民经济周期中的转折点，估计经济活动升降的幅度，推测经济波动的趋向。

同步指标是伴随国民经济涨落而同时变化的指标，是对近期经济运行状态进行监测和预警的依据，如商品销售额、劳动力失业率、发电量、钢材产量、货运量等。

滞后指标是经济运行中波动发生之后才显示出来的指标。通过这些指标的监测和分析，可以对先行指标的预警进行验证，促使先行指标的预警更加准确，如城乡居民储蓄额、商品库存等。

二、产业分析

（一）产业分类

“产业”指国民经济的各行各业。从生产到流通、服务以至于文化、教育，大到部门、小到行业都可以称之为产业。产业的概念是介于微观经济细胞（企业和家庭消费者）与宏观经济单位（国民经济）之间的若干“集合”。产业在证券分析中往往指这样的企业群体，他们生产的商品或服务在很大程度上具有可替代性或相同性。

产业的分类方法很多，如三次产业分类、联合国标准产业分类、北美自由贸易协会（NAFTA）采用的北美工业分类、我国的国民经济分类。我国的产业划分是：第一产业为农业，包括农、林、牧、渔各业；第二产业为工业，包括工业（采掘业、制造业、电力、水的生产和供应业、煤气）和建筑业；第三产业分流通和服务两部分。

就一般情况而言，一个企业的增长与其产业的增长是一致的。所以，在进行了总体宏观经济分析之后，证券投资者应该进一步考察不同产业的状况，即进行证券投资的产业分析，以期把握各类产业的现状及发展前景，只有这样才能做出准确的判断和选择。产业分析在整个基本分析中起着承上启下的作用。

中国证券监督管理委员会以在中国境内证券交易所挂牌交易的上市公司为基本分类单位发布了《上市公司行业分类指引》。当公司某类业务的营业收入比重大于或等于50%时，则将其划入该业务相对应的类别。当公司没有一类业务的营业收入比重大于或等于50%时，如果某类业务营业收入比重比其他业务收入比重均高出30%，则将该公司划入此类业务相对应的行业类别；否则，将其划为综合类。《上市公司行业分类指引》的分类目的是对从事多种产业活动的上市公司法人进行分类。

在分析具体的证券时，要看经济运行的周期波动对该企业所处产业的影响程度。看其是周期型产业，还是稳定型产业或是增长型产业。

（二）产业生命周期

产业生命周期指产业从出现到完全退出社会经济活动所经历的时间。产业生命周期主要包括四个发展阶段：创业阶段、成长阶段、成熟阶段、衰退阶段如图5－1。

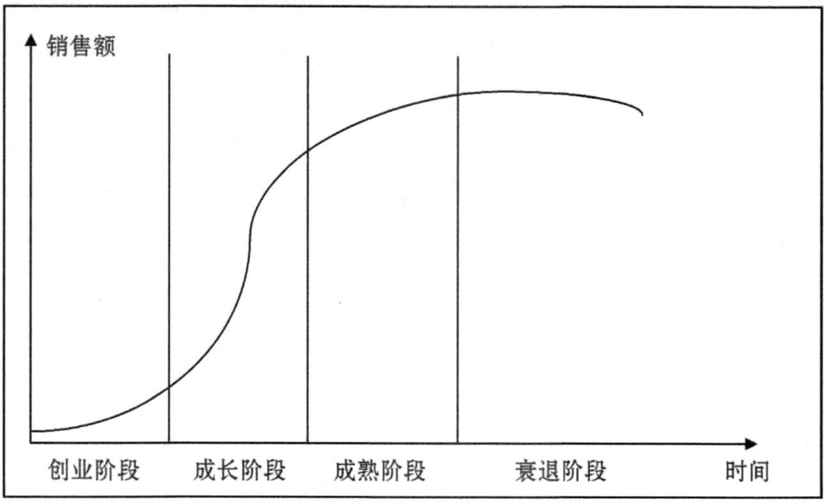

图5－1　产业生命周期

识别产业生命周期所处阶段的主要指标有市场增长率、需求增长率、产品品种、竞争者数量、进出壁垒、技术变革、用户购买行为等。下面分别介绍生命周期各阶段的特征。

（1）创业阶段：这一阶段的市场增长率较高，需求增长率也较高，技术变动较大，产业中的用户主要致力于开辟新用户、占领市场，但此时技术上有很大的不确定性，在产品、市场、服务等策略上有很大的发展空间，对产业特点、产业竞争状况、用户特点等方面的信息掌握不多，企业进入壁垒较低。

（2）成长阶段：这一阶段的市场增长率很高，需求增长率也很高，技术渐趋定型，产业特点、产业竞争状况及用户特点比较明朗，企业进入壁垒高，产品品种及竞争者数量增多。

（3）成熟阶段：这一阶段的市场增长率不高，需求增长率也不高，技术上已经成熟，产业特点、产业竞争状况及用户特点非常清楚和稳定，买方市场形成，产业盈利能力下降，新产品和产品的新用途开发更为困难，产业进入壁垒很高。

（4）衰退阶段：这一阶段的市场增长率下降，需求下降，产品品种及竞争者数目减少。

（三）产业周期性和产业业绩

与产业生命周期相对应，产业业绩也呈现周期性变化。

（1）创业阶段风险大、收益小。在这个阶段，很难预料哪个企业会成为最后的成功者和领导者，因此，选择这个产业会有相当的风险。

（2）成长阶段业绩优良且高速成长。

（3）成熟阶段收益较高，风险较小。该阶段的企业优势被称作“现金牛”，因为它们现在有稳定的现金流收入，但增长的可能性较小。

（4）衰退阶段收益较小，风险亦较小，主要是生存风险。

处在不同周期阶段的产业在证券市场上有不同的表现。基于对未来高成长的预期，一些处于创业阶段的企业在市场上表现出色。由于营业额和利润的快速增长，处于成长阶段产业的证券价格呈现快速上升的特点。成熟阶段的产业大量产生蓝筹股，这些股票被称作“现金牛”，它们有稳定的现金流收入，同时表现比较稳定。处于衰退阶段产业的企业可能由于产品过时或者新竞争对手加入，这些企业业绩表现往往不如人意。

总体上，产业投资应该注意：顺势而为，顺应产业结构发展的总体趋势，选择新兴和有发展潜力的产业进行投资。

（四）行业结构与盈利能力

在考察行业结构与盈利能力时，波特①引入了5个重要的决定因素：新竞争对手入侵、替代品的威胁、购买者的议价能力、供应商的议价能力及现存竞争者之间的竞争。

1. 新竞争对手入侵

新竞争对手给行业的价格和利润造成巨大的压力，比如会与现有企业发生原材料与市场份额的竞争，最终导致行业中原材料价格上升，产品价格下降，现有企业盈利水平降低，严重的话还有可能危及这些企业的生存。

进入障碍主要包括商标、版权、规模经济、产品差异、自然资源及政府保护等。其中有些障碍是很难借助复制或仿造的方式来突破的。

2. 替代品的威胁

替代品是指两种产品存在相互竞争的销售关系，即一种产品销售的增加会减少另一种产品的潜在销售量，反之亦然（如牛肉和猪肉）。替代品的出现可能会给现有企业和产品带来巨大的竞争压力。

3. 购买者的议价能力

如果一个购买者购买了某一行业较大量的产品，或者说产品出售方市场力量较小，购买者可通过压价或要求提供更高质量的产品或服务，来影响行业中现有企业的盈利能力。

4. 供应商的议价能力

如果供应商在行业中是一些具有比较稳固市场地位及垄断力的企业，其产品的买主很多，使得每一单个买主对供应商来说都不是重要的客户。例如，供应商的产品对于买主来说难以转换或转换成本太高，或者很难找到可与供方企业产品相竞争的替代品，则供应商可通过提高投入要素价格与降低单位价值质量，来影响行业中现有企业的盈利能力与产品竞争力。一个典型的例子是工会组织。工会具有统一的组织，致力于提高工人工资的谈判，当工会力量增强时，该行业中潜在利润的大部分会被工人占有。

5. 现存竞争者之间的竞争

现有企业为了各自的利润最大化，在实施中就必然会产生竞争与对抗现象，这些竞争与对抗就构成了现有企业之间的竞争。现有企业之间的竞争常常表现在价格、广告、产品间区分、售后服务等方面，现有企业之间的竞争会降低边际利润。

图5－2为行业结构与盈利能力的市场分析图示。

---

① PORTER M. Competitive advantage: creating and sustaining superior performance [M]. New York: Free Press, 1985.

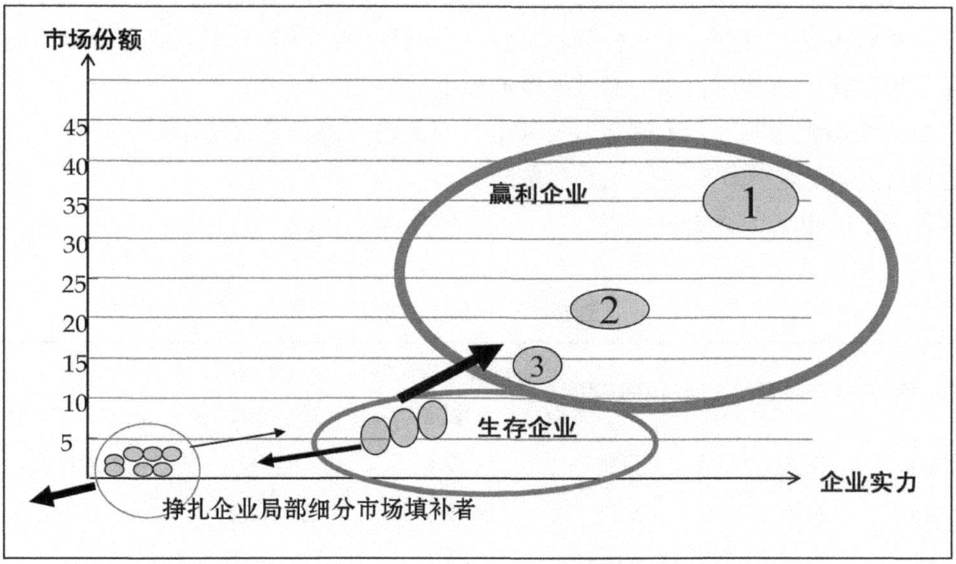

图5－2　市场分析图示

（五）行业的市场结构分析

市场的四种基本类型，按其竞争性的强弱排列为：完全竞争市场、垄断竞争市场、寡头垄断市场、完全垄断市场。

1. **完全竞争市场**

完全竞争市场的特点：①市场上存在大量的买者和卖者；②企业提供的产品是无差别的；③所有资源都具有完全的流动性，任何企业都可以自由进入或退出该市场；④市场上每一个卖者和买者对该市场均具有完备的信息。

在完全竞争市场上，企业是市场既定价格的接受者，而不是其制定者（企业的需求价格弹性无穷大）。

2. **垄断竞争市场**

垄断竞争市场的特点：①产品之间有差异性和较高的替代性。差异性决定了垄断特色，替代性决定了竞争特色。产品之间的差异性是垄断竞争市场形成的基本原因。②企业数量较多。③企业进入该产品市场比较容易。

3. **寡头垄断市场**

寡头垄断市场的特点：①一个行业只有几家大企业，每一家企业的产量都占有很大的份额；②进入市场相当困难；③企业之间存在着明显的相互依赖性。

寡头垄断市场价格和产量决定的特点是：①企业行为具有不确定性，价格和产量难以确定；②价格和产量一旦确定之后就具有相对稳定性；③企业之间容易形成勾结。因而寡头企业的价格和产量决定没有统一的模式，有必要对其行为进行具体分析。

4. **完全垄断市场**

完全垄断市场的特点：①一种产品只有一个销售者，完全垄断企业是价格的制定者；②产品不可替代；③其他企业不能进入该产品市场。

垄断市场形成的原因：①控制了关键生产资源的来源；②合法限制——拥有专利权；③政府特许经营；④规模经济派生自然垄断。

四种基本的市场类型比较如表 5－1。

表 5－1　市场类型比较

市场类型	企业数量	产品差别程度	对价格控制的程度	进入市场的难易程度	接近的商品市场
完全竞争	很多	无差别	没有	很容易	农产品
垄断竞争	很多	有差别	较小	比较容易	轻工业、零售业
寡头垄断	很少	有差别或无差别	较大	比较困难	汽车制造、石油开采
完全垄断	一家	不可替代	很大	不可能	公共事业

（六）行业分析的基本框架结构示例

1. **行业简介**

2. **行业生命周期分析**

（1）市场容量。

（2）市场增长率、需求增长率。

（3）产品的技术水平。

（4）产品品种。

（5）竞争者数量及进出壁垒。

（6）结论：行业生命周期的阶段判断。

3. **行业市场结构分析**

（1）供需关系。

（2）竞争者数量。

（3）各自市场份额。

（4）力量对比。

（5）行业集中度。

4. **行业竞争结构分析**

（1）行业中现有企业的竞争。

（2）竞争方式（价格、质量、服务、品牌）。

（3）激烈程度。

（4）新进入者的威胁。

（5）进入壁垒（政策、特许、自然垄断、规模经济、资金、技术、资源供应）。

（6）供应链分析。

（7）上游行业状况。

（8）资源供应状况。

（9）供应品可替代性及重要性。

（10）供应者集中度。

（11）替代产品的威胁。

（12）替代产品技术上的可替代性。

（13）替代产品成本上的可替代性（盈利性）。

（14）替代产品的转变费用。

（15）客户压力。

（16）客户集中度。

（17）产品在客户产品中的成本比重。

（18）客户盈利能力。

5. 行业发展的影响因素

（1）行业对资源和技术的要求（资金密集型、劳动密集型、技术密集型）。

（2）行业技术发展趋势、技术进步前景。

（3）国家宏观政策对于行业的影响（鼓励、限制、无影响）。

（4）其他可能存在的制约因素。

（5）资源约束、环保要求、其他要求。

小资料

一个行业分析的目录

行业概况

　　行业简介

　　行业规模、发展速度、平均利润水平、主要厂商

外部影响（政策、技术）（E）

　　政策法规、行业管理模式

　　　国内对行业的管理性政策法规、行业促进政策等

　　　国内行业管理、促进政策对行业的影响分析（实例）

　　　国外成功的行业管理模式（政策法规）

技术发展趋势

主要技术术语、简写和解释

国际技术走向、发展前景分析

国际技术领先的国家、公司的名称、简介、技术领先之处

国内技术水平、发展趋势、与国外的技术比对

国内技术领先公司的名称、简介、技术领先之处

行业供求分析（S）

行业供给、行业进入者

行业业务模式分析（资本集中度、利润来源、进入/退出壁垒）

行业集中度、竞争态势

行业大企业盈利模式、竞争优势分析（实例）

行业小企业盈利模式、竞争优势分析（实例）

行业中的外国企业竞争模式分析

行业需求、替代产品

对行业产品的需求规模、增长率及原因分析

行业替代品的种类、规模、可替代性分析

产品需求的变化周期及特点

需求细分市场分析

产业链、相关行业分析（S）

上游行业分析

供应商行业的名称（及行业编号）、简介

供应商行业的议价能力分析

下游行业分析

顾客行业的名称（及行业编号）、简介

顾客行业的讨价能力分析

相关行业分析

相关行业的类别（替代性、补充性、服务性）、名称（及行业编号）、简介

行业关系分析

行业企业行为分析（C）

营销行为

行业典型营销模式介绍

营销创新分析

行业中营销大事记

生产行为

行业典型生产模式介绍

行业中产能变化（进入、购并、退出）大事记

行业扩张行为

行业对周围行业的扩张力度分析

行业扩张大事记

行业主要企业分析（C）

第一企业：分析

基本情况

高层经理情况

企业财务分析

企业组织结构

企业业务及竞争力分析

企业人力、业务资源分析

企业战略经验、前景

企业管理模式经验

企业大事记

第二企业：分析

……

第三企业：分析

……

附录：进行 SCP 分析所需的行业资料（参考）

S：行业结构

C：企业行为

P：绩效

E：外部影响

第二节　股权估价模型

一、股价概念

（一）票面价值

票面价值（面值）是有价证券票面上标明的金额，由发行者规定。股票票面价值是指公司发行的股票票面上所载明的金额。

每股面值 = 上市发行公司资本额/单位股份

（二）净　值

每股净值＝资本净值/发行股数

每股净值反映了每股股票代表的公司净资产价值，是支撑股票市场价格的重要基础。每股净值越大，表明公司每股股票代表的财富越雄厚，公司创造利润的能力和抵御外来因素影响的能力越强。

资本净值＝资产－负债

资本净值是指公司的资产总额减去负债以后的净额，也叫“股东权益”或“所有者权益”，即在公司总资产中，投资者所应享有的份额。

（三）股票的市场价格

股票的市场价格（市值），指股票在股票市场上买卖的价格。股票市场可分为发行市场和流通市场，因而，股票的市场价格也就有发行价格和流通价格的区分。股票的发行价格就是发行公司与证券承销商议定的价格。在很多情况下股票的发行价格以股票在流通市场上的价格为基准来确定，在股票面值与市场流通价格之间，通常是对原有股东有偿配股时采用这种价格。股票在流通市场上的价格，才是完全意义上的股票的市场价格，一般称为股票市价。股票市价表现为开盘价、收盘价、最高价、最低价等形式，其中收盘价最重要，是分析时采用的基本数据。

（四）股　利

股利是公司对股东投资的回报，它是股东所有权在分配上的体现。股利是公司税后利润的一部分。

二、影响股价的主要因素

（一）公司经营因素

上市公司是发行股票筹集资金的运用者，也是资金使用的投资收益的实现者。上市公司的经营状况直接决定了投资该公司股票的收益状况，因而其经营状况的好坏对股票价格的影响极大。

这些因素具体体现在公司净值、营业额、盈利、股息等信息上。

（二）宏观经济环境因素

宏观经济环境状况及其变动对股票市场价格的影响，如宏观经济运行的经济周期等规律性因素和短期内的实际国内生产总值等。股票市场是整个金融市场体系的重要组成部分，上市公司是宏观经济运行微观基础中的重要主体，因此股票市场的股票价格会随宏观经济运行状况的变动而变动。

（三）经济政策性因素

政府实施的经济政策等政策性因素，如利率变动，汇率变动，税制变动，信用的扩张、收缩等经济政策。股票市场的股票价格会因宏观经济政策的调整而调整。

（四）政治性因素

影响股票市场价格变动的政治事件。一国的政局是否稳定对股票市场有着直接的影响。一般而言，政局稳定则股票市场稳定；相反，政局不稳则常常引起股票市场价格下跌。例如，战争的爆发、政权的变动、国际政治形势、罢工等对股票市场有重大影响。

（五）法律、文化及其他因素

股票市场价格会受一国的法律特别是股票市场的法律规范状况影响。一般来说，法律不健全的股票市场更具有投机性，震荡剧烈，涨跌无序，人为操纵成分大，不正当交易较多；反之，法律法规体系比较完善、制度和监管机制比较健全的股票市场，证券从业人员营私舞弊的机会较少，股票价格受人为操纵的情况也较少，因而表现得相对稳定和正常。

另外，一个国家的文化影响着该国投资者的投资储蓄行为，同时投资与投机偏好也受文化的影响。

产业的周期也对股票价格有明显的影响。例如，处于成长阶段、成熟阶段产业的股票表现总体会强于处于衰退阶段产业的股票。

（六）市场与人为操纵因素

总体上，如果股票市场的做多行为多于做空行为，则股票价格上涨；反之，如果做空行为占上风，则股票价格趋于下跌。

不成熟的股票市场中还存在诸如坐庄、炒作等违反法律法规操纵股票市场的行为。当然，各种市场操作行为主要是短期影响股票市场价格。

三、基础分析理论

股票的内在价值，又被称为股票的真正价值，是从持有股票获得现金收益经过贴现后获得的现值。

（一）股利贴现模型（DDM）

假定一个投资者在年初以 P_0 价格买入一只股票，在年末以 P_1 价格卖出，卖出之前得到 D_1 的现金股息，则他在这一年的投资回报率（r）为：

$$r=\frac{D_1+(P_1-P_0)}{P_0} \tag{1}$$

$$P_0=\frac{D_1}{1+r}+\frac{P_1}{1+r} \tag{2}$$

假定另外一个投资者在年末买入这只股票（股价 P_1），在次年年末收得股息 D_2 之后以 P_2 的价格出售，其持有一年的投资回报率为：

$$r=\frac{D_2+(P_2-P_1)}{P_1} \tag{3}$$

$$P_1=\frac{D_2}{1+r}+\frac{P_2}{1+r} \tag{4}$$

将（4）代入（2），得到：

$$P_0=\frac{D_1}{1+r}+\frac{D_2}{(1+r)^2}+\frac{P_2}{(1+r)^2} \tag{5}$$

依次类推，得到：

$$P_0=\frac{D_1}{1+r}+\frac{D_2}{(1+r)^2}+\frac{D_3}{(1+r)^3}+\cdots\cdots+\frac{D_\infty}{(1+r)^\infty}=\sum_{t=1}^{\infty}\frac{D_t}{(1+r)^t} \tag{6}$$

以上讨论的各种宏观经济环境因素、经济政策因素、公司经营因素等均会影响股息 D_t 和投资回报率 r。

在实际应用中，对股票的价值进行评估是相当难的，因为用于评估股票价值的几个重要参数都是不确定的，需要预测或使用其期望值。

1. **贴现率的确定**

贴现率的主要作用是把所有未来不同时期的现金流折算成现在的价值。虽然股票评估中的贴现率是以市场利率为基础的，但又不同于市场利率。

总体上说，贴现率与该股票的风险水平密切相关，风险越大的股票，其贴现率越高。此外，贴现率还与投资者的风险偏好有关。贴现率所体现的实质就是股票的风险水平和投资者的风险态度，高风险的股票应比低风险的股票采用更高的贴现率，冒险型投资者要比稳健型投资者选用更低的贴现率。

贴现率的确定方法如下。

（1）根据股票历史的收益率数据资料，计算出平均收益率，把它近似地看成普通股的贴现率。该方法的主要问题是：过去的数据未必是将来的情况。

（2）参考债券收益率确定贴现率，在债券收益率的基础上加一个风险补偿作为贴现率。

（3）采用市场收益率。一般投资者选择一种股票时，这种股票的收益率应不低于其他同类证券所能提供的收益率。市场上绝大多数投资者所能接受的收益率就是市场收益率。

（4）直接使用市场利率。因为投资者要求的收益率一般不低于市场利率，它是投资于股票的机会成本。

2. 未来的股利发放

未来的股利多少是估值模型中的重要参数，这取决于每股盈利的大小和股利支付率的高低。

按照上述公式对股票价值评估时，要对未来股利进行预测，这在实际应用中是很困难的。因而，实际中通常采用简化的方法，主要有：

（1）零增长模型，假设股利保持固定不变。

（2）固定增长模型，假设股利以不变的增长率增长。

（3）多阶段增长模型，假设股利的增长分为几个阶段，各阶段分别以不同的增长率增长。

（二）零增长模型

固定现金股利的股票价格模型。

$$P_0 = \sum_{t=1}^{+\infty} \frac{D}{(1+r)^t} = \frac{D}{r}$$

零增长模型看起来不太现实，但对于优先股来说，这种模型却是可行的。因为大部分优先股是非参加优先股，代表不论公司的盈利高低，优先股的每股股利都固定不变，只要公司存在，这样的股利会继续被支付下去。

（三）固定增长模型

固定现金股利增长率的股票价格模型。假设未来各期股利所得均以固定增长率（g）增加。

$$\begin{aligned} p_0 &= \frac{D_0(1+g)}{1+r} + \frac{D_0(1+g)^2}{(1+r)^2} + \frac{D_0(1+g)^3}{(1+r)^3} + \cdots \\ &= \frac{D_0(1+g)}{r-g} \\ &= \frac{D_1}{r-g} \end{aligned}$$

g 为股利增长率。公式的限制条件是 $g<r$。从数学角度看，若 $r<g$，则股票的价值趋于无穷大。从经济意义看，若一家股份公司的股利增长率高于当时的市场收益率，投资者便会争相购买这种股票，而股票所有者不愿卖出，市场上便会出现出高价也买不到这种股票的情况。

（四）多阶段增长模型

假设未来股利增长率分为高增长率（g_1）和低增长率（g_2）：$g_1>g_2$。假设第 1 期到

第 T 期，股利所得增长率较高（g_1），第 T 期后股利所得增长率降为 g_2。依此设定，各期股利所得的现值为：

$$PV = \sum_{t=1}^{T} \frac{D_0(1+g_1)^t}{(1+r)^t} + \sum_{t=T+1}^{n} \frac{D_T(1+g_2)^{t-T}}{(1+r)^t}$$

当 n 趋向于无穷大时，上式简化为：

$$PV = \sum_{t=1}^{T} \frac{D_0(1+g_1)^t}{(1+r)^t} + \frac{1}{(1+r)^T} \times \frac{D_{T+1}}{r-g_2}$$

同样，也可以分成三阶段、四阶段等更多阶段建立相应的增长模型，其原理与两阶段增长模型类似。

第三节　财务分析

在前面的章节里，我们讨论了一些股价的评估方法，这些方法关键的数据是股利和收入预期。由于对公司及公司所代表的股权评估需要股利、预期收益及其他更为详尽的内容，我们这一节讨论财务分析。财务分析是根据财务报表所提供的数据资料及其他业务资料，有重点、有针对性地逐一加以分析和考察，借以对公司的财务状况和经营成果做出正确的评价。财务分析的作用如图 5－3。

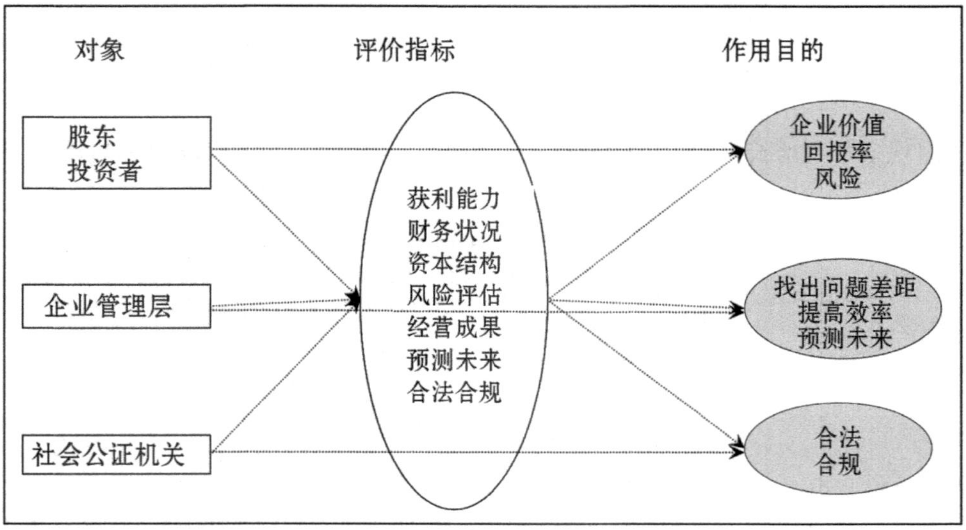

图 5－3　财务分析的作用

一、财务分析的方法

（一）比较分析法

比较分析法是将某项财务指标与性质相同的指标标准进行对比，来揭示财务指标的数量关系和数量差异的一种方法。经常采用的比较分析方法有：同一企业历史数据（上期、上年同期或历史最高水平）与当前数据对比，观察当前数据的变动情况和变动趋势，了解企业生产经营的变化情况。当前数据与国内外同行业企业数据对比，可以在更大范围内找到差距，提供企业改进经营管理的思路。

比较分析法只适用于同质指标的数量对比。因此应用此法时应注意指标之间的可比性。所谓指标间的可比性是指所对比的同类指标之间在指标内容、计算方法、计价标准、时间长度等方面完全一致。如果在不同企业之间进行对比，指标之间还必须注意行业归类和财务规模的一致性。

（二）趋势分析法

趋势分析法是指对一段时期财务时间序列数据进行对比，以确定其变动差异和变动趋势的分析方法。

（三）比率分析法

比率分析法是将同一期内的彼此存在关联的项目进行比较，得出它们的比率，以说明财务报表所列各有关项目的相互关系，分析评价企业财务状况和经营水平的一种方法。比率主要有构成比率、效率比率和相关比率三种类型。

构成比率主要用于计算部分占总体的比重。这类比率揭示了部分与整体的关系，如资本构成、盈利构成。通过构成比率指标，可以考察总体中某个部分的形成和安排是否合理，从而协调各项财务活动。

效率比率主要用于计算某项经济活动中所费与所得的比例。效率比率反映投入与产出的关系，如成本费用利润率、总资产报酬率、净资产收益率等。利用效率比率指标，可以进行得失比较，从而考察经营成果，评价经济效益。

相关比率主要是用以计算在部分与整体关系、所费与所得关系之外具有相关关系的两项指标的比率，反映有关经济活动之间的联系。这一类比率包括：反映偿债能力的比率，如流动比率、资产负债率等；反映营运能力的比率，如应收款周转率、存货周转率等；反映盈利能力的比率，如净资产利润率；反映成长能力的比率，如销售增长率、资产增长率等。利用相关比率指标，可以考察有关联的相关业务安排是否合理，以保障企业生产经营活动能够顺利进行。

（四）因素分析法

因素分析法是指在分析某一因素变化时，假定其他因素不变，分别测定各个因素变化对分析指标的影响程度的分析方法。

在实际的分析中，各种方法通常是结合使用的（图5-4）。财务分析的核心问题在于解释原因，并不断深化，寻找最根本、最直接的原因。财务报表分析是研究过程，分析得越具体、越深入，则越有价值。如果仅仅是计算出来财务比率，不进行分析和解释，什么问题也说明不了。

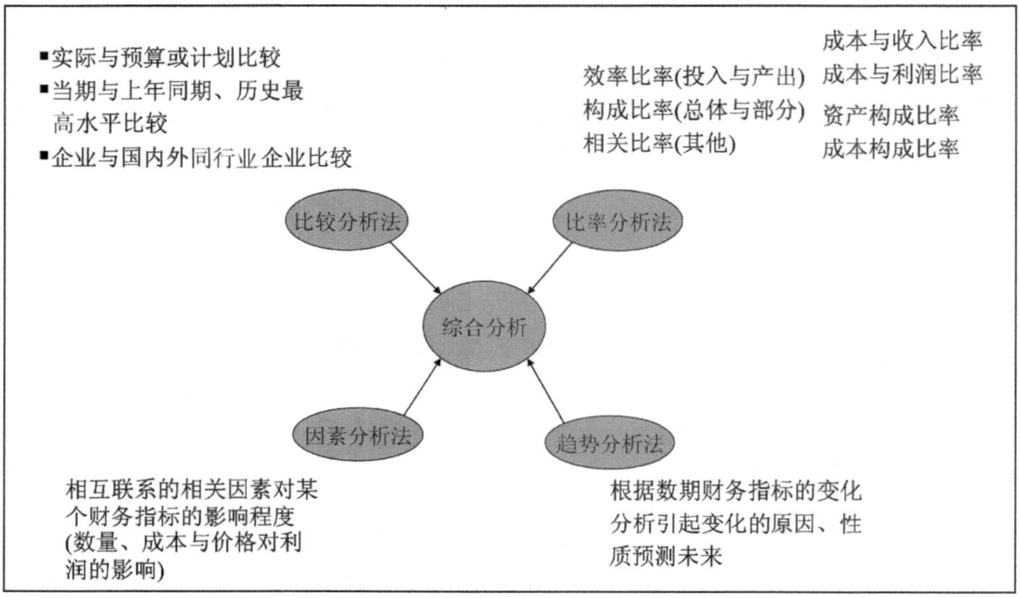

图5-4 财务分析的方法

二、财务分析的基础

财务分析主要以财务报告为基础，其他资料作为财务分析的一种补充。财务报告主要包括资产负债表、利润表、现金流量表和有关说明。下面简单介绍三项基本报表：资产负债表、利润表、现金流量表。

（一）资产负债表

资产负债表是反映企业某一特定日期财务状况的会计报表。它以“资产=负债+所有者权益”这一会计等式为根据，按照一定的分类标准和次序反映企业在某一时点上的资产、负债及所有者权益的基本状况。

资产负债表是进行财务分析的一张重要财务报表，它提供了企业的总体、资金来源情况、负债水平及负债结构等财务信息。通过对资产负债表的分析，可以了解企业偿债能力、资金营运能力等财务状况，为债权人、投资人及企业管理层提供依据。图 5 – 5 列示了一个简要的资产负债表基本结构。

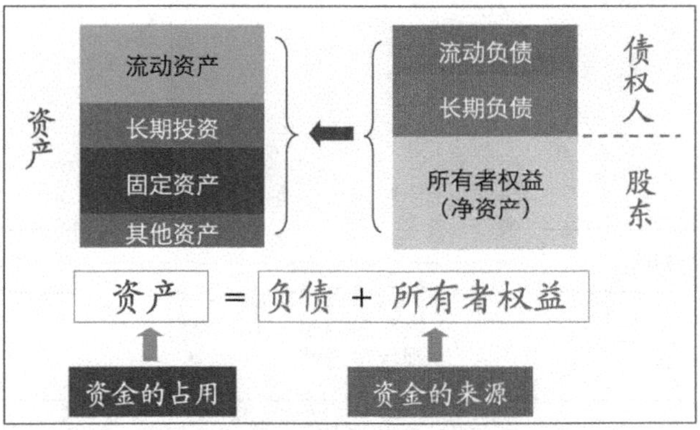

图 5 – 5 资产负债表基本结构

（二）利润表

利润表也称损益表，是反映企业在一定时期生产经营成果的财务报表。利润表是以“收入 – 费用 = 利润”这一等式为依据编制而成的。利润表通常按照利润的构成项目来分别列示。利润表记载企业在一定时期内收入、成本费用和非经营性的损益，从中可以看出企业产生的净利润（或净亏损）。它综合反映了企业在一定时期内的主营业务收入、主营业务成本、主营业务利润、投资收益、利润总额及净利润等经营成果，帮助报表使用者了解企业的经营业绩。

（三）现金流量表

现金流量表是以现金及现金等价物为基础标准的财务状况变动表，是企业对外报送的一张重要报表。现金流量表又是一张动态的综合性报表，集中反映了企业经营现金流量、投资现金流量和筹资现金流量的情况。现金流量表为投资者提供现金和现金等价物流入和流出的信息，以便投资者了解和评价企业获取现金和现金等价物的能力，并据以预测企业未来的现金流量。

由于现金流量表提供资产负债表和利润表分析所需要的信息，将资产负债表与利润表衔接起来，可说明利润形成与分配和资金来源与运用的关系（图 5 – 6），对于分析研究企业总体经营与财务状况有重要意义。

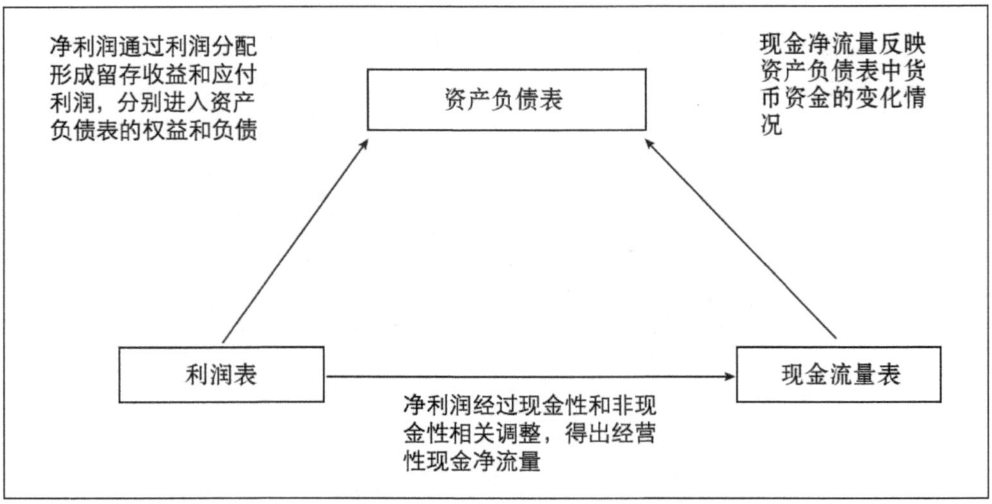

图5－6 财务报表间的联系

三、偿债能力分析

偿债能力分析包含3个指标：现金比率、流动比率、资产负债率。企业的财务管理目标之一就是到期偿债。流动比率和现金比率反映企业短期偿债能力，资产负债率反映企业长期偿债能力。

（一）短期偿债能力

短期偿债能力是指企业在一定期间内（一年或一个营业周期）以流动资产支付流动负债的能力。短期偿债能力分析是企业财务报表分析的一项重要内容，其分析目的是维护企业的信用，保护债权人的利益，以利于企业的健康发展。

短期偿债能力分析的指标主要有流动比率、速动比率和现金比率。

1. **流动比率**

流动比率是流动资产对于流动负债的比率。其计算公式为：

$$流动比率=流动资产/流动负债$$

2. **速动比率**

速动比率又称酸性测验比率，是由速动资产与流动负债对比而得的比率。其计算公式为：

$$速动比率=速动资产/流动负债=（流动资产-存货）/流动负债$$

3. **现金比率**

现金比率是指现金（各种货币资金）和短期有价证券与流动负债的比率。其计算公式为：

现金比率 = (现金 + 短期有价证券) /流动负债

短期偿债能力:

● 一般认为流动比率为2的时候,企业短期偿债能力比较强,企业在短期内是比较安全的;流动比率小于1是一个警告信号,说明企业有可能无法及时偿还即将到期的债务。

● 现金比率需要维持的合理水平要看企业的流动资金需求及即将到期的债务情况而定。

(二) 长期偿债能力

长期偿债能力是指企业偿还长期负债的能力,或者指在企业长期债务到期时,以企业盈利或资产偿还长期负债的能力。对企业长期偿债能力进行分析,需要结合长期负债的特点,在明确影响长期偿债能力因素的基础上,从企业盈利能力和资产规模两方面对企业长期偿债能力进行分析。通常情况下,长期偿债能力分析不同于短期偿债能力分析,长期偿债能力分析更加重视资本结构和盈利能力。反映长期偿债能力的主要财务指标有资产负债率、权益负债率、利息保障倍数和现金总负债比率。

资产负债率越大,企业面临的财务风险越大。如果企业资金不足,依靠欠债维持经营,导致资产负债率特别高,偿债能力弱,风险大,经营者应特别关注。一般来说,资产负债率为55% ~65%是相对合理稳健的,而资产负债率达70%以上则风险加大,要关注。

如果企业的资产负债率小于50%,在企业盈利时,可以通过适度增加借款用以实施新的经营项目,或者进行新产品的推广,以获取额外的利润,但前提是新的项目要确保盈利,以增强企业的盈利能力。

1. **资产负债率**

资产负债率又称举债经营率,是由负债总额与全部资产总额对比所确定的比率。它反映企业的资产总额中有多少是通过举债而得到的。其计算公式为:

资产负债比率 = 负债总额/全部资产总额

2. **产权比率**

产权比率也称负债股权比率,是指负债总额与所有者权益总额的比率。这一比率可用以衡量主权资金对负债资金的保障程度,该项比率越大,债权人所得到的保障就越小;该项比率越小,说明企业长期财务产权比率状况越好,债权人贷款的安全性越有保障。其计算公式为:

产权比率 = 负债总额/所有者权益总额

上面两个比率在计算时都包含了短期债务,为了考察企业的长期偿债能力,可以计算长期债务对长期资本总额的比率。其计算公式为:

长期债务对长期资本总额的比率 = 长期负债/长期资本总额

3. 利息保障倍数

利息保障倍数是指企业税前利润与债务利息的比率。它反映企业获利能力对负债利息偿付的保证程度。其计算公式为：

利息保障倍数 = 税前利润/债务利息

税前利润是指扣除债务利息与所得税前的正常业务经营利润（包括对外投资收益），不包括非正常项目、中断营业和特别项目及会计原则变更的累计前期影响而产生的收支净额。从长期看，利息保障倍数至少应当大于 1，且比值越高，企业长期偿债能力就越强。

从整个偿债能力看，关注用于偿债资产的范围及关注需要偿还债务的范围从大到小排列为：资产负债率 > 流动比率 > 现金比率。

资产负债率：关注企业的全部资产偿还全部债务的能力。

流动比率：由于企业的长期投资、固定资产、无形资产等不能马上变现，而企业的长期负债也不需要在短期内偿付，所以我们要考察企业以流动资产对流动负债的偿还能力。

现金比率：通常企业用现金来偿还到期债务，为确保偿还到期债务的能力，重点要考察企业拥有的现金与流动负债的比例。

（三）影响偿债能力的其他因素

（1）或有项目。企业发生的有些项目在现存条件下，其最终结果具有不确定性，具体采用哪种方法处理在很大程度上取决于未来的发展，这类项目称为或有项目。未作记录的或有负债，如未决诉讼，企业可能败诉，但企业并没有预计损失。

（2）对外提供担保可能引发的连带责任。由于担保项目的时间长短不一，有的涉及企业的长期负债，有的涉及企业的短期负债。在分析企业长期偿债能力时，应做适当考虑。

（3）其他因素。主要注意以下增强变现能力的因素：可动用的银行贷款指标；准备很快变现的长期资产；偿债能力的声誉，如银行对企业的信用评级。

四、营运能力分析

（一）流动资产周转率

流动资产周转率是反映企业流动资产周转速度的指标。它是流动资产在一定时期的周转额与流动资产平均占用额之比。流动资产周转率反映了全部流动资产的利用效率。一般有两个表示指标，即流动资产周转次数和流动资产周转天数。其计算公式为：

流动资产周转次数 = 销售收入净额/流动资产平均占用额

= 销售收入净额/（期初流动资产余额 + 期末流动资产余额）÷2

流动资产周转率越高，资产周转速度就越快，能够相对节约流动资金的投入，增强企业的盈利能力，提高企业的短期偿债能力。如果资产周转速度过慢，会形成资产的浪费，使企业的现金过多地占用在存货、应收账款等非现金资产上，变现速度慢，影响企业资产的流动性及偿债能力。

流动资产周转率比较高，说明企业在以下四个方面全部或某几项做得比较好：

- 快速增长的销售收入。
- 合理的货币资金存量。
- 应收账款管理比较好，货款回收速度快。
- 存货周转速度快。

（二）应收款周转率

应收款周转率指全年赊销收入与平均应收账款的比率，是反映应收账款周转情况的一个重要比率。它通常有两种表示指标，那应收账款周转次数和应收账款周转天数。其计算公式为：

应收账款周转次数 = 赊销收入净额/应收账款平均余额

= 赊销收入净额/（应收账款年初余额 + 应收账款年底余额）÷2

（三）存货周转率

存货周转率也称存货利用率，是指在一定时期内企业销售成本与存货平均余额的比率。在流动资产中，存货所占比重较大，存货的流动性将直接影响企业的流动比率。因此，必须特别重视对存货流动性的分析。存货周转率一般有两个表示指标，即存货周转次数和存货周转天数。其计算公式为：

存货周转次数 = 销售成本/存货平均余额

= 销售成本/（期初存货 + 期末存货）÷2

（四）固定资产周转率

固定资产周转率是指销售收入净额与固定资产平均净值的比率，它是反映企业固定资产周转情况，从而衡量固定资产利用效率的一项指标。其计算公式为：

固定资产周转率 = 销售净额 ÷ 固定资产平均净值

固定资产平均净值 =（期初固定资产净值 + 期末固定资产净值）÷2

以下措施可提高固定资产周转率：

- 规模得当。规模太大会造成设备闲置，形成资产浪费；规模过小则生产能力小，形不成规模效益。
- 结构合理。生产性和非生产性的固定资产结构合理有效。

（五）总资产周转率

总资产周转率又称总资产利用率，是销售收入净额与资产平均总额的比率，它是反映企业总资产利用情况的一个比率。其计算公式为：

总资产周转率＝销售收入净额/资产平均总额（净值）

以下措施可提高企业的总资产周转率：

- 在企业盈利能力较高的前提下，通过适当降低产品售价，提高销售量，加快资金的周转速度，可以提高企业总资产周转率，提高企业盈利能力。
- 在企业资产规模不变、生产效率不变的情况下，通过提高产品销售价格，增加销售收入，可以提高企业总资产周转率。
- 企业通过处置闲置的固定资产，减小资产规模，也会提高企业的总资产周转率。
- 在企业资产规模不变的情况下，提高生产效率，提高产能利用率，可以达到提高企业总资产周转率的目的。

五、盈利能力分析

盈利能力是指企业获取利润的能力，利润是企业生存和发展的物质基础，它不仅关系到所有者的利益，而且也是企业偿还债务的一个重要来源。无论是投资者还是债权人，都十分重视企业的盈利能力。利润率越高，盈利能力越强；利润率越低，盈利能力越差。企业的盈利能力反映着企业的财务状况和经营绩效，是企业偿债能力和营运能力的综合体现。企业在资源的配置上是否高效，企业的经营管理能力是否适应市场，决定着企业的盈利水平。

（一）销售毛利率

销售毛利率是销售毛利与销售收入净额对比的结果。其计算公式为：

销售毛利率＝（销售收入净额－销售成本）/销售收入净额

＝销售毛利/销售收入净额

（二）销售净利率

销售净利率是企业税后净利润和销售收入净额的比率。其计算公式为：

销售净利率＝税后净利润/销售收入净额

（三）总资产报酬率

总资产报酬率是企业税后净利和全部资产净值（平均数）的比率，也称投资报酬率。其计算公式为：

总资产报酬率＝税后净利/全部资产净值

（四）权益资本报酬率

权益资本报酬率也称为净资产利润率，是以税后净利润与股东所投入的权益总额为基础计算的比率。其计算公式为：

权益资本报酬率 = 税后净利润/股东权益总额

权益资本报酬率主要反映企业以下几个方面的情况：

（1）评价企业投资者投入企业的资本获取净收益的能力。

（2）反映企业持续收益的能力。如果该指标持续增长，说明企业的盈利能力持续提高；如果该指标降低，可能并非企业的盈利减少，而是由于其他的一些相关因素导致该指标降低，比如增发股票等。

（3）权益资本报酬率是企业经营管理业绩的最终反映，是偿债能力、营运能力、盈利能力综合作用的结果，是评价企业资本经营效益的核心指标。

盈利能力的分析指标在评价上市公司业绩综合指标中占有重要地位。一般认为，企业净资产利润率越高，企业的运营效益越好，对投资者、债权人的保证程度越高。综合对比分析该指标，可以看出企业盈利能力在同行业中所处的地位，以及与同类企业的差异水平。

（五）市场价格比率

市场价格比率是指与股票市场价格有关的一系列比率，用于反映企业股票价格变动的情况。几种重要的市场价格比率为：

（1）每股盈余（earnings per share，EPS），也叫每股利润，该指标反映每股普通股的盈余情况。其计算公式为：

每股盈余（EPS） = （税后净利润 - 优先股股利）/普通股发行在外股数

如果企业只有普通股，没有优先股，只需将税后净利润除以发行在外的普通股股数即得每股盈余。

（2）市盈率（price/earning ratio，P/E），该比率反映普通股每股市场价格与每股盈余之间的关系。其计算公式为：

市盈率（P/E） = 普通股每股市场价格/普通股每股盈余

投资人在投资之前，经常要对不同股票的市盈率进行对比，综合考虑后才决定投资于何种股票。

（3）市净率，指的是每股股价与每股净资产的比率。市净率可用于投资分析，一般来说市净率较低的股票，投资价值较高；相反，则投资价值较低。但在判断投资价值时还要考虑当时的市场环境、企业经营情况、盈利能力等因素。

六、综合财务分析

用比率分析法分析企业的偿债能力、营运能力、盈利能力，是从某一特定的角度对企业经营的某一方面进行分析，但有时需要全面评价企业的总体财务状况和经营成果。要用多种指标的相关分析或者综合评估方法对企业状况进行分析，这样才能从整体角度对企业的财务状况和经营成果进行客观评价。综合财务分析的方法主要是杜邦分析法。由于这种分析法在美国杜邦公司首先被使用，故称杜邦分析法。杜邦分析法综合模型是利用各个主要财务比率之间的内在联系，对企业综合效益进行分析评价的方法。杜邦分析法以所有者权益收益率为龙头，以总资产收益率为核心，重点揭示企业盈利能力及其前因后果。

杜邦分析法的基本原理为将净资产收益率分解为多项财务比率乘积，系统地揭示企业的财务状况以及财务系统内部各个因素之间的相互关系。例如，净资产收益率可变换如下：

净资产收益率 = 净利润 ÷ 平均净资产

= （净利润 ÷ 平均总资产） × （平均总资产 ÷ 平均净资产）

= 总资产净利率 × 权益乘数 （1）

总资产净利率又可表达为：

总资产净利率 = （净利润 ÷ 销售收入） × （销售收入 ÷ 平均总资产）

= 销售净利率 × 总资产周转率 （2）

综合公式（1）和（2），可以得出企业净资产收益率的杜邦等式：

净资产收益率 = （净利润 ÷ 销售收入） × （销售收入 ÷ 平均总资产） × （平均总资产 ÷ 平均净资产）

= 销售净利率 × 总资产周转率 × 权益乘数

其中，权益乘数是平均资产与平均所有者权益的比率，表示企业的负债程度。权益乘数越大，说明企业有较高的负债程度，给企业带来了较多的杠杆利益，同时也给企业带来了较多的风险。企业既要充分有效地利用全部资产，提高资产利用效率，又要妥善安排资金结构。其计算公式为：

权益乘数 = 平均资产 ÷ 平均所有者权益 = 1 ÷ （1 - 资产负债率）

应注意的是此处的资产负债率指全年平均资产负债率，它是企业全年平均负债总额与全年平均资产总额的百分比。

杜邦分析法的基本原理可以用“杜邦分析图”来表示如图 5 - 7。杜邦分析图的左边部分，主要分析企业的营运能力和盈利能力，并展示企业的营运能力和盈利能力两者之间的内在联系；杜邦分析图的右边部分，主要分析企业的偿债能力、财务结构、资本结构及其内在的关系。其共同作用的结果是导致企业净资产收益率的变动。

从杜邦分析图中可以发现提高净资产收益率的途径：增加销售收入使之增长幅度高于成本和费用增加幅度；减少成本或经营费用，提高总资产周转率；在不危及企业财务安全前提下，增加债务规模，提高负债比率。

总之，杜邦分析法将反映企业的财务状况和经营成果的财务指标有机地结合在一起，是一个很好的综合分析方法。

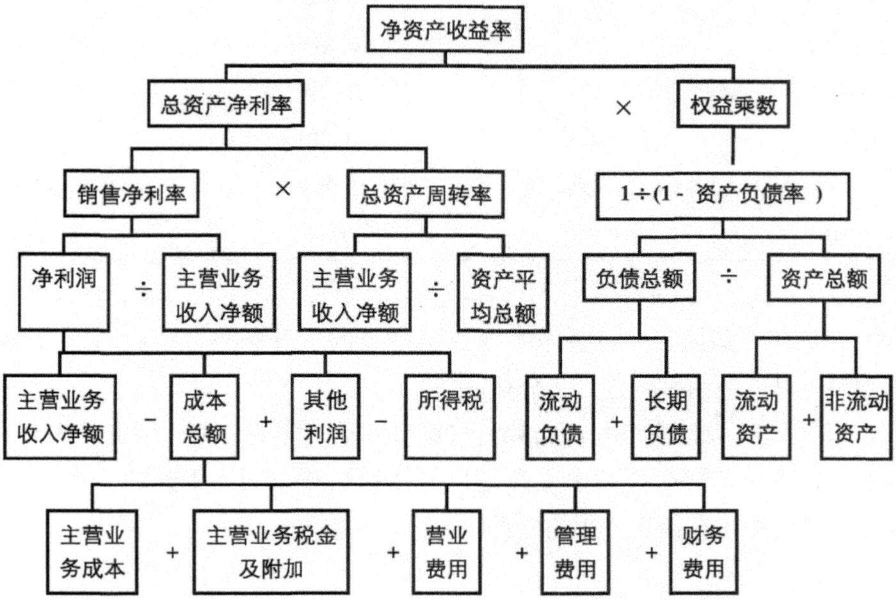

图 5 - 7 杜邦分析图

例子：星辉体育杜邦分析体系构成如图 5 - 8。

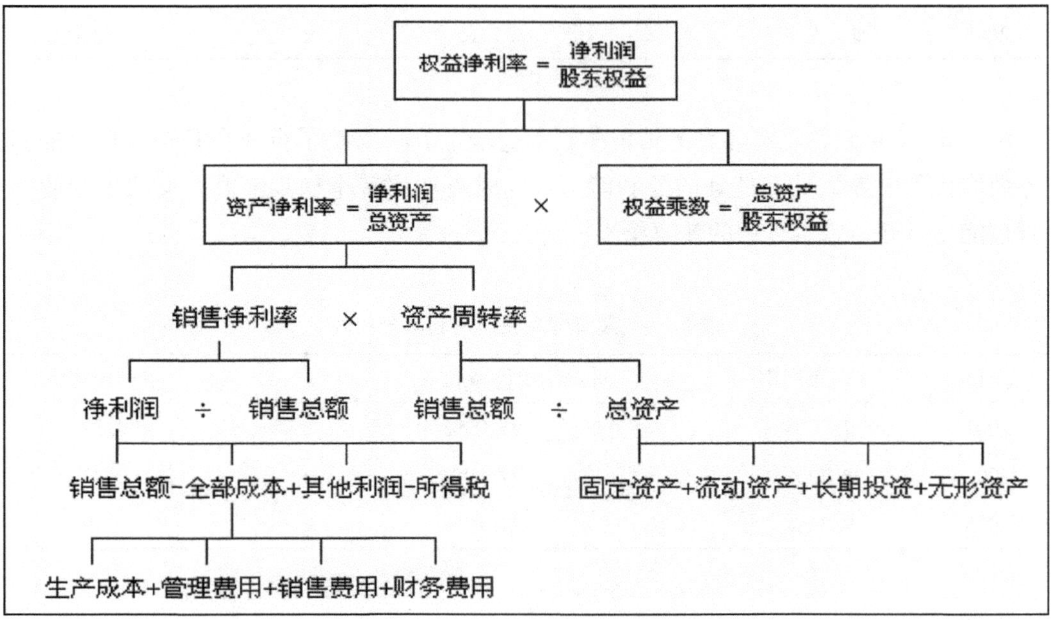

图 5 - 8 星辉体育杜邦分析体系构成

星辉体育的杜邦模型财务指标如表 5 - 2。

表 5 - 2　星辉体育的杜邦模型财务指标

年份	2001	2002	2003
权益净利率	9.09%	10.44%	10.34%
资产净利率	7.73%	8.72%	9.38%
权益乘数	1.18%	1.20	1.10
销售净利率	21.05%	21.39%	22.17%
资产周转率	0.37	0.41	0.42

2001—2003 年星辉体育的权益净利率处于稳步的上升态势，企业的运营状况良好，但权益净利率上升的原因有待进一步分析。

由表 5 - 3 可知，反映财务杠杆倍数的权益乘数呈下降的趋势，但资产净利率处于稳步的上升态势，可见，资产净利率上升是星辉体育权益净利率上升的主要原因。同样，资产净利率上升的原因有待进一步的分析。

表 5 - 3　星辉体育权益净利率分析表

年份	权益净利率	=	权益乘数	×	资产净利率
2001	9.12%	=	1.18	×	7.73%
2002	10.48%	=	1.20	×	8.73%
2003	10.32%	=	1.10	×	9.38%

由表 5 - 4 可知，星辉体育的销售净利率稳步上升，反映了企业在开拓市场、控制成本方面取得了成效，具有良好的盈利能力；同时资产周转率稳步上升，反映了企业的资本管理能力良好，资本管理的效率稳步提高。

表 5 - 4　星辉体育资产净利率分析表

年份	资产净利率	=	销售净利率	×	资产周转率
2001	7.79%	=	21.05%	×	0.37
2002	8.77%	=	21.39%	×	0.41
2003	9.31%	=	22.17%	×	0.42

小结：

根据上述分析可知，星辉体育近年来的权益净利率稳中有升，经过杜邦分析得到了令星辉体育经营效益提高的原因主要是：

（1）星辉体育的销售净利率稳步上升，反映了企业在开拓市场、控制成本方面取得了成效，企业具有良好的盈利能力。

（2）资产周转率稳步上升，反映了企业的资本管理能力良好，资本管理的效率稳步提高。

（3）最难能可贵的是，星辉体育的企业效益的提高并不是依靠增加财务风险取得的，而是依靠对自身盈利能力和资本管理能力的提高取得的。

综上所述，星辉体育具有投资价值，可做进一步的投资分析和考虑。

七、价值投资与格雷厄姆

对于基本分析来说，本杰明·格雷厄姆是现代投资组合理论提出之前投资分析领域最重要的思想家和导师。他的金融分析学说和思想在投资领域产生了极为巨大的震动，影响了几乎三代重要的投资者，如今活跃在华尔街的数十位上亿的投资管理人都自称为格雷厄姆的信徒，他享有“华尔街教父”的美誉。他的经典著作《证券分析》被再版多次，直到现在，还是最重要的投资经典著作。格雷厄姆的价值投资就是专门寻找并投资于价格低估的证券。

投资者需要掌握一定的方法或技术来判别股票的价值是否被低估了。这就引入一个“安全边际”的概念，而用来评估某些股票是否值得购买的方法就是安全边际法。所谓安全边际法是指投资者通过企业的内在价值的估算，比较其内在价值与企业股票价格之间的差价，当两者之间的差价达到某一程度时（即安全边际）就可选择该企业股票进行投资。很明显，为了应用安全边际法进行投资，投资者需要掌握一定的对企业内在价值进行估算的技术。格雷厄姆认为企业的内在价值是由企业的资产、收入、利润及任何未来预期收益等因素决定的，其中最重要的因素是企业未来的盈利能力。然而这并非一项简单的工作，因为“市场先生”会影响投资者的判断。

第四节　有效市场假定

一、随机漫步理论和有效市场假说

随机漫步理论认为，股票价格的波动是随机且不可预测的，价格的下一步将走向哪里是没有规律的。股票价格的随机波动是明智的投资者先于市场中其他人发现相关信息并因此买入或卖出债券的行为的必然结果。如果定价是理性的，则只有新信息能引起价格变动。因此，随机漫步是价格反映当前所有信息的自然结果。事实上，如果股价变动是可以预测的，则将成为股市无效性的证据，因为预测股价的能力表明所有现有信息并非已经在股价中反映。股价反映了所有现有信息的这种观点称为有效市场假说。

有效市场假说（efficient market hypothesis，EMH）是由法玛于1970年提出的。有效市场假说的先决条件是：①市场充满了一群活跃和理性的投资者；②获取信息成本为零；③没有价格操纵者。

二、有效市场的三种级别

有效市场的三种级别为弱式有效市场、半强式有效市场、强式有效市场。

有效市场假说在20世纪70年代至90年代中都是居于主导地位的金融理论。该理论认为：市场是有效的，有关股票的信息都会反映到股票价格上，因此，其价格与其基本价值相符，任何投资者都不可能在市场上获得超额利润。法玛进一步将有效性细化为弱式有效、半强式有效和强式有效。

（一）弱式有效市场

市场价格已充分反映出所有过去历史的证券价格信息。弱式有效市场假设认为，基于对过去的价格与回报的了解，是不可能赢得超额风险利润的。

（二）半强式有效市场

当证券的价格与回报是过去的信息与现在的公开信息的结果时，就称之为半强式有效市场。半强式有效市场假设认为，投资者不能利用任何公开的有用信息来获取超额利润。只要信息一公开，马上就会反映到价格上去，那么，投资者就不可能用这些信息来预测收益，从而获得超额利润。

（三）强式有效市场

强式有效市场是指市场上的内部信息会很快扩散，迅速影响市场价格。一些人认为可以通过提前获得内部信息来赚取超额利润，而强式有效市场假设认为，由于在这样的市场上，内部信息会迅速扩散，并反映在价格里，因此，投资人不能获得超额利润。

然而，行为金融学家认为市场并不是有效的，相反，它是一个无效市场。

三、有效市场的缺陷

有效市场假说（EMH）并未考虑市场的流通性问题，而是假设不论有无足够的流通性，价格总能保持公平。故EMH不能解释市场恐慌、股市崩盘，因为在这些情况下，以任何代价完成交易比追求公平价格重要得多。

理性市场模型的基础是完全信息和完全理性两个基本的前提条件。

完全信息的假设条件是：所有的信息都必须是公开和透明的。价格已经反映了所有可以得到的信息，并且具有高度的灵敏性和传导性。价格是既定的量，谁也不能支配和影响价格的形成，价格是唯一的调节信号。

完全理性的假设条件是：市场是理性的，市场行为人是理性的，市场运行是均衡的。

但现实中与这种完全理性和完全信息的条件显然存在一定的差异。

最后用一个例子来说明市场的有效性。一名学生和他的老师在大厅散步时，同时发现地上有一张 20 美元的钞票。当学生弯下腰去捡钱的时候，老师说："别惹麻烦了。要是它真在那儿的话，其他人早就已经把它捡走了。"当你认为发现了股票价格的规律或者一个简单的获利方式时，你或许是搞错了。然而悖论是：如果大家看到钱都这样想，这钱就会永远躺在那里。

大量的研究表明，市场具有足够的竞争性，当信息或洞察力有差别时，有优势的一方才能获利。然而，这种获利一定是不容易的，"好摘的果子早被人摘走了"。总体而言，市场是十分有效的，同时特别勤奋和有创造力的人实际上也能得到应该有的报酬。

第五节 技术分析与行为金融

一、行为金融学理论介绍

传统理论认为投资者是理性的，行为金融学理论则以投资者非理性假说为出发点。行为金融学是行为理论与金融分析相结合的研究方法与理论体系。它分析人的心理、行为以及情绪对人的金融决策、金融产品的价格以及金融市场发展趋势的影响，也是心理学与金融学结合的研究成果。行为金融学理论将人类心理与行为纳入金融的研究框架，但是由于涉及人类心理与行为研究的难度，加上行为金融学刚刚起步，因而其本身也存在很多缺陷。

早期的经济学家已经把人的心理研究与传统的经济学研究相结合。凯恩斯在 1936 年的经典著作《就业利息与货币通论》中用了很大篇幅讨论人们的心理对有效需求的影响。凯恩斯的分析框架是：资本主义发生危机的一个重要原因是有效需求不足，从而生产过剩，爆发危机。产生有效需求不足的原因是有三大心理规律影响着人们的消费与投资。

（一）边际消费倾向递减规律

边际消费倾向就是人们新增收入中用于新增消费的比重。此项比重递减，也就是说，随着人们的收入增加，人们的消费增加不会比收入增加得快。人们把收入中的更大比例作为财富保存起来。因此，人们越富裕，消费在总收入中所占的比重就越小。由于人们的消费跟不上收入的增长，就会有一部分产品卖不出去，社会生产无法保持平衡。

（二）资本的边际效率递减规律

资本的边际效率是指新增一个单位的投资所带来的新增利润。因为开始投资时，总是投资于资本回报比较高的项目，随后的投资回报率相对降低，以此往下，预期投资的回报率就会下降。投资者很容易对未来产生悲观情绪，这也会使投资者趋于消极，使资本的边际效率下降。这样一来，投资需求不足，进而影响到宏观经济的平衡。

（三）流动性偏好

流动性偏好是指人们对持有现金的爱好。人们心理上偏好现金，是因为三个动机（三大心理规律）：

（1）交易动机，为了应付日常开支，人们需要保留部分现金在手上。

（2）谨慎动机，为了应急，防止意外，人们也会留有部分现金。

（3）投机动机，即人们为了寻求更大的收益，也需要留有部分现金，以备随时可以调用。

凯恩斯分析说明这三大心理规律的存在，使宏观经济在完全自由的市场经济中无法得到平衡，其结果就会出现经济危机。解决经济危机的办法就是政府对经济进行干预，使用财政政策或货币政策及其他政策以增加社会的有效需求，抵消三大心理规律对宏观经济的负面影响。

在管理学研究中，行为研究也是重要的一面。例如，马斯洛将人的需要分为五个层次：生理需要、安全需要、情感的需要、受人尊重的需要、自我实现的需要。人的行为顺序是在满足了前一个需要以后才会追求后一个需要。

二、行为金融的几个结论

（一）信息处理的偏差

1. 预测错误

传统的理论对人的行为假定是理性预期、风险回避。卡恩曼和维特斯基 1973 年的一系列试验表明，当人们做预测时，人们过于关注近期的经验，尤其在信息不确定的情况下容易做出极端的预测。例如，过去的业绩是对未来业绩的最好预测指标，所以对投资者来说，要选择近期业绩最好的公司，而这并不全对。因此，持有这种偏见的实际工作者就会犯错误。

人们常常受过去所接收的信息的影响，这些信息又常常是不完全的。按不完全的信息对将要发生的事做出预测，就容易犯错误。生活中人们经常能遇到这样的例子。

2. **过度自信**

人们通常会高估自己的能力，低估自己的偏差。例如，一次著名的调查表明，瑞典90%的司机认为自己驾驶技术高于平均水平。特维斯基和卡恩曼1974年描述了一个叫作“效力幻觉”的现象，即过度自信地坚持错误的观点的现象。人们坚持错误观点的一个理由是他们产生了确认性偏差，即他们往往找出那些能确认其早先观点的资料，而忽略那些不能确认这些观点的资料。

（二）行为偏差

有研究指出，即使信息处理是完美的，个人利用信息做出决策时也不是完全理性的。除了客观考虑，实际上人们对风险与收益的感受极大地受到决策的影响。传统的假定是框架独立，即风险与收益是透明的、客观的，实际人们可以通过透明客观的风险、收益观测全部决策过程。

1. **心理账户**

心理账户是一种特殊的行为偏差形式，产生于人们对某种决策的隔离。例如“赌场资金效应”表明赢钱的赌徒更愿意接受新的赌局。他们认为自己是用“赢钱账户”赌博，而不是用自己的钱赌博。

2. **亏损回避**

卡恩曼和特维斯基1979年提供了架构依赖的证据。他们研究了人们对预期亏损的反应。这里我们用一个例子来说明：假定你面临一个选择，选择A为100%亏损32万元，选择B为80%的概率亏损40万元，20%的概率无亏损。两个选择的综合亏损都是32万元，你将选择哪一个？大多数人会选择后者，博一把。为什么呢？因为痛恨亏损。这个不确定的选择，给了他们不亏损的希望。卡恩曼和特维斯基把这种现象叫作亏损回避。人们并不是很厌恶不确定性，但是人们憎恨损失，损失在人们眼里总是要大于同等数量的获利。这种亏损回避就是架构依赖的例子。人们喜欢一种使亏损变得模糊的架构。

（三）前景理论

前景理论是卡恩曼和特维斯基在1979年的论文中提出来的。

效用是定义在盈利和亏损上的，而不是最终的财富。考虑变化量值函数的形状，效用对盈利是凹的，而对亏损则是凸的（图5-9）。对亏损比对盈利更加敏感，也即满足厌恶亏损的特征。

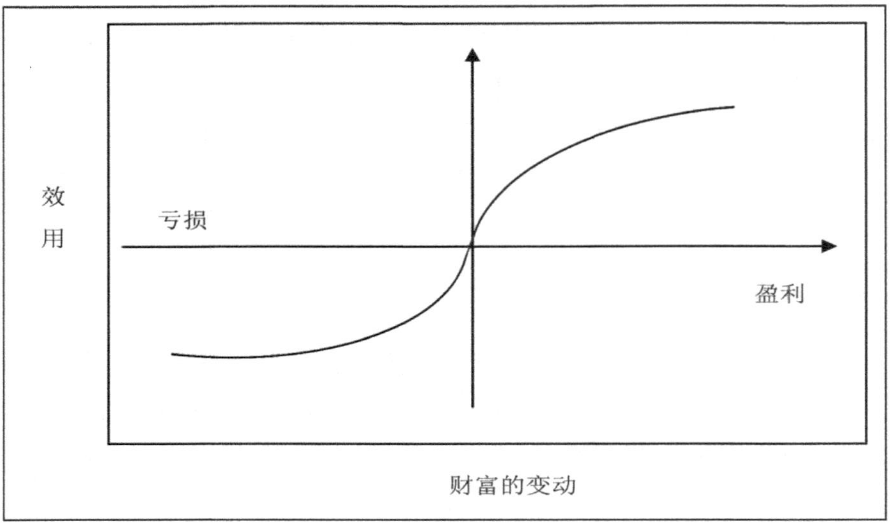

图5－9 “前景理论”示意图

三、技术分析

（一）技术分析的定义

股票价格指数和平均数仅仅为人们提供了一种衡量股票价格变动历史的工具，然而，人们更关心的是如何预测股票价格的未来趋势和买卖股票的适当时机。多少年来，人们不断地对股价走势进行研究，产生了种种方法。现在大多数人采用技术分析法或基本分析法来预测股价的走势。

股价的技术分析是相对于基本分析而言的。基本分析法着重于对一般经济情况及各个企业的经营管理状况、产业动态等因素进行分析，以此来研究股票的价值，衡量股价的高低。技术分析法则是透过图表或技术指标的记录，分析发掘股票价格的起伏周期及可预测模式，以推测未来价格的变动趋势。技术分析依据的技术指标的主要内容是股价、成交量或其他相关数据，因而，技术分析只关心证券市场本身的变化，而不考虑会对其产生某种影响的宏观经济、产业、文化、政治等方面的其他因素。

股价技术分析和基本分析都认为股价是由供求关系所决定。基本分析主要根据对影响供需关系种种因素的分析来预测股价走势，而技术分析则根据股价本身的变化来预测股价走势。技术分析的基本观点是：所有股票的实际供需量及其背后起引导作用的种种因素，包括股票市场上每个人对未来的希望、担心、恐惧等，都集中反映在股票的价格和交易量上。

由技术分析的定义得知，其主要内容有图表解析与技术指标两大类。事实上早期的技术分析只是单纯的图表解析，亦即透过市场行为所构成的图表型态来推测未来的股价变动趋势。但因这种方法在实际运用上，易受个人主观意识的影响。这也是为什么许多人戏称图表解析是一项艺术工作，九个人可能产生十种结论的原因。为了减少图表判断的主观性，市场逐渐发展出一些可运用数据计算的方式，这些方式可以辅助个人对图表型态的知觉与辨认，使分析更具客观性。

（二）技术分析的前提条件

技术分析建立在三个前提条件下，如果三个前提条件不存在的话，那么技术分析没有任何意义。

第一个条件：市场行为包容消化一切。

技术分析者认为，能够影响某种证券价格的任何因素（不管是宏观的或是微观的）都反映在其证券的价格之中。研究影响证券价格的因素对普通投资者来说是不可能实现的，即使是经济学家对市场的分析也是不确定的。因此，研究证券的价格就是间接地研究影响证券价格的经济基础。技术分析者通过研究价格图表和大量的辅助技术指标，让市场自己揭示它最可能的走势。

第二个条件：价格以趋势方式演变。

技术分析者通过经验的总结，认为证券的价格波动是以趋势方式演变的。研究价格图表的全部意义，就是要在一个趋势发生发展的早期，及时准确地把它揭示出来，从而达到顺应趋势交易的目的。正是因为有趋势的存在，技术分析者通过对图表、指标的研究，发现趋势即将发展的方向，从而确定买入和卖出股票的时机。

第三个条件：历史会重演。

技术分析者认为人类的本性是不容易被改变的。图表表现了人们对于市场的看法，通过对图表的研究可以找到相似的形态，从而找到未来价格波动的方向。

从行为金融的研究来看，有些结论可作为技术分析的理论支持基础：

（1）行为金融中的投资者继续持有损失性投资的趋势——处置效应导致了价格随着时间推移接近其基本价值。这与技术分析的核心逻辑是一致的。

（2）投资者的过度自信及高估个人能力使得投资者交易频繁，这就引起了交易量与市场收益之间的关联。技术分析最重要的一块就是使用交易数据和历史价格指导交易策略。

一些重要的技术分析均线及阻力位、支撑位等与投资者的亏损回避、心理账户、从众等行为有关。

（3）技术分析认为市场基础可以被非理性行为因素搅乱，这时价格波动或多或少可能伴随价格趋势，由此，技术分析可以发现机会并把握机会。

四、道氏股价变动趋势理论

道氏股价变动趋势理论（以下简称道氏理论）是所有市场技术研究的鼻祖。需要强调的是，该理论的创始者——查尔斯·道，声称其理论并不是用于预测股市，而是用来反映市场总体趋势的晴雨表。道氏理论的最伟大之处在于其宝贵的哲学思想，这是它全部的精髓。根据定义，道氏理论是一种技术理论。道氏理论是根据价格模式的研究，推测未来价格行为的一种方法。

（一）道氏理论的基本要点

股票指数与任何市场都有三种趋势：短期趋势，持续数天至数个星期；中期趋势（次级趋势），持续数个星期至数个月；长期趋势（基本趋势或主要趋势），持续数个月至数年。在任何市场中，这三种趋势必然同时存在，彼此的方向可能相反。

1. 道氏理论的三种趋势

根据道氏理论，股价运动有三种趋势，其中最主要的是股票的基本趋势，即股价广泛或全面性上升或下降的变动情形。这种变动持续的时间通常为一年或一年以上，对投资者来说，基本趋势持续上升就形成了多头市场，持续下降就形成了空头市场。股价运动的第二种趋势称为股价的次级趋势。因为次级趋势经常与基本趋势的运动方向相反，并对其产生一定的牵制作用，因而也称为股价的修正趋势。股价运动的第三种趋势称为短期趋势，反映了股价在几天之内的变动情况。

在三种趋势中，长期投资者最关心的是股价的基本趋势，其目的是想尽可能地在多头市场上买入股票，而在空头市场形成前及时地卖出股票。投机者则对股价的修正趋势比较感兴趣。他们的目的是想从中获取短期的利润。短期趋势的重要性较小，且易受人为操纵，因而不便作为趋势分析的对象。人们一般无法操纵股价的基本趋势和修正趋势。

2. 主要趋势（空头或多头市场）

主要趋势代表整体的基本趋势，通常称为多头或空头市场，持续时间可能在一年以内，也可能数年之久。正确判断主要走势的方向是投机行为成功的最重要因素。没有任何已知的方法可以预测主要走势的持续期限。

（1）主要的多头市场：主要的多头市场是一种整体性的上涨走势，其中夹杂次级的折返走势，平均的持续时间长于两年。在此期间，由于经济情况好转与投机活动转盛，所以投资性与投机性的需求增加，并因此推高股票价格。

多头市场有三个阶段：第一阶段，人们对于未来充满信心，一些有远见的投资人觉察到虽然目前处于不景气阶段，但即将会有所转变。因此，买进那些没有信心、不顾血本抛售的股票。第二阶段，此时企业景气的趋势上升和企业盈余的增加吸引了大众的注意。股票对于已知的企业盈余改善产生反应，该阶段有十分稳定的上升和增多的交易量。第三阶段，投机热潮高涨而股价明显上升，这阶段的股价上涨是基于期待与希望。在这个阶段的最后部分，随着投机气氛的高涨，成交量持续地上升。

（2）主要的空头市场，也称为主要下跌趋势：主要的空头市场是长期向下的走势，其间夹杂着重要的反弹。它来自各种不利的经济因素，唯有股票价格充分反映可能出现的最糟情况后，这种走势才会结束。

空头市场会历经三个主要的阶段：第一阶段，市场参与者不再期待股票可以维持过度膨胀的价格。在这个阶段，有远见的投资人觉察到企业的盈余达到了不适当的高点，大众仍热衷于交易，但是，开始感觉到预期的获利已逐渐地消逝。第二阶段的卖压是反映经济状况与企业盈余的衰退。想要买进的人开始退缩，而想要卖出的人则急着要脱手。这一阶段通常会有一段相当长的次级反弹或者横向的变动。第三阶段是来自股票的失望性卖压，不论价值如何，许多人急于变现至少一部分的股票。“垃圾股”可能在第一或第二阶段就跌掉了前面多头市场所涨升的部分。业绩较为优良的股票持续下跌，空头市场最后阶段的下跌是集中于这些业绩优良的股票。空头市场在坏消息频传的情况下结束。最坏的情况已经被预期了，在股价上已经实现了。通常，在坏消息完全出尽之前，空头市场已经过去了。

次级的修正趋势是空头市场的特色，但在次级的修正趋势中不论是“工业指数”，或是“运输指数”，都绝对不会穿越多头市场的顶部，两项指数也不会同时穿越前一个中期走势的高点。

3. **次级趋势**

次级趋势：就此处的讨论来说，次级趋势是多头市场中重要的下跌走势，或是空头市场中重要的上涨走势，持续的时间通常在3个星期至数个月；此期间内折返的幅度为前一次级趋势结束之后主要走势幅度的33%～66%。次级趋势经常被误以为是主要趋势的改变，因为多头市场的初期走势显然可能仅是空头市场的次级趋势，相反的情况则会发生在多头市场出现顶部后。

次级趋势通常是混淆不清的。它的确认、对它发展的正确评价及其进行的全过程的断定，始终是理论描述中的一个难题。

4. **短期趋势**

它们是短暂的波动，很少超过3个星期，通常少于6天。它们本身尽管没有什么意义，但是使得主要趋势的发展全过程被赋予了神秘多变的色彩。通常，不管是次级趋势或两个次级趋势所夹的主要趋势部分都是由一连串的3个或更多可区分的短期趋势所组成。由这些短期趋势所得出的推论很容易导致错误。在一个无论成熟与否的股票市场中，短期趋势都是唯一可以被“操纵”的。主要趋势和次级趋势却是无法被操纵的。

上述股票市场波动的三种趋势，与海浪的波动极其相似。在股票市场里，主要趋势就像海潮的每一次涨（落）的整个过程。其中，多头市场好比涨潮，一个接一个的海浪不断地涌来拍打海岸，直到最后到达标示的最高点，而后逐渐退去。逐渐退去的落潮可以和空头市场相比较。在涨潮期间，每个接下来的波浪其水位都比前一波涨升得多而退得却比前一波要少，进而使水位逐渐升高。在退潮期间，每个接下来的波浪其水位都比先前的更低，后一波不能恢复前一波所达到的高度。涨潮（退潮）期的这些波浪就好比是次级趋势。同样，海水的表面被微波涟漪所覆盖，这和市场的短期趋势相比较，是不重要的日常变动。潮汐、波浪、涟漪代表着市场的主要趋势、次级趋势、短期趋势。

（二）道氏理论的其他分析方法

1. 用两种指数来确定主要趋势

著名的道琼斯混合指数是由20种铁路、30种工业和15种公共事业三部分组成的。据历史的经验，其中工业和铁路两种分类指数数据有代表性。因此，在判断趋势时，道氏理论更注重于分析铁路和工业两种指数的变动。其中任何单纯一种指数所显示的变动都不能作为断定趋势上有效反转的信号。

2. 据成交量判断趋势的变化

成交量会随着主要趋势的变化而变化。因此，根据成交量也可以对主要趋势做出一个判断。通常，在多头市场，价位上升，成交量增加；价位下跌，成交量减少。在空头市场，当价格滑落时，成交量增加；在反弹时，成交量减少。当然，这条规则有时也有例外。因此只据几天的成交量是很难下正确的结论的。结论只有在持续一段时间的整个交易的分析中才能够做出。在道氏理论中，为了判定市场的趋势，最终结论性信号只由价位的变动产生，成交量仅仅作为在一些有疑问的情况下提供解释的参考。

3. 盘局可以代替次级趋势

一个盘局出现于一种或两种指数中，持续了两个或三个星期，有时达数月之久，价位仅在约5%的距离中波动。这种形状显示买进和卖出两者的力量是平衡的。当然，最后的情形之一是，在这个价位水准的供给完毕了，而那些想买进的人必须提高价位来诱使卖者出售。另一种情况是，本来想要以盘局价位水准出售的人发觉买进的气氛削弱了，结果他们必须削价来处理他们的股票。因此，价位往上突破盘局的上限是多头市场的征兆。相反价位往下跌破盘局的下限是空头市场的征兆。一般来说，盘局的时间愈久，价位愈窄，它最后的突破愈容易。

盘局常发展成重要的顶部和底部，分别代表着出货和进货的阶段，但是，它们更常出现在主要趋势时的休息和整理的阶段。在这种情形下，它们取代了正式的次级趋势。很可能一种指数正在形成盘局，而另一种却发展成典型的次级趋势。在往上或往下突破盘局后，有时在同方向继续停留一段较长的时间，这是不足为奇的。

4. 把收盘价放在首位

道氏理论并不注意一个交易日当中的最高价、最低价，而只注意收盘价。大部分人是根据这个价位做买卖委托的依据的。这是又一个经过时间考验的道氏理论规则。

5. 在反转趋势出现之前主要趋势仍将发挥影响

这条规则意味着在趋势反转信号已经明朗化以后，一个人还应再迟延一下他的行动，也就是说在经验上，我们等已经确定了再行动较为有利，以避免在还没有成熟前买进（或卖出）。股价趋势是在经常变化着的，多头市场并不能永远持续下去，空头市场总有到底的一天。当一个新的主要趋势第一次由两种指数确定后，如不管短期间的波动，趋势绝大部分会持续，但愈往后这种趋势持续的可能性会愈小。这条规则告诉人们：一个旧趋势的反转可能发生在新趋势被确认后的任何时间，作为投资人，一旦做出委托后，必须随时注意市场。

6. 股市波动反映了一切市场行为

股市指数的收市价和波动情况反映了一切市场行为。在股票市场，你可能觉得政治局势稳定，所以买股票；另外一些人可能觉得经济前景乐观，所以买股票；还有一部分人以为利率将会调低，值得在市场吸纳股票；更有一些人有内幕消息谓大财团出现收购合并，所以要及早入货。无论大家抱有什么态度，市价上升就反映了情绪，即使是不同的观点角度。相反，当大家有不同恐惧因素时，有人因政局动荡而恐慌，有人恐怕大萧条来临，有人听到内幕消息谓大股东要出货套现。不论什么因素，股市指数的升跌变化都反映了群众心态。群众乐观，无论有理或无理，适中或过度，都会推动股价上升。群众悲观，亦不论盲目恐惧，有实质问题也好，或者受其他人情绪影响而歇斯底里也好，都会反映在市场指数的下挫上。与其分析市场上千千万万个投资人士的心态，做一些没有可能做到的事，投资人更应该分析反映整个市场心态的股市指数。

（三）道氏理论的缺陷

（1）道氏理论的主要目标是探讨股市的主要趋势。一旦主要趋势确立，道氏理论假设这种趋势会一路持续，直到趋势遇到外来因素破坏而改变为止。道氏理论对于趋势里面的升幅或者跌幅将会到达哪个程度无能为力，而这是非常重要的一个问题。

（2）道氏理论需要在趋势比较明显后由两种指数互相确认，信号的滞后失去了一些投资机会。

（3）道氏理论注重长期趋势，对于趋势不明朗的市场给投资者的参考较弱。

第六章　项目投资与融资

第一节　项目投资

与其他形式的投资相比，项目投资具有投资内容独特（每个项目都至少涉及一项固定资产投资）、投资数额多、影响时间长（至少一年或一个营业周期）、发生频率低、变现能力差和投资风险大的特点。

一、项目过程

（一）投资项目的进展过程（图6－1）

投资前期				投资阶段				生产和评估	
机会研究，鉴别投资方向	初步可行性研究	详细可行性研究	评价和决策	谈判签约	设计阶段	施工阶段	试运转阶段	生产经营	评价总结

图6－1　投资项目的进展过程

（二）投资前期的工作

（1）投资设想和机会研究：这个阶段需要鉴别投资方向，寻找投资机会，提出项目投资建议。对于工程项目，这一阶段往往根据类似项目的投资额进行近似的估算，估算精度大致为±30%，耗时1～3个月，费用占总投资额的0.2%～1.2%。

（2）初步可行性研究：这个阶段需要分析投资机会研究的结论，对关键性问题进行专题的辅助性研究，初步对可行性做出判断，从而形成初步可行性报告。对于工程项目，往往采用生产能力指数法、比例法等方法进行近似估算，估算精度大致为±20%，耗时4~6个月，费用占总投资额的0.25%~1.25%。

（3）详细可行性研究：这个阶段是对项目进行详细深入的技术经济论证的阶段，重点分析项目的财务效益和经济效益评价，是项目立项决策的关键性环节。对于工程项目，分类别进行详细估算，估算精度大致为±10%，耗时8~12个月，大项目费用占总投资额的0.8%~1.0%，中小项目费用占总投资额的1.0%~3.0%。

（4）项目评价与决策：对详细可行性报告的结果进行审核和评价，并在具备可行性的各类项目中进行选择。

二、项目投资因素

投资是推迟消费，为了获得将来更多的消费。项目投资是为获得预期的收入而针对具体的项目投入资金的经济活动。那么，决定项目投资后要考虑哪些主要问题呢？投资者自身的条件是主要的因素；投资的外部环境，投资者的目标，投资的收益、费用及相应的风险等都是需要考虑的因素。

准确界定好目标项目后，市场环境就成为项目投资决策的重要考虑因素。例如，在完全竞争的市场环境下，企业数目很多，经营这类产品项目只能作为价格的接受者。完全垄断的项目则可以对定价有较大的把握。在垄断竞争市场中，企业影响价格、控制价格的能力较弱，因而会采取非价格竞争手段，如品质竞争、促销活动竞争等。垄断竞争条件造成产品差别和品质竞争，有利于满足消费者多样化的需要和激励企业创新。

其他因素，如：

- 技术进步。
- 市场需求变化。
- 经济结构调整。
- 政策变化。
- 其他发展机遇。
- 行业生命周期（图6-2）。
- 产品生命周期。
- 技术生命周期。
- 产业经济周期。
- 宏观经济形势。

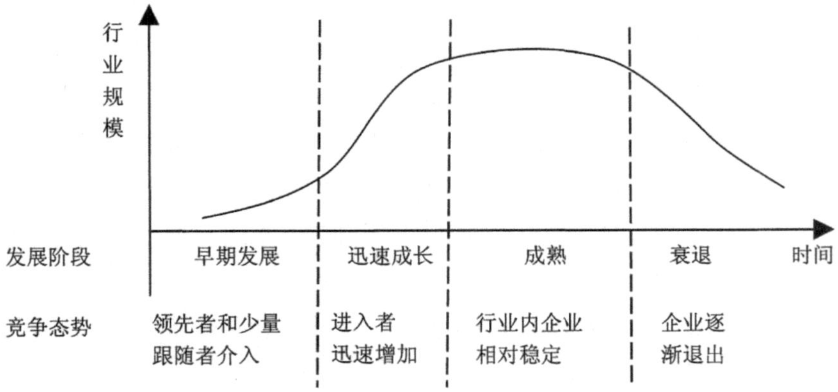

图 6-2 行业生命周期

三、财务评价

除了自身因素和外部环境，项目的投资收益分析是一个项目分析的主要方面，分析涉及财务评价中的一些概念。这些概念为：①现金流量（cash flow，CF）；②现金流入（cash in flow，CI），包含销售（经营）收入、资产回收等；③现金流出（cash out flow，CO），包含投资、经营成本、税、贷款本息偿还等；④净现金流量（NCF），是现金流入减去现金流出的值，即 NCF = CI - CO。

使用现金流贴现分析法来进行相关决策、对项目进行财务评价时，有以下几种常用指标。

（一）投资收益率

将项目在典型年度的收益额与项目的总投资进行比较即可得到投资收益率：

$$\text{投资收益率} = \text{年收益额}/\text{项目总投资} \times 100\%$$

这种方法计算简便，但过于粗略，对于年度收益差异比较大的项目不适用，一般只适合在项目的初选阶段进行毛估时应用。

（二）净现值

● 基本的分析单位。

净现值的基本分析单位为单个投资项目。

● 使用的准则。

第一，求出所有未来现金流的现值，减去初始投资得到的净现值（*NPV*）。

第二，投资于 *NPV* 为正的项目。

● *NPV* 将增加公司股东的财富。

根据行业基准利率或者期望收益率将现金流折算为现值的方法：

$$NPV = \sum_{t=0}^{n} (CI - CO)_t (1 + i)^{-t}$$

式中，i 为行业基准利率或期望收益率，t 为期限，n 为项目的期限。

如果净现值小于0，则说明投资收益没有基准利率或者期望收益率高，不合算。如果净现值大于0，则可以投资。

净现值指标的主要优点是：考虑了资金时间价值，并全面考虑了整个项目在寿命期内的收益情况。净现值直接用资金量来表示项目的净收益，经济意义更为直观明确。

净现值指标的主要问题是：必须确定一个基准收益率，而这个基准收益率的确定是相当困难的。基准收益率定得太高会失去有利可图的项目，太低又会造成资源的浪费。

例题：

（1）贴现率（资本成本）为10%，项目NPV计算1如表6－1。

表6－1　项目NPV计算1

年度	现金流	PV	累积PV
0	－1000	－1000	－1000
1	450	409	－591
2	350	289	－302
3	250	188	－114
4	150	102	－11
5	50	31	20
		项目NPV	20

决策：接受该项目。

（2）贴现率（资本成本）为15%，项目NPV计算2如表6－2。

表6－2　项目NPV计算2

年度	现金流	PV	累积PV
0	－1000	－1000	－1000
1	450	391	－609
2	350	265	－344
3	250	164	－180
4	150	86	－94
5	50	25	－69
		项目NPV	－69

估计项目投资时考虑增量现金流：

- 估计没有该项投资时的现金流。
- 估计进行该项投资时的现金流。
- 求出两者的差额。
- 得到进行该项投资的增量现金流。

增量现金流，用一个例子说明：某个被提议的项目可以产生 10 亿元的收入，但是将导致另一条生产线损失 3 亿元的收入，增量现金流仅为 7 亿元。

估计项目投资时还应考虑基准折现率。

基准折现率是在净现值计算中反映资金时间价值的基准参数，是导致投资行为发生所要求的最低投资回报率，称为最低要求收益率（minimum attractive rate of return，MARR）。

决定基准折现率要考虑的因素主要有资金成本、项目风险。

用净现值指标进行多方案比选：

- 互斥方案具有可比性的条件。
- 考察的时间段和计算期可比。
- 收益和费用的性质及计算范围可比。
- 备选方案的风险水平可比。
- 评价所使用的假定合理。
- 寿命期相等的互斥方案比选。

在寿命期相等的互斥方案中，净现值最大且非负的方案为最优可行方案。

（三）投资回收期

投资回收期是兼顾项目获利能力和项目风险的评价指标。投资回收期又称投资返本年限，表示收回项目总投资需要的时间，这是评价投资效益的主要静态指标，一般从建设开始时期计算（偶尔也从投产日期计算）。

1. **静态投资回收期**

静态投资回收期不考虑现金流折现，从项目投资之日算起，项目各年的净收入回收全部投资所需要的时间。

静态投资回收期 P_t 是满足下式的最短时间：

$$\sum_{t=0}^{P_t}(CI - CO)_t = 0$$

例如，最初投资 80 万元，每年净收益 20 万元，则投资回收期为 4 年。

静态投资回收期指标的优点是经济意义明确直观，计算简便。粗略来看，投资回收后的收益就是利润，因此对于投资者来说，容易加以把握并应用。静态投资回收期指标的缺点是只考虑回收前的效果，不考虑回收后的情况，无法完整反映盈利水平，不够全面。

2. 动态投资回收期

动态投资回收期考虑现金流折现，回收全部投资所需要的时间。

静态投资回收期没有考虑资金的时间价值，例如，一个项目建设需要2年时间，每年投资50万元，全部来自贷款，利率为10%，建成后每年收益为10万元，可用25年。这样静态总投资为100万元，静态投资回收期为10+2=12年，看起来不错，投产10年后剩下15年可有150万元的利润。然而，如果考虑资金的时间价值，投产时资金价值为50×（1.12+1.1）=115.5万元，那么以后每年的利息就是11.55万元，每年的收益支付利息都不够。

如果考虑资金的时间价值，则可形成动态投资回收期：

$$\sum_{t=0}^{P_t}(CI-CO)_t(1+i)^{-t}=0$$

缺点：未考虑回收期后的现金流量。

优点：NPV和内部收益率方法的补充，便于监督，容易理解。

（四）内部收益率（IRR）

内部收益率是项目现金流入量现值等于现金流出量现值时的折现率。其经济含义是在项目寿命期内项目内部未收回投资每年的净收益率。

计算IRR的理论公式：

若，$\sum_{t=0}^{n}(CI-CO)_t(1+i^*)^{-t}=0$，则 $IRR=i^*$

判断准则：$IRR \geqslant i_0$ 项目可接受；$IRR < i_0$，项目不可接受。i_0 为收益率基准，可以简单理解为项目的资金“成本”。

计算IRR的试算内插法（图6-3）：

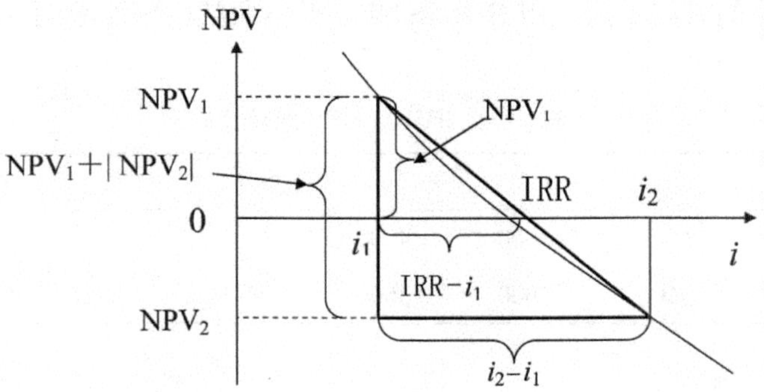

图6-3　计算IRR的试算内插法

图6-3中 NPV_1 和 NPV_2 是净现值，i_1 和 i_2 分别是 NPV_1 和 NPV_2 对应的收益率。

IRR 计算公式：

$$\frac{IRR - i_1}{(i_2 - i_1)} = \frac{NPV_1}{NPV_1 + |NPV_2|} \Rightarrow IRR = i_1 + \frac{NPV_1}{NPV_1 + |NPV_2|}(i_2 - i_1)$$

平衡点和无差异分析：

内部收益率（*IRR*）是使得 $NPV = 0$ 的折现率。

$$0 = -5.0 + \frac{1.3}{1 + IRR} + \frac{1.3}{(1 + IRR)^2} + \cdots\cdots + \frac{1.3}{(1 + IRR)^6} + \frac{3.5}{(1 + IRR)^7}$$

当内部收益率大于该项目所要求的临界收益率时，接受该项目，否则拒绝该项目。当存在两个或两个以上互相排斥的项目时，选择内部收益率高的项目。

关于内部收益率的一些问题：

1. 项目内部收益率的唯一性问题

（1）常规项目（净现金流量的正负号在项目寿命期内仅有一次变化）IRR 有唯一实数解。

（2）非常规项目（净现金流量的正负号在项目寿命期内有多次变化）计算 IRR 的方程可能但不一定有多个实数解。对非常规项目，须根据 IRR 的经济含义对计算出的 IRR 进行检验，以确定是否能用 IRR 评价该项目。

2. 内部收益率指标是一个相对投资指标，而未考虑投资规模对投资决策的影响（表 6－3）

表 6－3 IRR 与投资规模

时期	0	1	2	IRR	NPV
项目 A	－100	20	120	20%	17.4
项目 B	－1000	150	1150	15%	86.8
资本成本＝10%（B 规模更大）					

3. 现金流发生的时间不同，用 IRR 和 NPV 得出的结论可能不同（表 6－4）

表 6－4 IRR 与 NPV 结论比较

时期	0	1	2	3	4	5	IRR	NPV
项目 C	－9000	6000	5000	4000			33%	4005
项目 D	－9000	3600	3600	3600	3600	3600	29%	4646

4. 期限不同的项目分析

如果要在两个具有相同期限的竞争性项目之间进行选择，我们可以简单地选择 NPV 高的那个项目。但如果两个项目有不同的期限，比如说，一个是 5 年，一个是 8 年，那就很难对它们进行比较。使用等价年金成本（equivalent annual cost）或年金化成本（annualized capital cost，ACC）就是针对这一问题的解决方法。它定义为与初始投资具有相同现值的年金现金流。

例：资本成本为10%，某项目的净现金流如表6－5。

表6－5　某项目的净现金流

年度	0	1	2	3	4	5
项目净现金流	(5.0)	0.025	0.025	0.025	0.025	0.025

$$PV(Cost) = -5.0 + \frac{0.025}{1.1} + \frac{0.025}{1.1^2} + \cdots + \frac{0.025}{1.1^5} = -4.905230$$

等价年金成本：

$$-4.905230 = \frac{ACC}{1.1} + \frac{ACC}{1.1^2} + \cdots + \frac{ACC}{1.1^5}, ACC = -1.2940$$

（五）其他投资决策指标

（1）平均会计利润率（accounting average rate of return，ARR）。

$$ARR = \frac{\text{项目期限内的平均利润}}{(\text{初始投资额} + \text{项目结束时的残值}) \div 2}$$

（2）现值指数（present index，PI）。

$$PI = \frac{\text{未来收益现值}}{\text{初始投资额}}$$

（六）其他影响投资决策的因素：资本限量决策

资本限量决策是指在投资资金有限的情况下，选择给企业带来最大投资收益的投资组合。资本限量产生的原因主要为：企业无法筹措到足够的资金、企业因各种原因限制投资项目。

例：资本限量60万元，项目投资及净现值如表6－6。

表6－6　项目投资及净现值列表

项目	初始投资额	净现值
A	40	6
B	25	4
C	35	3
D	30	3
E	10	1
F	20	－1

四、项目不确定性分析

主要的项目不确定性分析方法有：①盈亏平衡分析，确定盈利与亏损的临界点；②敏感性分析，分析不确定因素可能导致的后果；③概率分析，对项目风险做直观的定量判断；④蒙特卡罗模拟等。

项目净现值的概率描述：假定 A、B、C 是影响项目现金流的不确定因素，它们分别有 l、m、n 种可能出现的状态，且相互独立，则项目现金流 k 有 $l \times m \times n$ 种可能的状态。根据各种状态所对应的现金流，可计算出相应的净现值。

设在第 j 种状态下项目的净现值为 $NPV^{(j)}$，第 j 种状态发生的概率为 P_j，则项目净现值的期望值与方差分别为：

$$E(NPV) = \sum_{j=1}^{k} NPV^{(j)} \cdot P_j$$

$$D(NPV) = \sum_{j=1}^{k} [NPV^{(j)} - E(NPV)]^2 \cdot P_j$$

小资料

项目投资价值分析报告的框架

第一部分　概述

项目名称：××××

项目单位：××××

一、企业简介

1. 目标企业的历史沿革，隶属关系，企业性质及制度，目前职工人数。

2. 地理位置，占地面积；主要原材料及产品的交通运输条件（铁路、公路、码头和航空港口等），运输方式。

3. 年设计及实际生产能力，运营状况。

4. 产品种类，主导产品名称及产量。

5. 能源供应条件（水、电、汽、气、冷冻等）配套情况。

6. 主要原、辅、燃料的供应量及距离，费用情况。

7. 产品质量状况及产品在国内、国外市场的定位与知名度。

8. 产品出口量、主要国家和国外市场份额。

二、项目概要

三、简要分析结论

第二部分　团队和管理

一、主要股东情况

二、主要管理人员情况

三、主要技术负责人及技术骨干情况

四、管理及员工

管理及人力资源评价指标

1. 内部调控是否合理。
2. 管理组织体系是否健全。
3. 管理层是否稳定团结。
4. 管理层对市场拓展、技术开发的重视程度。
5. 有否科学的人才培训计划。
6. 各层面的执行情况。

第三部分　产品和技术

一、产品介绍

二、产品应用领域及性能特点

三、主要技术内容及技术指标

四、有关竞争产品及情况

五、国内外技术发展状况

产品评价指标

1. 产品是否具有独特性，难以替代。
2. 产品的开发周期。
3. 产品的市场潜力。
4. 产品的产业化情况。
5. 产品结构是否合理。
6. 产品的生产途径。

技术评价指标

1. 技术的专有性（技术来源）。
2. 技术的保密性（专利保护）。
3. 技术的领先性。

技术开发

1. 技术开发投入占总收入的比重。
2. 技术开发体系与机构。
3. 技术储备情况。

第四部分　市场及竞争分析

一、市场需求

二、目前的市场状况

产品市场分布

三、产品应用市场前景分析

四、产品市场需求预测

五、产品市场竞争力分析

1. 产品质量竞争力分析。

2. 生产成本竞争力分析。

3. 产品技术竞争力分析。

六、主要竞争对手分析

1. 国内主要竞争对手分析，列出前20名，做出竞争对手一览表。

2. 国外竞争对手分析。

3. 潜在竞争对手分析。

七、市场竞争状况分析

1. 市场垄断情况。

2. 该行业是否存在剩余生产能力，目前是什么情形。

3. 该行业转换成本高低。

4. 该行业进入壁垒与退出壁垒。

八、企业发展趋势与行业发展趋势比较

1. 技术发展趋势比较。

2. 产品结构发展趋势比较。

3. 价格发展趋势比较。

4. 替代品的研究与开发，替代品的性能价格比，替代品对产业的威胁。

第五部分　建设内容及产品方案

一、建设内容

二、投资预算

三、产品方案

第六部分　融资需求及股权设计

一、融资方式

二、融资金额

三、股权设置方案

四、融资条件

五、资金使用计划

第七部分　财务状况

一、历史财务报表分析与考查

1. 损益表。

（1）营业收入确认政策，收入分部门、分地区情况。

（2）利润构成考察。

（3）企业产品销售成本构成：直接材料、直接人工与制造费用明细。

（4）企业管理费用、财务费用和销售费用明细及间接费用分配政策。

（5）企业利润分配政策及历年利润分配情况说明。

（6）税率和面临的赋税负担。

2. 现金流量表与融资。

（1）现金收入与构成。

（2）现金支出与构成。

（3）折旧与摊销政策及折旧与摊销金额。

（4）资本支出与营运资金支出。

（5）自由现金流量、融资需求与融资额。

3. 资产负债表。

（1）考察核实现金及现金等价物余额及本期变动情况。

（2）存货明细及存货可变现净值考查，存货管理办法及管理效果，存货账面值与盘点记录比较。

（3）应收账款明细及相关管理措施：账目集中、欠款追逃、质量、准备金、疑问账目、注销记录、追索、过期账目、账令分析、应收账款政策。

（4）固定资产明细，历史成本与可变现价值，折旧政策等。

（5）长期投资明细及长期管理办法。

（6）银行长短期借款明细。

（7）应付账款明细。

4. 合并财务报表考查。

5. 积压未交订货摘要。

6. 主要合同摘要。

二、未来五年财务预测

1. 公司业务计划、主要客户摘要及主要业务部门资料。

2. 损益表预测：从销售出发，考察预测数据并评价预测假设；合并财务报表。

3. 现金流量表预测：主要考察投资需求、资本支出维持水平、计划资本支出、计划折旧和摊销时间表、融资需求、产生净现金的能力。

4. 资产负债表预测：主要考察各主要账户的估计变动、固定资产变动、负债、流动负债变动情况及变动的合理性，与销售和损益的对照。

三、财务主要考察指标

1. 安全性

（1）资产负债率。

（2）有形净资产。

（3）有形净值债务率。

（4）利息保障倍数。

2. 流动性

（1）流动比率。

（2）速动比率。

3. 盈利性

（1）主营业务收入。

（2）销售毛利率。

（3）净资产收益率。

4. 效率性

（1）存货周转率。

（2）应收账周转率。

（3）总资产周转率。

第八部分　经营预测和经济效益评价

一、经营预测

二、经济效益评价

第九部分　投资退出和回报

一、公开上市

二、协议转让

三、管理层回购

四、其他退出回报

第十部分　主要风险因素及对策

一、经营管理风险

二、市场和竞争风险

三、技术研发和生产风险

四、退出风险

五、财务风险

第十一部分　结论和建议

一、可行性研究结论

二、建议

做好投资协议具体条款的谈判和拟定工作，切实保障各方的利益。推荐合适人员进入董事会，派出管理人员实现增值服务，为以后的管理运作打下坚实的基础。

第二节　项目融资

一、项目融资介绍

项目融资始于20世纪30年代美国油田开发项目，后来逐渐扩大范围，广泛应用于石油、天然气、煤炭、铜、铝等矿产资源的开发。发展阶段分为20世纪50～60年代的石油开发和20世纪70年代以后的基础设施建设。到20世纪80年代，发展中国家基础设施项目开始使用项目融资，近年来，在发达国家，随着对基础设施需求的减少，项目融资重点正转向其他方向。

世界最大的、年产80万吨铜的智利埃斯康迪达铜矿，就是通过项目融资实现开发的。项目融资作为国际大型矿业开发项目的一种重要的融资方式，是以项目本身良好的经营状况和项目建成、投入使用后的现金流量作为还款保证来融资的。它不需要以投资者的信用或有形资产作为担保，也不需要政府部门的还款承诺，贷款的发放对象是专门为项目融资和经营而成立的项目公司。

我国早期的项目融资。早在1983年，香港投资商胡应湘带领其合和集团在深圳投资建设“沙角B火力电厂”项目，20世纪90年代中期，项目融资在我国得到较大发展。国内已有的一些项目采用建设—运营—转让（Build－operate－transfer，BOT）方式进行融资，其中已建成或正在建设的项目主要是电厂、交通和环保项目。电厂项目有日照电厂、深圳电厂等；交通项目有北京长城轻轨铁路、广州轻轨铁路、武汉城市铁路等；环保项目有大闸污水处理厂等。

国家体育场项目：

- 由中国中信集团公司作为牵头方的中信集团联合体与北京市国有资产经营有限责任公司共同组建项目公司，负责项目的融资、建设和赛后的运营、维护和移交等（表6－7）。

表6－7　项目融资结构

出资方		出资比例（%）
北京市国有资产经营有限责任公司		58
中信集团联合体	中信公司	27.30
	北京城建集团	12.60
	美国金州集团	2.10

● 2003年8月9日，中信集团联合体分别与北京市人民政府、北京奥组委、北京市国有资产经营有限责任公司分别签署了特许权协议、国家体育场协议和合作经营合同。

● 项目公司将获得2008年奥运会后30年的国家体育场经营权，中信集团联合体通过30年的运行回收投资，2038年将国家体育场移交给北京市人民政府或其指定的接收人。

二、项目融资方式

（一）无追索权的项目融资

无追索权的项目融资也称为纯粹的项目融资，在这种融资方式下，贷款的还本付息完全依靠项目的经营效益。同时，贷款银行为保障自身的利益必须从该项目拥有的资产取得物权担保。如果该项目由于种种原因未能建成或经营失败，其资产或收益不足以清偿全部的贷款时，贷款银行无权向该项目的主办人追索。

（二）有追索权的项目融资

除了以贷款项目的经营收益作为还款来源和取得物权担保，贷款银行还要求有项目实体以外的第三方提供担保。贷款银行有权向第三方担保人追索。但担保人承担债务的责任，以他们各自提供的担保金额为限，所以称为有限追索权的项目融资。

尽管对项目融资的定义存在着一些差异，但是一般来说，项目融资包含以下要素：

（1）项目融资在一定程度上依赖于项目的资产和现金流量，贷款人对项目的发起人（在一些例子中，即借款人）没有完全的追索权。

（2）贷款人需要对项目的技术和经济效益、项目发起人和经营者的实力进行评估，并对正在建设或运营中的项目本身进行监控。

（3）有关项目融资的贷款和担保文件很复杂，并且需要经常对融资结构进行创新。

（4）项目融资中的贷款人因承担项目风险——通常表现为政治风险，因而要求较高的资金回报和费用。

三、项目融资与其他融资的差别

项目融资用来保证贷款偿还的依据是项目未来的现金流量和项目本身的资产价值，而非项目投资人自身的资信。项目融资具有以下特点。

（一）有限追索或无追索

在其他融资方式中，投资者向金融机构的贷款尽管是用于项目，但是债务人是投资者而不是项目，整个投资者的资产都可能用于提供担保或偿还债务；也就是说债权人对债务有完全的追索权，即使项目失败也必须由投资者还贷，因而贷款的风险对金融机构来讲相对较小。在项目融资中，投资者只承担有限的债务责任，贷款银行一般可以在贷款的某个特定阶段（如项目的建设期）或特定范围对投资者实行追索，而一旦项目达到完工标准，贷款将变成无追索。

无追索权的项目融资是指贷款银行对投资者无任何追索权，只能依靠项目所产生的收益作为偿还贷款本金和利息的唯一来源，最早在20世纪30年代美国得克萨斯油田开发项目中应用。由于贷款银行承担风险较高、审贷程序复杂、效率较低等原因，目前已较少使用。

（二）融资风险分散，担保结构复杂

由于项目融资资金需求量大，风险高，所以往往由多家金融机构参与提供资金，并通过书面协议明确各金融机构承担风险的程度，一般还会形成结构严谨而复杂的担保体系。如澳大利亚波特兰铝厂项目，由5家澳大利亚银行以及比利时国民银行、美国信孚银行等多家金融机构参与运作。

（三）融资比例大，融资成本高

项目融资主要考虑项目未来能否产生足够的现金流量偿还贷款以及项目自身风险等因素，对投资者投入的权益资本金数量没有太多要求，因此绝大部分资金是依靠银行贷款来筹集的，在某些项目中甚至可以做到100%的融资。

由于项目融资风险高，融资结构、担保体系复杂，参与方较多，因此前期需要做大量协议签署、风险分担、咨询顾问的工作，发生各种融资顾问费、成本费、承诺费、律师费等。另外，由于风险的因素，项目融资的利息一般也要高出同等条件抵押贷款的利息，这些都是导致项目融资与其他融资方式相比融资成本较高的原因。

（四）实现资产负债表外融资

项目的债务不表现在投资者公司的资产负债表中。资产负债表外融资对于项目投资者的价值在于使某些财力有限的公司能够从事更多的投资，特别是一个公司在从事超过自身资产规模的投资时，这种融资方式的价值就会充分体现出来。这一点对于规模相对较小的我国矿业集团进行国际矿业开发和资本运作具有重要意义。由于矿业开发项目的建设周期和投资回收周期都比较长，如果项目贷款全部反映在投资者公司的资产负债表上，很可能造成资产负债比失衡，影响公司未来的筹资能力。

（五）项目融资与其他有限追索权融资的区别

在项目融资中，担保常采用项目有形资产抵押和项目现金流量转让的方式。

与一般的有限追索权融资不同，项目融资还要求考虑项目技术可行性和经济效益的

可靠性。在技术测试中，可能涉及更高深的技术，因此项目的竣工风险很大。在经济效益测算中，项目有形资产的价值可能大大小于项目先期使用的资金，因此，准确测算项目经济效益是至关重要的。此外，必须解决在贷款人和项目的其他参与方之间风险分担的问题，随着项目的进展，从一个阶段到另一个阶段，风险分担可能会不同。

四、项目融资的参与者

由于项目融资的结构复杂，因此参与融资的利益主体也较传统的融资方式要多。概括起来主要包括项目公司、项目投资者、银行等金融机构、项目产品的购买者、项目承包工程公司、材料供应商、融资顾问、项目管理公司等。

项目公司是直接参与项目建设和管理，并承担债务责任的法律实体，也是组织和协调整个项目开发建设的核心。项目投资者拥有项目公司的全部或部分股权，除提供部分股本资金外，还需要以直接或间接担保的形式为项目公司提供一定的信用支持。金融机构（包括银行、租赁公司、出口信贷机构等）是项目融资资金来源的主要提供者，可以是一两家银行，也可以是由十几家银行组成的银团。

项目融资过程中的许多工作需要具有专门技能的人来完成，而大多数的项目投资者不具备这方面的经验和资源，需要聘请专业融资顾问。融资顾问在项目融资中发挥重要的作用，在一定程度上影响项目融资的成败。融资顾问通常由投资银行、财务公司或商业银行融资部门来担任。

项目产品的购买者在项目融资中发挥着重要的作用。项目产品的销售一般通过事先与购买者签订的长期销售协议来实现。这种长期销售协议形成的未来稳定现金流构成银行融资的信用基础。特别是资源性项目的开发受到国际市场需求变化影响，价格波动较大，能否签订一个稳定的、符合贷款银行要求的产品长期销售协议往往成为项目融资成功实施的关键。如澳大利亚的阿施顿矿业公司开发的阿盖尔钻石项目，欲采用项目融资的方式筹集资金。由于参与融资的银行认为钻石的市场价格和销售存在风险，融资工作迟迟难以完成，但是当该公司与伦敦信誉良好的钻石销售商签订了长期包销协议之后，阿施顿矿业公司很快就获得了银行的贷款。

五、项目融资的应用流程

项目融资一般要经历融资结构分析、融资谈判和融资执行三个阶段。

（一）融资结构分析阶段

通过对项目深入而广泛的研究，项目融资顾问协助投资者制订出融资方案，签订相关谅解备忘录、保密协议等，并成立项目公司。

（二）融资谈判阶段

融资顾问将代表投资者与银行等金融机构接洽，提供项目资料及融资可行性研究报告。金融机构经过现场考察、尽职调查及多轮谈判后，将与投资者共同起草融资的有关文件。同时，投资者还需要按照金融机构的要求签署有关销售协议、担保协议等文件。整个过程需要经过多次的反复谈判和协商，既要在最大限度上保护投资者的利益，又能为金融机构所接受。

（三）融资执行阶段

由于金融机构承担了项目的风险，因此会加大对项目执行过程的监管力度。通常金融机构会监督项目的进展，并根据融资文件的规定，参与部分项目的决策程序，管理和控制项目的贷款资金投入和现金流量。通过金融机构的参与，在某种程度上也会帮助项目投资者加强对项目风险的控制和管理，从而使参与各方实现风险共担、利益共享。

随着国内资源企业走出去的步伐加快，项目融资的多元融资和风险分担优势越发显现出来，因此企业有必要尽快了解项目融资的特点、优势，并不断摸索、掌握项目融资的流程和步骤，提高融资能力，为境外矿产资源的顺利开发及自身的迅速发展获取资金保障。

六、项目融资模式及创新

（一）筹资渠道与筹资方式

筹资渠道是指筹集资金的来源与通道，企业筹集资金的渠道包括国家财政资金、企业自有资金、银行信贷资金、非银行金融机构资金、其他企业资金、民间资金与国外资金。

从筹集资金来源的角度看，筹资渠道可以分为企业的内部筹资渠道和外部筹资渠道。

（1）内部筹资渠道。内部筹资渠道是指从企业内部开辟资金来源。从企业内部开辟资金来源有三个方面：企业自由资金、企业应付税利和利息、企业未使用或未分配的专项基金。一般在企业购并中，企业都尽可能选择这一渠道，因为这种方式保密性好，企业不必向外支付借款成本，因而风险很小。

（2）外部筹资渠道。外部筹资渠道是指企业从外部所开辟的资金来源，其主要包括银行信贷资金、非银行金融机构资金、其他企业资金、民间资金和国外资金。从企业外部筹资具有速度快、弹性大、资金量大的优点，因此，在购并过程中一般是筹集资金的主要来源。但其缺点是保密性差，企业需要负担高额成本，因此产生较高的风险，在使用过程中应当注意。

筹资方式是指企业筹集资金所采取的具体形式。企业筹集资金的方式包括直接投资、发行股票、银行借款、发行债券、商业信用、融资租赁、BOT以及资产证券化等方式。筹资方式与筹资渠道的对应关系如表6-8。

表6-8 筹资方式与筹资渠道的对应关系表

	直接投资	发行股票	银行借款	发行债券	商业信用	融资租赁	BOT	资产证券化
国家财政资金	√	√						√
企业自有资金	√	√						√
银行信贷资金	√		√					√
非银行金融机构资金	√	√		√		√	√	√
其他企业资金	√	√		√	√	√	√	√
民间资金	√	√		√			√	√
国外资金	√	√		√		√	√	√

（二）融资方式

（1）借款融资。企业可以向银行、非银行金融机构借款以满足购并的需要。这一方式手续简便，企业可以在较短时间内取得所需的资金，保密性也很好。但企业需要负担固定利息，到期必须还本归息，如果企业不能合理安排还贷资金就会引起企业财务状况的恶化。

（2）发行债券融资。债券是企业筹集资本，按法定程序发行并承担在指定的时间内支付一定的利息和偿还本金的有价证券。这一方式与借款有很大的共同点，但债券融资的来源更广，筹集资金的余地更大。

（3）普通股融资。普通股是股份公司资本构成中最基本、最主要的股份。普通股不需要还本，股息也不需要像借款和债券一样需要定期定额支付，因此风险很低。但采取这一方式融资会引起原有股东控制权的分散。

（4）优先股融资。

（5）可转换证券融资。可转换证券是指可以被持有人转换为普通股的债券或优先股。可转换证券由于具有转换成普通股的利益，因此其成本一般较低，且可转换证券到期转换成普通股后，企业就不必还本，而获得长期使用的资本。但这一方式可能会引起企业控制权的分散，且如到期后股价大涨而高于转换价格时会使企业蒙受财务损失。

（6）购股权证融资。购股权证是一种由企业发行的长期选择权，允许持有人按某一特定价格买入既定数量的股票。购股权证一般随企业长期债券一起发行，以吸引投资者购买利率低于正常水平的长期债券。

（三）项目融资成本

融资成本指企业或项目实体为筹集和使用资金而付出的费用。对于新筹集的资金，亦可称为筹资成本。

融资成本是资金所有权与资金使用权分离的产物，融资成本的实质是资金使用者支付给资金所有者的报酬。企业融资是一种市场交易行为，有交易就会有交易费用。资金使用者为了能够获得资金使用权，就必须支付相关的费用，如委托金融机构代理发行股票、债券而支付的注册费和代理费，向银行借款支付的手续费等。

从这个角度看，融资成本实际上包括两部分，即融资费用和资金使用费。融资费用是企业在资金筹资过程中发生的各种费用；资金使用费是指企业因使用资金而向其提供者支付的报酬，如股票融资向股东支付股息、红利，发行债券和借款支付的利息，借用资产支付的租金等。

要强调的是，融资成本的含义仅仅是企业融资的财务成本，或称显性成本。除了财务成本，企业融资还存在机会成本。机会成本是经济学的一个重要概念，它是指把某种资源用于某种特定用途而放弃的其他各种用途中的最高收益。机会成本非常关键，企业使用自有资金一般是“无偿”的，它无须实际对外支付融资成本。但是，如果从社会各种投资或资本所取得平均收益的角度看，自有资金也应在使用后取得相应的报酬，这和其他融资方式应该是没有区别的，所不同的只是自有资金不需对外支付，而其他融资方式必须对外支付。

融资成本具体表现为贷款成本、债券成本、股权融资成本、加权平均资本成本等。

1. 贷款成本

实际利率计算公式：

$$i = (1 + r/m)^m - 1$$

式中：i——实际利率；

r——名义利率；

m——计息周期。

2. 债券成本

$$B_0 = \sum_{i=1}^{n} \frac{I}{(1 + K_b)^t} + \frac{M}{(1 + K_b)^n}$$

式中：B_0——债券当前的市场价格；

I——债券应得的年利息（面值×息票利率）；

M——债券面值；

K_b——投资者对债券的期望收益率；

n——现在至债券到期的年限。

若所得税率为 T，债券的税后资金成本为 K_b（$1-T$）。

对于新发行的债券，还应计入发行成本。若发行成本为f，则债券的税前成本K_b'按下式计算：

$$B_0 - f = \sum_{i=1}^{n} \frac{I}{(1+K_b')^t} + \frac{M}{(1+K_b')^n}$$

税后成本为$K_b'(1-\mathrm{T})$。

3. **股权融资成本**

股权融资成本必须根据资本资产定价模型（CAPM）来计算。CAPM模型就是：

$$R_i = R_f + \beta_i(R_m - R_f)$$

式中：R_i——在给定风险水平下股票i的合理投资收益率；

R_f——无风险投资收益率；

β_i——项目的风险矫正系数，用资本市场同一行业相似企业的贝塔系数表示；

R_m——资本市场的平均投资收益率（较长时期股价指数收益率）。

4. **加权平均资金成本**

加权平均资金成本（weighted average cost of capital，WACC）：

$$WACC = \sum_{i=1}^{n} W_i K_i$$

式中：W_i——第i种资金在总筹资额中所占比例；

K_i——第i种资金的资金成本。

（四）融资比例

影响融资比例的主要因素是财务杠杆和财务风险。用全部投资收益率R_I、自有资金收益率R_E和贷款利率R_L三者的关系来说明财务杠杆和财务风险。

全部投资为I，自有资金（或权益资本）为E，贷款为L，则有：

$$I = E + L$$

自有资金收益率为：

$$R_E = \frac{I \cdot R_I - L \cdot R_L}{E}$$

$$= R_I + \frac{L}{E}(R_I - R_L)$$

只要$R_I \geqslant R_L$，即全部投资收益率大于或等于贷款利率，必然有$R_E \geqslant R_I$，即自有资金收益率大于或等于全部投资收益率。

贷款和自有资金的比例L/E使（$R_I - R_L$）成倍数放大，这就是财务杠杆的作用，贷款越多，放大作用越大。若$R_I < R_L$，则$R_E < R_I$，财务杠杆使自有资金收益率R_E大大降低，企业就有财务风险，即企业由于举债筹资而增加的股东的风险。

企业借债可利用财务杠杆提高自有资金收益率，使股东得到较高的投资回报。但随着债务的增加，债务利息增加，还债负担增加，若再加上经营状况恶化，销售收入减少，则企业会发生财务危机。债务占总资本的比例越高，财务风险越大。因此，企业要在债务筹资引起的收益和风险之间衡量，选取合适的债务比例。

影响资本结构的主要因素：

（1）资金的可获得性。

（2）经营杠杆和经营风险。

（3）贷款人和信用评级机构的态度。

（4）保持借债储备能力。

（5）资产的性质。

（6）企业的获利能力。

（7）企业经营的长期性和稳定性。

（8）企业所得税率。

七、一些特色的融资方式及创新

（一）可转换债券

定义：指发行公司依据法定程序发行，在一定时间内依据约定的条件可以转换成股份的债券。可转换债券是一种混合型的债券。当投资者不太清楚发行公司的发展潜力及前景时，可先投资于这种债券。待发行公司经营业绩显著、经营前景乐观、其股票行市看涨时，则可将债券转换为股票，以受益于公司的发展。对于投资者来说，可转换债券是多了一种投资选择的机会。因此，即使可转换债券的收益比一般债券收益低些，但在投资机会选择的权衡中，这种债券仍然受到投资者的欢迎。可转换债券在国外债券市场上颇为盛行。可转换债券最初产生于19世纪末，到20世纪70年代，高通胀盛行，债券持有者开始寻找保护自己收益的投资工具，可转换债券才真正得到大规模的发展。从20世纪70年代初到80年代初，可转换债券逐步发展成熟。可转换债券已成为重要的项目融资工具之一。

可转换债券在发行时预先规定有三个基本转换条件：①转换价格或转换比率；②转换时发行的股票内容；③请求转换期间。

可转换债券持有人行使转换权利时，须按这三个基本转换条件进行。

1. 可转换债券在发行时的条件

这种条件是与这种债券具有转换权联系在一起的。要将这种债券转换成同一个发行人即同一家公司的股票，那么就要求这个公司既有发行公司债券的能力，又有公开发行股票的能力，这个公司应该是一个能向社会公开募集股份的股份有限公司。所以，上市公司经股东大会决议可以发行可转换为股票的债券，并在公司债券募集办法中规定具体的转换办法；发行可转换债券的公司，应当既按发行公司债券的要求，又按发行股票的要求申请批准、核准；发行可转换债券的公司，除具备发行公司债券的条件外，还应当符合股票发行的条件。

2. **可转换债券的优势**

（1）对投资者来说，可转换债券是一种独特的混合型证券，其融合了不可分割的债券和股本元素。投资者购买可转换债券，可以使手上的投资工具变得更加灵活，投资的选择余地也变得更加宽阔。如投资者既可持有该债券，获取债息，也可在债市上转手；既可以在一定条件下换成股票，获取股息、红利，也可以在股市上买卖赚取差价。因此，该债券对投资者具有很大的吸引力。

（2）对发行公司来说，可转换债券可降低或限制融资成本，改善公司的负债状况，是一种灵活而富有吸引力的融资工具。

（3）可转换债券增加了市场的投资选择品种，为投资者或发行公司提供了形式多样的选择权。

（二）境外债券

我国政府、金融机构和企业在国外向外国投资者发行的外币债券称为境外债券。

发行境外债券前，发行人首先经过国外评级机构的评级，然后委托承销团确定发行条件，包括金额、偿还期、利率、发行价格、发行费用等。发行后的债券可在二级市场上流通。

目前世界上主要的国际债券市场有：

- 美国的外国债券市场。
- 日本的外国债券市场。
- 瑞士的外国债券市场。

瑞士外国债券（法郎）的发行方式分为公募和私募两种。瑞士银行、瑞士信贷银行和瑞士联合银行是发行公募债券的包销者。私募发行没有固定的包销团，而是由牵头银行公开刊登广告推销，并允许在转手市场上转让。但是至今为止，瑞士政府不允许瑞士法郎债券的实体票据流到国外，必须按照瑞士中央银行的规定，由牵头银行将其存入瑞士国家银行保管。

- 欧洲债券市场。

欧洲美元债券市场。欧洲美元债券是指在美国境外发行的以美元为面额的债券。欧洲美元债券在欧洲债券中所占的比例最大。

欧洲日元债券市场。欧洲日元债券是指在日本境外发行的以日元为面额的债券。欧洲日元债券的发行不须经过层层机构的审批，但须得到日本大藏省的批准。发行欧洲日元债券不必准备大量的文件，发行费用也较低。

（三）项目融资方式的创新

1. **PPP 模式**

PPP 即 Public - Private - Partnership 的字母缩写，通常译为“公共私营合作制”，是指

政府与私人组织之间，为了合作建设城市基础设施项目，或是为了提供某种公共物品和服务，以特许权协议为基础，彼此之间形成一种伙伴式的合作关系，并通过签署合同来明确双方的权利和义务，以确保合作的顺利完成，最终使合作各方达到比单独行动更为有利的结果。

PPP 模式是在公共基础设施建设中发展起来的一种优化的项目融资与实施模式，这是一种以各参与方的“双赢”或“多赢”为合作理念的现代融资模式。其典型的结构为：政府部门或地方政府通过政府采购形式与中标单位组成的特殊目的公司签订特许合同（特殊目的公司一般是由中标的建筑公司、服务经营公司或对项目进行投资的第三方组成的股份有限公司），由特殊目的公司负责筹资、建设及经营。政府通常与提供贷款的金融机构达成一个直接协议，这个协议不是对项目进行担保的协议，而是一个向借贷机构承诺将按与特殊目的公司签订的合同支付有关费用的协议，这个协议使特殊目的公司能比较顺利地获得金融机构的贷款。采用这种融资形式的实质是：政府通过给予私人组织长期的特许经营权和收益权来换取加快基础设施建设及有效运营。

2. BOT 模式

BOT 模式是指由政府与私人企业签订项目特许经营协议，授权签约方的私人企业承担某基础设施的融资、建设和经营，在协议规定的特许期内，项目公司向建设设施的使用者收取费用，用于收回投资成本，并取得合理的收益，特许期结束后，签约方的私人企业将这项基础设施无偿转让给政府。

BOT 模式的参与者：

（1）项目发起人。作为项目发起人，首先应作为股东，分担一定的项目开发费用。在 BOT 项目方案确定时，就应明确债务和股本的比例，项目发起人应做出一定的股本承诺。项目发起人拥有股东大会的投票权和特许协议中列出的资产转让条款所表明的权力，即当政府有意转让资产时，股东拥有除债权人之外的第二优先权，从而保证项目公司不被怀有敌意的人控制，保护项目发起人的利益。

（2）项目公司。项目公司是为了项目建设和满足市场需求而建立的自主经营、自负盈亏的经营实体。

（3）债权人。债权人应提供项目公司所需的所有贷款，并按照协议规定的时间、方式支付。当政府计划转让资产或进行资产抵押时，债权人拥有获取资产和抵押权的第一优先权；项目公司若想举新债必须征得债权人的同意；债权人应获得合理的利息。

（4）产品购买商或接受服务者。产品购买商可以通过协议承购未来的产品和服务。在项目规划阶段，项目发起人或项目公司就应与产品购买商签订长期的产品购买合同。产品购买商必须有长期的盈利历史和良好的信誉保证，并且其购买产品的期限至少与 BOT 项目的贷款期限相同，产品的价格也应保证使项目公司足以回收股本、支付贷款本息和股息，并有利润可赚。

（5）承建商。承建商负责项目工程的设计和建设，还可以通过合同将自己的部分工作分包给分包商。

（6）供应商。供应商负责设备与原材料的供应，供应商必须具有良好的信誉和较强而稳定的盈利能力，能提供至少不短于还贷期的一段时间内的燃料（原料），同时供应价格应在供应协议中明确注明，并由政府和金融机构对供应商进行担保。

（7）担保受托方。贷款银行要求在东道国境外的资信较高的中立机构开设项目公司资产与收益账户，从而避免项目公司违约或转移资产。

（8）保险公司。保险公司主要承担分散一部分项目风险的工作。保险公司的责任是对项目中各个角色不愿承担的风险进行保险，包括建筑商风险、业务中断风险、整体责任风险、政治风险（战争、财产充公等），等等。由于这些风险不可预见性很强，造成的损失巨大，所以对保险商的财力、信用要求很高，一般的中小保险公司是没有能力承作此类保险的。

（9）政府。政府的作用是间接的，但很重要。政府对于 BOT 的态度及在 BOT 项目实施过程中给予的支持将直接影响项目的成败。

（10）其他参与方还包括财务融资顾问、律师、专家等。

融资过程主要有七个阶段：项目确定阶段、项目准备阶段、项目招标阶段、合同谈判阶段、建设阶段、经营阶段、转让阶段，也有的人将项目准备和招标合为一个阶段。项目公司的具体融资过程：

（1）项目发起方成立项目专设公司（项目公司），专设公司与东道国政府或有关政府部门达成项目特许协议。

（2）项目公司与承包商签订建设施工合同，接受保证金，同时接受分包商或供应商保证金的转让，与经营者签订经营协议。

（3）项目公司与商业银行签订贷款协议，与出口信用贷款人签订买方信贷协议，商业银行提供出口信用贷款担保，并接受项目担保。

（4）进入经营阶段后，项目公司把项目收入转移给一个担保信托。例如，销售合同收入，道路、桥梁、隧道的过桥费等。担保信托把这部分收入用于偿还银行贷款。

BOT 投资有如下优点：

（1）获得资金贷款，减少政府公共借款和直接投资，缓和政府的财政负担。

（2）风险分散，分散一部分风险到有关参与方，避免或减少政府投资可能带来的各种风险。

（3）有利于提高项目的运作效益。原因如下：一方面，BOT 项目一般都涉及巨额资金的投入和项目周期长所带来的风险，由于有私营企业的参与，贷款机构对项目的要求就会比对政府更严格；另一方面，私营企业为了减少风险，获得较多的收益，客观上会加强管理，控制造价，降低项目建设费用，缩短建造期。

（4）BOT 投资项目的运作可带来技术转让、培训本国人员、发展资本市场等相关利益。

（5）BOT投资整个运作过程都与法律、法规相联系，因此，利用BOT投资不但有利于培养各类专业人才，也有助于促进东道国法律制度的健全与完善。

BOT的衍生形式如表6－9。

表6－9 BOT的衍生形式

衍生形式	方式
Build – Operate – Transfer（BOT）	建设—经营—转让
Build – Own – Operate（BOO）	建设—拥有—经营
Build – Transfer – Operate（BTO）	建设—转让—经营
Build – Lease – Transfer（BLT）	建设—租赁—转让
Design – Build – Finance – Operate（DBFO）	设计—建设—融资—经营
Rehabilitate – Operate – Transfer（ROT）	改造—经营—转让
Purchase – Operate – Transfer（POT）	购买—经营—转让
Transfer – Operate – Transfer（TOT）	转让—经营—转让
Build – Own – Operate – Transfer（BOOT）	建设—拥有—经营—转让
Finance – Build – Own – Operate – Transfer（FBOOT）	融资—建设—拥有—经营—转让
Design – Build – Operate – Transfer（DBOT）	设计—建设—经营—转让

悉尼奥运会的项目融资模式如表6－10。

表6－10 悉尼奥运会的项目融资模式

项目	民间投资（百万美元）	政府投资（百万美元）	开发商	融资方式	期限（年）
奥运体育场	300	69	Multiplex公司	BOOT	31.5
奥运村	198	89	Mirva公司	BOOT	无限
悉尼圆顶体育馆	24	78	ABI集团	BOOT	31.5
商业酒店开发	31	2	Lend Lease Accor	BOT	99
其他	11	15			
合计	564	253			

数据转引自：何小锋，张春煜，王伟东，等．奥运金融工程［M］．北京：同心出版社，2004.

3. **TOT模式**

TOT（Transfer – Operate – Transfer），即“移交—经营—移交”方式，是指委托方（政府）与被委托方（外商或私人企业）签订协议，规定委托方将已建成投产运营的基础设施项目移交给被委托方，被委托方在一定期限内进行经营，委托方凭借所移交的基础设施项目的未来若干年的收益（现金流量），一次性地从被委托方那里融到一笔资金，再将这笔资金用于新的基础设施项目的建设，经营期满后，被委托方再将项目移交给委托方。

TOT 融资方式是 BOT 融资方式的新发展，也是企业进行收购与兼并所采取的一种特殊形式。从某种程度上讲，TOT 具备我国企业在并购过程中出现的一些特点，因此可以理解为基础设施企业或资产的收购与兼并。TOT 模式的流程大致是：首先，进行经营权转让，即把存量部分资产的经营权置换给投资者，双方约定一定的转让期限；其次，在此期限内，经营权受让方全权享有经营设施及资源所带来的收益；最后，转让期满后，再由经营权受让方移交给经营权转让方。它是相对于增量部分资源转让即 BOT 而言的，都是融资的方式和手段之一。

TOT 模式的优势：

- 与其他融资方式相比，TOT 项目融资方式有其独特的优势。与 BOT 项目融资方式比较，TOT 项目融资方式省去了建设环节，使项目经营者免去了建设阶段的风险，项目接手后就有收益。此外，由于项目收益已步入正常运转阶段，使得项目经营者通过把经营收益权向金融机构提供质押担保方式再融资，也变得容易多了。
- 具有很强的操作性，无须人民币即可自由兑换，也无须投融资体制的全部完善。
- 仅转让项目经营权，不涉及产权、股权的让渡，以避免不必要的争执和纠纷。
- 不存在外商对基础设施的长期控制问题，不会威胁国家安全。
- 可以避免上述 BOT 方式在建设方面存在的较高风险和大量矛盾。

TOT 模式的劣势：

没有改变基础设施建设阶段的政府垄断状况，不利于在建设阶段引进竞争机制等。

4. BT 模式

BT 是英文 Build（建设）和 Transfer（移交）缩写形式，意即“建设—移交”，是政府利用非政府资金来进行基础非经营性设施建设项目的一种融资模式。BT 模式是 BOT 模式的一种变换形式，指一个项目的运作通过项目公司总承包，融资、建设验收合格后移交给业主，业主向投资方支付项目总投资加上合理回报的过程。

BT 模式的运作：

（1）政府根据当地社会和经济发展需要对项目进行立项，完成项目建议书、可行性研究、筹划报批等前期工作，将项目融资和建设的特许权转让给投资方（依法注册成立的国有或私有建筑企业），银行或其他金融机构根据项目未来的收益情况和投资方的经济等实力情况为项目提供融资贷款，政府与投资方签订 BT 投资合同，投资方组建 BT 项目公司，投资方在建设期间行使业主职能，对项目进行融资、建设，并承担建设期间的风险。

（2）项目竣工后，按 BT 投资合同，投资方将完工验收合格的项目移交给政府，政府按约定总价（或计量总价加上合理回报）、按比例分期偿还投资方的融资和建设费用。

（3）政府在BT投资全过程中行使监管权，保证BT投资项目的顺利融资、建设、移交。投资方是否具有与项目规模相适应的实力，是BT项目能否顺利建设和移交的关键。

5. 资产证券化 ABS

资产证券化（asset-backed securities，ABS），是将原始权益人（卖方）缺乏流动性但能够产生可预见未来现金收入的资产构造转变成为资本市场可销售和流通的金融产品的过程。狭义的资产证券化是指将缺乏流动性但可以产生稳定的可预见未来现金流的资产，按照某种共同特征分类，形成资产组合，并以这些资产为担保发行，可在二级市场上交易的固定收益证券，据以融通资金的技术和过程。

1968年，美国政府国民抵押贷款协会首次发行抵押担保证券，标志着资产证券化的问世。20世纪80年代以来，资产证券化在美国迅速发展。至今，证券化的资产已遍及租金、版权、专利费、信用卡应收账款、汽车贷款、公路收费等广泛领域。除美国之外，欧洲是资产证券化发展最快的地区。法国在欧洲资产证券化市场的排位仅次于英国。除欧洲市场以外的其他地区，如加拿大、拉美、亚洲等地区的资产证券化发展速度也很快。

北美、欧洲和一些新兴市场证券化的资产包括居民住宅抵押贷款、私人资产抵押贷款/汽车销售抵押贷款/个人消费抵押贷款/学生贷款、人寿/健康保险单、信用卡应收款/转账卡应收款、计算机租赁/办公设备租赁/飞机租赁、商业房产抵押贷款/各类工商业抵押贷款等。

斯台普斯比赛场是一个资产证券化的例子。处于商业区的洛杉矶斯台普斯比赛场是同时期建造的所有比赛场设施中收入最多的一个。这个比赛场拥有160个套房，每年租金从197500美元到307500美元不等；10个发起人赞助者身份合约每年的净收益是5000万美元；命名权合约价值约1亿美元。仅这三项资产每年估计能创收4000万到4500万美元。像斯台普斯比赛场这样有能力创造如此大的现金流的设施对资产抵押债券来说是很有吸引力的。①

（1）资产证券化的特征。

资产证券化具有以下特征：资产必须具备一定的同质性，未来产生可预测的且稳定的现金流量，或有明确约定的契约性质的支付模式；有良好的信用记录，违约率低；本息的偿还完全分摊于整个资产存续期间；资产的债务人或贷款的借款人有广泛的地域和人口统计分布；资产的抵押物有较高的清算价值或对债务人的效用很高；有可理解的信用特征；资产的合同标准规范，条款清晰明确，避免不合规范的合同和因合同条款缺乏有效性、完备性而造成利益上的损失；资产的平均偿还期至少为一年。

（2）资产证券化融资方式的特点。

①结构型的融资方式。对证券化的基础资产进行分解：按照资产的期限、利率等特点，对资产进行分解、组合和定价，并重新分配风险与收益。

---

① HOWARD D R，CROMPTON J L. Financing Sport［J］. Fitness Information Technology，1995.

对银行的中介功能进行分解：将过去由银行一家承担的发放贷款、持有贷款、监督贷款使用和回收贷款本息等业务转化为多家机构共同参与的活动。

②收入导向型的融资方式。资产证券化的融资方式是凭借进行证券化的基础资产的未来收益来融资。投资者在决定是否购买资产担保证券时，主要依据的是基础资产的质量、未来现金收入流的可靠性和稳定性。

③表外融资方式。资产证券化融资一般要求将证券化的资产从资产持有者的资产负债表中剔除。

④低成本的融资方式。资产证券化运用成熟的交易架构和信用增级手段，改善了证券发行的条件；较高信用等级的资产担保证券在发行时不必通过折价销售或者提高发行利率等增加成本的手段来吸引投资者的投资意愿。一般情况下，资产担保证券总能以高于或等于面值的价格发行，支付的手续费也比原始权益人发行的类似证券低。

⑤低风险的融资方式。低风险的融资方式有别于产权融资的资产融资，其资产担保证券权益的偿还不以公司产权为基础，而仅以被证券化的资产为限。

分散借贷：通过资产证券化，发起人持有的金融资产转化为证券在市场上交易，实际是发起人最初贷出去的款项在市场上交易，这样就把原来由发起人独家承担的资产风险分散给多家投资者承担，从而起到了降低借贷风险的作用。

（3）资产证券化的参与者。

①发起人。发起人也称原始受益人，拥有权益资产的人。以抵押贷款为例，发起人发放贷款创造出将成为担保品的资产，确定证券化的基础资产，并真实出售给特殊目的实体。发起人主要有金融公司、商业银行、储蓄机构、计算机公司、航空公司、制造企业、保险公司和证券公司等。

②服务人。服务人指由发起人自身或指定银行承担，受托管理证券化基础资产，收取到期现金流；代替发行人向投资者或其代表支付证券利息、追索过期的应收账款等相关活动。

③发行人。发行人指中介公司或发起人的附属公司或投资银行。发行人按真实销售标准从发起人处购买基础资产，负责资产的重新组合，委托信用增级机构或自身对基础资产进行信用增级，聘请评级机构，选择服务人、受托管理人等为交易服务的中介机构，选择承销商代为发行资产担保证券。

④承销商。承销商负责证券发行，同时监控和支持这些证券在二级市场上的交易。

⑤信用评级机构。对资产担保证券进行评级，为投资者建立一个明确的、可以被理解和接受的信用标准，同时其严格的评级程序和标准为投资者提供了最佳保护，如穆迪、标准普尔等公司。

⑥信用增级机构。信用增级机构分为：内部信用增级，由发行人提供的两种基本方法，直接追索权和超额担保；外部信用增级，由与该项目无直接联系的第三者提供保险、设立基金等方法，提升信用。

信用增级机构可减少资产担保证券整体风险，提高资产担保证券的资信等级，提高其定价和上市能力，降低发行成本。信用增级机构一般由发行人或第三方担任。

⑦受托管理者。受托管理者负责收取和保存记录资产组合产生的现金收入，在扣除一定的服务费后，将本金和利息支付给资产担保证券的投资者。

⑧中介者。中介者指对发行资产担保证券提供咨询和相关服务的会计师事务所、律师事务所等机构。

⑨投资者。投资资产担保证券的投资者一般有银行、保险公司、养老基金、投资基金、其他金融机构及少数的个体投资者。

（4）资产证券化的流程（图6－4）。

①发起人必须对基础资产进行评估，根据自身的融资需求，确定资产证券化的目标数量，将具有某些共同特征的资产重新组合，形成资产池。

②组建特殊目的实体并把基础资产真实出售，或无追索权地出售给特殊目的实体。特殊目的实体购买资产后，进行资产有关管理工作。

③特殊目的实体或发行人要根据资产组合信用质量的评估和现金流量的分析，对来自资产组合的现金流量进行重新分配，设计具有不同期限、面额，不同风险级别，不同利率水平和形式，不同支付次序的证券。特殊目的实体与原始受益人签订服务合同，或与受托管理银行签订托管合同，或与银行达成提供流动性的周转协议，或与证券商签订承销合同，或聘请信用评级机构进行内部评级。

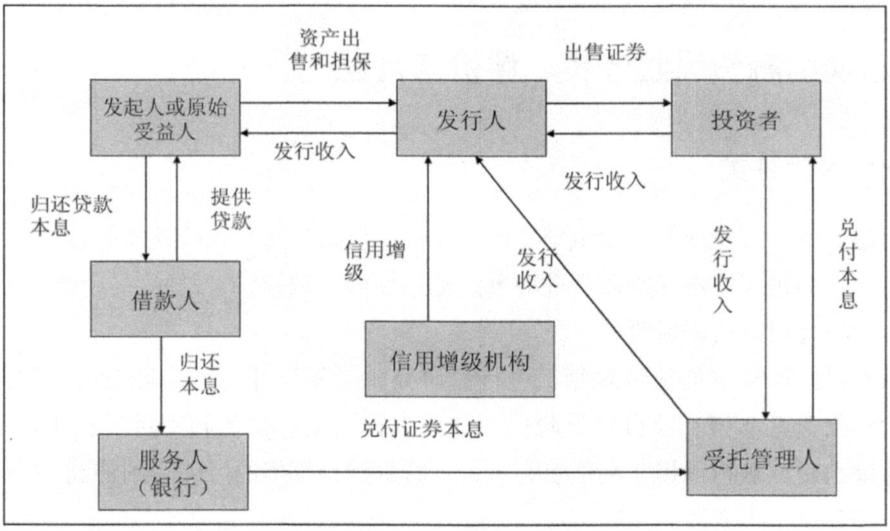

图6－4　资产证券化融资流程图

④信用增级。常见形式有第三方担保（第三方信用支持）、超额抵押、对发行人的追索权（全部或部分追索权）、优先或附属（次级）证券结构、现金储备。

⑤发行证券。发行人与证券承销机构达成证券承销协议，由证券承销机构向投资者

出售证券。证券发行完毕后即可上市交易。

⑥资产管理。受托管理人管理资产现金流。

⑦支付证券本息。受托管理人根据特殊目的实体的委托，在规定的每一证券偿付时间内，向投资者转递证券本息。资产担保证券全部偿付完毕后，如果资产组合产生的收入还有剩余，则这些剩余收入将返还给交易发起人。

6. 融资租赁

融资租赁又称设备租赁或现代租赁，是指实质上转移与资产所有权有关的全部或绝大部分风险和报酬的租赁，涉及船和飞机的融资租赁极为普遍。在美国和英国，相当数量的大型项目是通过融资租赁方式来筹措资金的。具体内容是指出租人根据承租人对租赁物件的特定要求和对供货人的选择，出资向供货人购买租赁物件，并租给承租人使用，承租人则分期向出租人支付租金，在租赁期内租赁物件的所有权属于出租人所有，承租人拥有租赁物件的使用权。租期届满，租金支付完毕并且承租人根据融资租赁合同的规定履行全部义务后，租赁物件所有权即转归承租人所有。

与一般的融资方式相比，项目发起人能通过融资租赁方式利用国家对工厂和机器的资本性投资的减税政策，从而降低成本。

除了税收方面的好处，融资租赁还有其他好处。例如，在没有可靠的担保法的国家，在为资产兼并提供资金时，租赁方式因其资产所有权归贷款人所有而具有很大优势。在项目融资中，当项目公司仅在项目建设或开发的一个特定阶段需要使用特定的资产时，也可以使用短期营运租赁。

八、项目融资风险分析、评价与管理

（一）风险种类

项目融资的全过程就是风险识别、风险评价、风险分摊和风险控制的过程。

随着项目的进展，不同阶段表现的风险也不一样。例如：

- 项目建设阶段的风险。

项目建设前所从事的项目规划、可行性研究、工程设计、地质勘探等工作所带来的风险由项目投资者承担。项目建设阶段，购买工程用地、设备和支付工程价款等工作所带来的风险由贷款银行承担。在项目完工时，贷款银行承担的风险达到最高。

- 项目试生产阶段的风险。

项目完工标准是指项目产品的产量和质量、原材料、能耗等技术经济指标在规定的时间范围内达到项目融资文件的具体规定，才可以被贷款银行认为正式完工。

- 项目生产经营阶段的风险。

项目生产经营阶段的风险包括生产经营风险、市场风险、政治风险、法律风险等。随着债务的偿还，贷款银行所承担的风险逐步降低。

具体的项目融资风险的表现形式有：

● 信用风险：是指项目参与方是否能够按照合同文件履行各自的职责及其承担的对项目的信用保证责任。在项目融资中，贷款人即使对借款人、项目发起人有一定的追索权，也要评估项目参与方的信用、业绩和管理技术，而项目发起人同样关心参与方的可靠性和信用。信用风险贯穿于项目始末。

● 完工风险：是指项目延期完工或完工后无法达到设计运行标准等风险。这是项目融资的核心风险之一，主要表现为项目竣工延期、项目建设成本超支、达不到规定的设计指标；在特殊情况下，项目完全停工放弃。

● 生产风险：是指项目试生产和生产应允过程中存在的风险，包括技术风险、资源风险、能源原材料供应风险、经营管理风险。

● 市场风险：是指产品销售量的不确定性，主要包括价格风险、竞争风险和需求风险。

● 金融风险：是指项目收益的不确定性，主要包括利率风险和汇率风险。

● 政治风险：是指借款人和贷款人需要承担的风险。政治风险分为以下两类。其一，国家风险，如国家政治体制的崩溃、对项目实行国有化、对项目产品实行禁运等。其二，国家政治经济政策的稳定性风险，如税制的变更及调整、外汇管理的变化。

● 法律风险：是指法律条款的变动给项目带来的风险。

● 环境保护风险：是指环境保护法规给项目带来的风险，如改善项目生产环境的投资，增加成本。

（二）风险分析

风险分析的基本思路：确定选用评价项目的标准；将项目因素与选用的标准进行比较，判断项目风险的大小。

1. 确定项目风险贴现率的 CAPM 模型

● 项目投资收益和净现值的计算基础是选定的贴现率。

● 项目风险贴现率是指项目的资本成本在公认的低风险的投资收益率的基础上，根据具体项目风险因素加以调整的一种合理的项目投资收益率。

应用：

①将风险矫正贴现系数 Ri 代替项目现金流量净现值公式中的 i，得到：

$$NPV = \sum_{t=0}^{n} (CI - CO)_t (1 + i)^{-t}$$

②运用 *CAPM* 模型计算项目投资的合理资金成本，即加权平均资本成本（*WACC*），为项目投资决策提供依据。

方法：

①确定贝塔系数；

②根据 *CAPM* 模型计算股本资金成本；

③估算债务资金成本；

④运用加权平均法计算项目的投资平均资本成本。

决策：

资本投资收益率等于加权平均资本成本，说明满足最低风险收益的要求。

2. 项目的 *NPV* 敏感性分析

①确定分析指标，如 NPV；

②需要分析测度的变量；

③计算各变量要素的变动对指标的影响程度。

（三）风险管理

非系统风险（核心风险）：与项目建设和生产经营直接相关的、可控制的风险，如完工风险、生产风险、市场风险、环境保护风险。

系统风险（环境风险）：不可控制风险，如政治风险、法律风险、金融风险。

1. 非系统风险

（1）完工风险管理。

● 项目公司：不同形式的项目建设承包合同，如固定价格、固定工期的交钥匙合同。

● 贷款银行：完工担保合同或商业完工标准，聘请项目管理代表、项目监理监督项目建设。

（2）生产风险管理。

● 针对不同生产风险种类设计不同合同文件。

● 原材料能源风险——长期供应协议。

● 资源类项目——最低资源覆盖率、最低资源储量担保。

● 技术风险——贷款银行要求所使用的技术是经过市场证实的成熟技术，生产工艺先进。

● 经营管理风险——项目投资者对融资项目和行业是否熟悉，是否具有良好的资信和管理经验，是否具有利润分成、成本控制奖等。

（3）市场风险管理。

● 项目筹划。

● 项目是否具有长期销售协议。

● 定价充分反映通胀、利率、汇率等变化。

● 争取政府及当地有关部门的信用支持。

（4）环境保护风险管理。

● 投资者应熟悉所在国的相关法律。

● 拟定环保计划作为融资的前提，考虑未来的环保管制。

● 将环保评估纳入监督范围。

2. **系统风险**

（1）政治风险管理。

● 政治风险担保。

● 项目融资引入多边机构，如政府支持、出口信贷、多边机构等。

● 从项目所在国的中央银行获得长期的外汇支持。

（2）法律风险管理。

● 聘请律师。

● 项目公司与东道国政府签署相互担保协议，如进口限制协议、开发协议。

（3）金融风险管理。

● 利率、汇率风险管理。

● 在东道国，如果货币不是硬通货，通过经营管理和适当的协议分散给其他参与方；如果是硬通货，可以通过金融衍生工具进行对冲汇兑风险。

● 在项目所在国的中央银行取得自由兑换硬通货的承诺协议。

九、项目融资的担保

（一）担保的概念与种类

担保在民法上是指以确保债务或其他经济合同项下，以义务的履行或清偿为目的的保证行为，它是债务人提供履行债务的特殊保证。项目融资的担保是指借款方或第三方以自己的信用或资产向贷款或租赁机构做出的偿还保证，具体可以分为物权担保和信用担保。

（1）物权担保：借款人或担保人以自己的有限资产或权益资产为履行债务而设定的担保物权，如抵押权、质押权、留置权等。

（2）信用担保：担保人以自己的资信向债权人保证对债务人履行债务承担的责任，如担保保证书等。

（二）担保的作用与项目的担保人

1. **担保的两个重要作用**

（1）项目投资者可以避免承担全部的和直接的项目债务责任。这样投资者才可以安排有限追索的融资结构。

（2）项目担保可以将一部分风险转移给项目的第三方。

2. **项目的担保人**

（1）项目的投资者：项目融资结构中最常见和最主要的担保人。为项目公司提供担保，可以是直接担保（直接承担一定数额的债务），也可以以非直接的形式出现（这一类担保还需要加上其他形式的担保）。

（2）第三方担保：项目直接投资者之外的、与项目有直接或间接利益关系的机构，提供项目建设或者项目生产经营担保，包括政府机构、商业机构（如承包商、供应商）、国际金融机构。

（3）商业担保人：以提供担保作为一种盈利手段，承担项目风险并收取担保服务费用，主要有银行、保险公司和其他一些专营商业担保的金融机构。

第七章 兼并与收购

第一节 公司重组的形式与并购类型

公司重组是指公司以资本保值增值为目标，运用资产重组、负债重组和产权重组方式，优化公司资产结构、负债结构和产权结构，以充分利用现有资源，实现资源优化配置。

一、公司重组的形式

（一）合 并

合并指两个或更多公司组合在一起，原有所有公司都不以法律实体形式存在，而建立一个新的公司，如将 A 公司与 B 公司合并成为 C 公司。公司合并可分为吸收合并和新设合并两种形式。一个公司吸收其他公司为吸收合并，被吸收的公司解散；两个以上公司合并设立一个新的公司为新设合并，合并各方解散。吸收合并类似于“merger”，而新设合并则类似于“consolidation”。因此，从广义上说，合并包括兼并。

（二）兼 并

兼并（merger）指两个或更多公司组合在一起，其中一个公司保持其原有名称，而其他公司不再以法律实体形式存在。如财政部 1996 年 8 月 20 日颁发《企业兼并有关财务问题的暂行规定》中指出，兼并是指一个企业通过购买等有偿方式取得其他企业的产权，使其失去法人资格或虽然保留法人资格但变更投资主体的一种行为。

（三）收 购

收购指一个公司以购买全部或部分股票（或称为股份收购）的方式购买了另一个公司的全部或部分所有权，或者以购买全部或部分资产（或称资产收购）的方式购买另一个公司的全部或部分所有权。股份收购可通过兼并或标购来实现。兼并的特点是与目标公司管理者直接谈判，或以交换股票的方式进行购买；目标公司董事会的认可通常发生在兼并出价获得目标公司所有者认同之前。使用标购方式收购股票，购买股票的出价直接面向目标公司所有者。收购其他公司部分或全部资产，通常是直接与目标公司管理者谈判。收购的目标是获得对目标公司的控制权，目标公司的法人地位并不消失。

（四）接管或接收

接管或接收是指某公司原具有控股地位的股东（通常是该公司最大的股东）由于出售或转让股权，或者股权持有量被他人超过而控股地位旁落的情况。

（五）标　购

标购是指一个公司直接向另一个公司的股东提出购买他们所持有的该公司股份的要约，达到控制该公司目的的行为。这发生在该公司为上市公司的情况。

（六）剥　离

“剥离”一词的理论定义目前主要来自对英文“divestiture”的翻译，指一个公司出售它的下属部门（独立部门或生产线）资产给另一个公司的交易。具体来说，剥离是指公司将其部分闲置的不良资产、无利可图的资产或产品生产线、子公司或部门出售给其他公司以获得现金或有价证券。“剥离”的这一定义与我国目前的公司资产售卖的含义基本相同。笔者认为将“divestiture”翻译为售卖更准确。但剥离与售卖又不完全相同。剥离是指公司根据资本经营的要求，将公司的部分资产、子公司、生产线等，以出售或分立的方式，将其与公司分离的过程。因此，剥离应含有售卖和分立两种方式。

（七）售　卖

根据上述剥离的含义，售卖是剥离的一种方式。售卖是指公司将其所属的资产（包括子公司、生产线等）出售给其他公司，以获取现金或有价证券的交易。在国有企业改制中，国有资本所有者根据资本经营总体目标要求，将小型国有企业整体出售，也属于售卖范畴。

（八）分　立

分立从英文“spinoffs”本义看，是指公司将其在子公司中拥有的全部股份按比例分配给公司的股东，从而形成两家相互独立的股权结构相同的公司。这一定义实质上与我国国有企业改制中的资产剥离含义基本相同。我国国有企业改制中的资产剥离往往是指将国有企业非经营资产或非主营资产，以无偿划拨的方式，与企业经营资产或主营资产分离的过程。通过资产剥离，可分立出不同的法人实体，而国家拥有这些法人实体的股权。分立是剥离的形式之一。

（九）破 产

破产，简单地说，是指无力偿付到期债务；具体地说，是指公司长期处于亏损状态，不能扭亏为盈，并逐渐发展为无力偿付到期债务的一种公司失败。公司失败可分为经营失败和财务失败两种类型。财务失败又分为技术上无力偿债和破产。破产是财务失败的极端形式。国有企业改制中的破产，实际上是企业改组的法律程序，也是社会资产重组的形式。

二、按重组的方式划分

（一）扩 张

1. 兼并与收购

兼并是指任何一项由两个或更多的公司实体形成一个新经济单位的交易。

收购是指两家公司，即收购公司与目标公司进行产权交易，由收购公司获得目标公司的大部分或全部资产或股权以达到控制该公司的行为。

2. 联 营

联营或称为合营，是两个或更多的公司为了谋求共同利益和整合互补的资源，同意为一个特定项目或经营活动进行经营合作。它所涉及的只是相关公司的小部分业务的交叉合并，且通常是在有限的期限内进行的（如10～15年或更短）。联营企业可以是单独实体，也可以由联营各方以现金或其他资产形式投资，并按投资比例持有股份，联营各方之间并不相互交换或购买股份。

（二）收 缩

1. 分 立

分立是一种公司产权裂变的方式，它是由母公司分离出的一个独立的新的法律实体。在分立方式中，公司的资产没有进行重估，也没有货币的支付转手，即母公司没有收到任何数目的现金。

2. 资产剥离

资产剥离是将公司的一部分出售给外部的第三方，公司的资产、产品的种类、子公司或部门可以以现金、有价证券或两者某种形式的结合来出售，进行剥离的公司将收到现金或与之相当的报酬，即会有现金流入。在资产剥离中，卖方出于买方未来提取折旧的考虑要对出售的资产进行重新估价。

3. 股票回购

股票回购是指上市公司利用现金等方式，从股票市场上购回本公司发行在外的一定数额的股票的行为，这是一种大规模改变公司资本结构的方式。公司在股票回购完成后可以将所回购的股票注销。但在绝大多数情况下，公司将回购的股票作为库藏股保留，不再属于发行在外的股票，且不参与每股收益的计算和分配。库藏股日后可移作他用，如发行可转换债券、雇员福利计划等，或在需要资金时将其出售。

股票回购有两种基本方式：一是公司将可用的现金分配给股东，这种分配不是支付红利，而是购回股票；二是公司认为其资本结构中股本成分太高，因此发售债券，所得款项用于购回本公司的股票。

股票回购的主要目的是防止兼并与收购、振兴股市、维持或提高每股收益水平和股票价格、重新资本化等。

（三）公司控制

1. 溢价购回

溢价购回是指以高于市场价格的价格购回重要股东的所有者权益。

2. 停滞协议

在溢价购回股票时，通常还要签署一份停滞协议。在停滞协议中股份被购回的股东同意于一定时期内不再购入任何股份，将来不再企图进一步控制公司。

3. 反接管条款修订

反接管条款修订就是对公司章程进行修订，设置反收购条款，从而增加收购公司的难度，或加大收购的代价，如“绝大多数投票有效”“董事任期交错”“金保护伞”。

4. 代表权争夺

代表权争夺是取得公司控制权的一种方法，它是股东中的持异议集团争取董事会代表权的企图。

（四）所有权结构变更

1. 交换发盘

交换发盘就是以债券或优先股交换普通股，或相反地以普通股交换优先级更高的要求权。在保持投资政策不变的情况下，交换发盘为公司改变其资本结构提供了一种办法。

2. 股票回购

股票回购是指公司买回它发行在外的部分普通股。如果购回股票占总股本的比例较大，会改变公司的控制权结构。

3. 管理层收购

转为非上市公司是由一个规模较小的投资者集团收购原来公开上市公司的全部股东权益。如果这个交易是由在职的公司管理层发起的，即管理人员是接管的主要推动力量，他们自行收购本公司发行在外的股票，则被称为管理层收购（management buy out，MBO）。这种交易的主要目的之一是防备他人的接管。

4. 杠杆收购

杠杆收购（leveraged buyout，LBO）收购方主要通过借债来获得目标公司的产权，即借助财务杠杆作用完成购并活动。收购方只用部分甚至极少的资金，主要利用信贷融资举债收购的方式进行。一般情况下，收购方只投入少量现金并通过财务杠杆加大负债，以较少的股本投入融得数倍的并购资金，实现对目标公司“以小博大”的收购，经过重组增值后再予以出售或自行经营。

2005 年 5 月 16 日曼彻斯特消息。伦敦股市周一开盘，美国商人格雷泽手中掌控的曼联股份已经超过 75%。也就是说，成立于 1878 年的曼联已经彻底沦为格雷泽的私有财产。据悉，格雷泽此次收购行动总共花费 7.9 亿英镑，其中举债 5.4 亿英镑。这是足球史上规模最大的收购战，历时 7 个月终于落定。

收购方具体投入的资金比例，根据目标公司的前景以及收购方的资信等不同而有所不同，一般在 1∶5 至 1∶20 之间。

格雷泽收购曼联的方式便是杠杆收购。

格雷泽专门成立一家公司（RedFootball），自己家族直接注入资金，但其中大部分资金是通过融资（主要是银行借款和吸引基金）获得的，所有收购曼联的行动（如购买股票、谈判、官方发言）都是以这家公司的名义进行的。

杠杆收购会带来很大的债务压力，但是作为一个投机商人，格雷泽的目的是获得收益，所以他没有必要把巨额的家产全部投入这一个项目，来加大自己的现金流压力。

另外，不利用杠杆收购就不会获得杠杆利益，无法分享投资市场增长带来的收益，无法做到用别人的钱赚自己的钱。何况，适当的负债可以利用投资工具使自己资产增值。

一般而言，杠杆收购要成功，目标公司须具备一些条件，比如公司盈利状况一向良好，实施收购后不会影响其正常的经营，有足够的资产出售以应对部分资金需求等。

属于世界顶级足球俱乐部且一度成为“世界上最富有的俱乐部”的曼联，满足被执行杠杆收购的条件。

5. 员工持股计划

员工持股计划（employee stock ownership plans，ESOP）属于一种特殊的报酬计划，是指为了吸引、保留和激励公司员工，通过让员工持有股票，使员工享有剩余索取权的利益分享机制和拥有经营决策权的参与机制。

员工持股计划从本质上讲是一种股票投资信托，所投资的是雇主公司的股票。投资的付款方式可以是现金，也可以是其他公司的股票，公司的员工通过获得的股息分享公司增长的成果。

三、公司重组的理由

公司重组的理由主要有两个：一是最大化现有股东持有股权的市场价值；二是最大化现有管理者的财富。这二者可能是一致的，也可能是冲突的。无论如何，增加公司价值是实现这两个目的的根本。

公司重组的理由具体体现在以下几方面：发挥协同效应、提高管理效率、获取未来的发展机会（这对公司重组是十分有意义的）、资本市场的套利（如果一个个体能发现资本市场证券的错误定价，他将从中获益）。重新分配财富可能是公司重组的明显动机。

（一）效率理论

1. 效率差异理论

效率差异理论表明效率高的公司将收购效率低的公司，并且通过提高其效率来实现潜在的利润。这意味着收购公司具有额外的管理能力。

按照这一理论，当效率高的公司额外的管理资源与效率低的公司的组织资源相结合时，将形成更有效率的经济组织，公司能更好地应用资本和发挥管理能力，产生管理的协同效应。因此，这一理论也可称为管理协同假说。

2. 经营协同效应理论

经营协同效应理论侧重于规模经济、范围经济或削减成本方面的协同效应，即公司并购交易的动机在于实现规模经济和降低成本。规模经济指通过将产量提高到足以使固定成本充分分散的临界值之上，所能实现的经济节约。范围经济指同时经营多项业务，使得一项业务的开展有助于另一项业务经营效率的提高。经营协同还反映在能力互补上，即优势互补方面。

3. 经营多样化理论

经营多样化理论指通过并购实现公司经营业务的多样化，以减少公司经营的不确定性和避免破产风险，从而为公司管理者和雇员分散风险，保护公司的组织资本和声誉资本。

4. 财务协同效应理论

财务协同效应理论指建立公司内部资本市场可能获得的效率提高，公司在融资过程中发生的固定费用与交易成本方面所能获得的规模经济，以及公司现金流更加稳定而导致负债能力的提高及税收的节省。

（二）价值低估理论

价值低估理论认为当目标公司股票的市场价格因为某种原因而没能反映其真实价值或潜在价值，或者没有反映出公司在其他管理者手中的价值时，兼并活动就会发生。简言之，相信目标公司价值被低估并会实现价值回归是驱动并购交易的因素。

（三）代理问题理论与管理主义

1. 代理问题理论

代理问题源于委托人的信息不完全和代理人无法控制的不确定性。现代公司由于股东所有权与经营控制权相分离，使得管理者的利益并不总是与股东利益相一致。

有关并购的代理问题理论认为，并购活动体现了一种市场自发的控制机制，使得效率低下或不合格的管理层难以保持其对公司的控制。根据这一理论，如果公司的管理层因为无效率或代理问题无法得到有效控制而损害股东利益最大化目标时，公司就面临着被收购的威胁。

2. 管理主义

与收购可以解决代理问题的观点相反，管理主义认为收购只是代理问题的一种表现形式，而不是解决代理问题的办法。管理主义也称管理者效用最大化假说。因为并不是所有管理者的动机都是为了实现最大化股东财富的目标，管理者可能从自身的利益或效用最大化出发做出并购的决策。通过并购使得公司获得多元化发展或规模的扩大，会使高层管理者获得更高的薪酬和地位，拥有更大的权利和职业保障，从而提高了管理者的效用。

（四）市场力量理论

市场力量理论或称为市场垄断力理论，该理论认为公司收购同行业的其他公司的目的在于寻求占据市场支配地位，或者说兼并活动发生的原因是它会提高公司的市场占有份额。

根据这一理论，公司在收购一个竞争对手后，即产生了将该竞争者挤出市场的效应，可能会在削减或降低现有竞争对手的市场份额的同时，提高其市场地位和控制能力，从而可以提高其产品的价格和市场的垄断程度，获得更多的超额利润，即垄断利润。

（五）税收节约理论

税收节约理论认为公司兼并收购活动是出于减少税收负担的目的，即为了避税效应或税收最小化的考虑。

（六）战略性重组理论

有些学者认为，驱动并购交易发生的真正动因不是为了降低成本，因为在许多情况下，最初成本削减所带来的利益并没有延续；从长期来看，规模经济也没有带来效率的不断提高。并购交易更为普遍的动机源于追求公司利益长期持续的增长，而通过战略协同实现以增长为核心的战略优势，应该是每一笔并购交易的目标，也是蕴含在并购交易背后的一个潜在的、更加无形的驱动因素。

许多学者强调，并购交易的发生是由于公司环境的变化，而不仅仅是与公司自身经营决策有关。因此，扩张式的并购和收缩式的分立重组都代表了公司为了努力适应经济形势和市场环境的变化所采取的一种战略。

四、并购的类型

（一）协议收购和要约收购

根据法律对上市公司并购操作的监管要求，上市公司股权转让的方式可划分为协议收购和要约收购。

1. **协议收购**

协议收购是指收购公司与目标公司的董事会或管理层进行磋商、谈判，双方达成协议，并按照协议所规定的收购条件、收购价格、收购期限及其他规定事项，收购目标公司股份的收购方式。

2. **要约收购**

要约收购是指收购公司以书面形式向目标公司的管理层和股东发出收购该公司股份的要约，并按照依法公告的收购要约中所规定的收购条件、收购价格、收购期限及其他规定事项，收购目标公司股份的收购方式。要约收购不需要事先征得目标公司管理层的同意。

（二）现金收购、换股收购和混合支付收购

按照并购支付的交易形式或采用的支付工具的不同，并购类型可划分为现金收购、换股收购和混合支付收购。

1. **现金收购**

现金收购是指收购公司用现金购买目标公司的股份或资产以获得目标公司控制权的收购方式。

2. **换股收购**

换股收购指收购公司将自己的股票以一定的折股比例支付给被收购公司的股东以换取对方的股份。

3. **混合支付收购**

混合支付收购是指收购公司以现金、股票、债券等多种支付工具组合购买目标公司的股份或资产以达到控制目的的收购方式。

（三）收购股权和收购资产

根据收购公司对目标公司并购交易的具体对象的不同，并购类型分为收购股权和收购资产两类。

1. **收购股权**

收购股权，即购买目标公司的股份，以这种方式完成并购交易的方法被称为股票购买法。通常情况下，收购公司在购买目标公司的全部股票后，目标公司将不复存在，并

成为收购公司的一部分，收购公司承担了目标公司所有的资产和债务。

2. **收购资产**

收购公司购买目标公司的全部资产或特定的部分资产，以这种方式完成并购交易的方法被称为资产购买法。在购买资产的并购交易中，目标公司的全部资产被收购后，将导致目标公司自行解散；而在收购公司只愿意购买某些特定资产的情况下，目标公司在出售部分资产后仍保持独立的法人资格，但公司的规模缩小了。由于收购资产方式是一种资产买卖行为，因此收购公司通常并不承担目标公司的债务。

（四）善意收购和敌意收购

根据收购公司向目标公司提出的收购建议的内容、方式和目标公司的董事会对收购公司报价的不同反应，并购类型可分为善意收购和敌意收购两类。

1. **善意收购**

善意收购通常表现为收购公司向目标公司的董事会或管理层提出收购建议，以寻求目标公司的董事会或管理层对并购的支持和配合。当目标公司的董事会或管理层同意交易条件的善意报价时，两家公司协商达成并购的协议。

2. **敌意收购**

在敌意收购方式下，收购公司致函给目标公司的董事会，向他们表达收购的意愿，并要求目标公司对收购报价迅速做出决定。典型的敌意收购更表现为收购公司事先不向目标公司董事会表达收购意愿，而是直接通过投标收购的方式向目标公司的股东提出要求，收购目标公司的股票。

（五）横向兼并、纵向兼并和混合兼并

按照并购双方的业务范围和所处行业进行划分，并购类型可分为横向兼并、纵向兼并和混合兼并。

1. **横向兼并**

横向兼并是指同行业或从事同类业务活动的两个公司的合并。

2. **纵向兼并**

纵向兼并是指从事相关行业或某一项生产活动，但处于生产经营不同阶段的公司之间的兼并。

3. **混合兼并**

混合兼并是指从事不相关业务类型经营活动的公司之间的兼并。

（六）战略收购、财务收购和混合收购

根据并购动机的不同，并购类型可以分为战略收购、财务收购和混合收购。

1. **战略收购**

战略收购是指出于公司发展战略利益的考虑，以获取经营协同效应为目标的并购。

这类并购涉及协同效应和成长战略目标。

2. **财务收购**

财务收购也称为金融收购，一般是指主要受到筹资动机的驱动而发生的并购。

3. **混合收购**

混合收购是对其他并购动机的一种综合归类，但它更可能是出于财务协同效应的目的，或者是受减少赋税的驱动，或者是出于公司主要管理人员的利益动机。

五、收购中遇到的具体问题及解决方案

（一）收购方式的确定

收购通常可采取资产置换、现金收购股权、合资合作、承担债务等方式获取目标公司的控制权，收购方将根据自身的战略，选取合适的方式，以最小的代价达到其收购目标。

（二）收购的潜在风险

收购的潜在风险主要有被收购方管理层及员工的反对、目标公司的历史包袱、当地政府的限制、潜在的收购竞争对手及收购后的业务整合风险。如果是收购上市公司，还将面临更多的法规及监管程序限制。

下列对策可降低和规避上述风险：一是通过目标公司的尽职调查，充分揭示目标公司隐藏的问题及人员对改制收购的心理等，解决信息不对称的问题；二是充分利用各种关系网络，沟通相关各方关系，减少各种阻碍；三是对目标公司估值，设计合理标准应对收购对手的竞争。

（三）收购过程的协调

收购过程涉及律师、审计、评估协调及与被收购方的谈判，可以组成收购小组，由收购小组协调解决收购中法律、财务等问题，充分利用法律政策妥善解决被收购公司职工的安置问题，协助与被收购公司的谈判。

（四）融资及支付

根据收购项目的具体情况，设计合适的融资结构和支付方式，以降低收购成本。

（五）收购后的整合

收购能否成功的最后的关键问题就是能否有效地完成整合以创造价值。整合涉及如何实现收购公司与被收购公司的协同效应，采取何种营运方式实现财务目标和收购战略目标，进入新产业后如何进一步实施产业整合。

影响收购的各因素之间的关系如图 7－1。

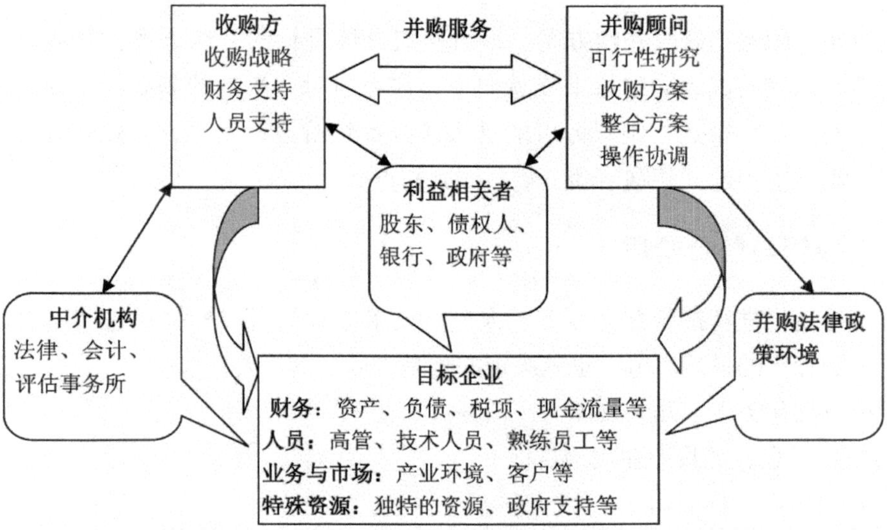

图 7－1　影响收购的关联图

第二节　并购程序

一、并购的一般程序

并购的一般程序主要由四部分组成。

（一）前期准备阶段

前期准备阶段就是收购方根据发展战略的要求制定并购策略，初步勾画出拟并购的目标公司的轮廓，如所属行业、资产规模、生产能力、技术水平、市场占有率等，据此进行目标公司的市场搜寻，捕捉并购对象，并对可供选择的目标公司进行初步的比较。

（二）方案设计阶段

方案设计阶段就是根据评价结果、限定条件（最高支付成本、支付方式等）及目标公司意图，对各种资料进行深入分析，统筹考虑，设计出数种并购方案，包括并购范围（资产、债务、契约、客户等）、并购程序、支付成本、支付方式、融资方式、税务安排、会计处理等。

（三）谈判签约阶段

通过分析、甄选、修改并购方案，最后确定具体可行的并购方案。并购方案确定后并以此为核心内容制成收购建议书或意向书，作为与对方谈判的基础。若并购方案设计将买卖双方利益拉得很近，则双方可能进入谈判签约阶段；反之，若并购方案设计远离对方要求，则会被拒绝，并购活动又重新回到起点。

（四）接管与整合阶段

双方签约后，进行接管并在业务、人员、技术等方面对目标公司进行整合。并购后的整合是并购程序的最后环节，也是决定并购是否成功的重要环节。

并购可以细化为以下几个具体工作任务：

（1）收集信息，寻找潜在收购目标。

（2）筛选决定目标公司。

（3）设计并购方案。

（4）评估目标公司价值。

（5）接洽与尽职调查。

（6）交易谈判。

（7）实施并购。

（8）交易后的整合。

二、上市公司并购程序

上市公司并购，是指收购人通过在证券交易所的股份转让活动持有一个上市公司的股份达到一定比例或通过证券交易所股份转让活动以外的其他合法途径控制一个上市公司的股份达到一定比例，导致其获得或者可能获得对该公司的实际控制权的行为。收购人可以通过协议收购、要约收购或者证券交易所的集中竞价交易方式进行上市公司收购，获得对一个上市公司的实际控制权。

（一）收购上市公司主要操作步骤（收购方）

（1）收购方进行自身评估，确定收购计划。

（2）聘请收购财务顾问。

（3）对目标公司进行初步评估选择。

（4）与目标公司的控股股东及有关人员初步洽谈，了解上市公司真实情况并完成初步沟通。

（5）收购方进行收购可行性分析，制订谈判计划，准备正式谈判。

（6）收购方与目标公司控制人进行正式谈判并达成收购意向。

（7）收购方成立收购工作小组，聘请律师事务所。

（8）收购方与有关单位签订股权转让协议、股权托管协议、资产收购协议、资产出售协议等协议。

（9）向中国证监会上报收购报告书，抄报特派办和抄送交易所，同时进行有关信息披露。

（10）上市公司聘请财务顾问、律师事务所、会计师事务所并签订保密协议。收购双方按照中国证监会、交易所、相关政府部门等有关要求准备信息披露和上报工作。

（11）中国证监会同意收购后，根据具体情况进行资产重组和上市公司接管工作。

（12）召开临时董事会，解决上市公司接管问题。

（13）相关资产评估和资产审计。

（14）中国证监会审核通过资产重组方案后，召开临时股东大会，通过公司更名、资产置换方案及其他董事会决议。

（15）收购后的整合。

（二）与上市公司并购有关的法律法规（图7－2）

（1）《中华人民共和国公司法》（以下简称《公司法》）、《中华人民共和国证券法》（以下简称《证券法》）等。

（2）《上市公司收购管理办法》（图7－3）《上市公司股东持股变动信息披露管理办法》《关于向外商转让上市公司国有股和法人股有关问题的通知》《利用外资改组国有企业暂行规定》《财政部关于股份有限公司国有股权管理工作有关问题的通知》等。

（3）《关于上市公司重大购买、出售、置换资产若干问题的通知》。

（4）公开发行证券的公司信息披露的内容与格式准则、交易所规则等。

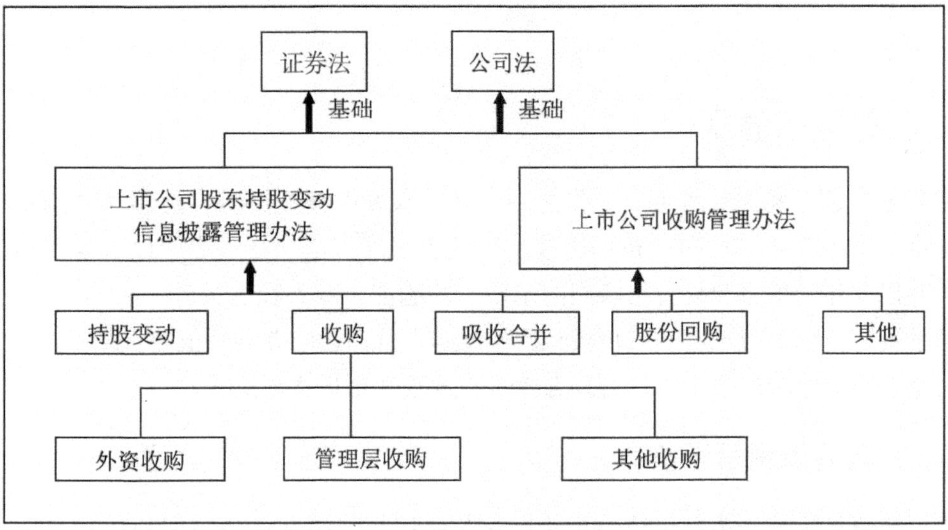

图7－2 上市公司并购法规结构图

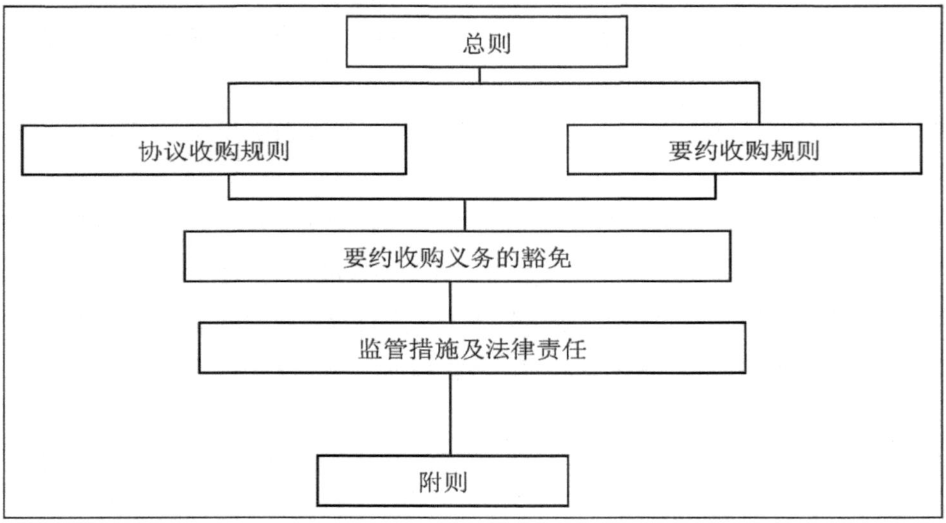

图7－3　上市公司收购管理办法结构图

（三）要约收购的程序

（1）报送和提交上市公司收购报告书。
（2）发出并公告收购要约。
（3）完成收购。
（4）报告并公告收购情况。

第三节　并购估值定价和收购交易形式

一、并购估值定价

估值定价是并购交易的主要工作之一。并购双方财务顾问综合运用现金流量折现法（discounted cash flow，DCF）、市场比较法、混合法等方法，在一定假设下获得估值定价区间，并以此作为衡量交易价格谈判的基础。并购前，双方在有关并购公司战略、运营、投资和融资等方面的讨论都对估价模型产生影响，从而影响并购估值定价结果。

对企业估值定价的技术方法有现金流量折现法和市场比较法。

（一）现金流量折现法

用现金流量折现法为并购估值定价，就是通过将估测并购后增加的现金流量（即并购所产生的现金流入量与为并购所支付的现金流出量相抵后的净现金流量），运用一个适当的折现率计算出净现值，以此作为对目标公司支付收购价格的依据。

现金流量折现法的两个因素：

1. 准确地估测并购后增加的现金流量

由于估值定价建立在未来净现金流量的基础之上，所以要求根据目标公司的历史经营业绩、行业和公司的经营参数来预测现金流量，要求对未来影响现金流量的各种因素，包括市场、产品、价格、销售收入、管理、利率和税率变动等相关参数做出假定。同时，以现金流量折现法计算出来的净现值在很大程度上还受到现金流入和现金流出时点选择的影响（现金流量值分布的时点不同，资金的时间价值也不一样）。因此，估测并购后的现金流量需要进行敏感性分析。

2. 折现率的选择

折现率是反映投资风险的回报率。收购方期望获得的未来净现金流量具有不确定性，是蕴含着风险的，因此选择的折现率，要求能反映投资（收购）所承担的经营风险和财务风险。

并购估值定价中对折现率的处理和其他类型的估值定价相同，一般并购估值定价对折现率都会取一个 2 ~ 3 个百分点的范围。除折现率以外，对其他一些关键指标也会进行情景分析，最后得到的是一个估值定价区间。按照国际大型并购中财务顾问的一般处理方法，估值定价包括对目标公司独立价值评估和对协同整合效果价值评估。例如，用现金流量折现法分析公司 A 的独立价值，其结果为 10 ~ 12 美元，并购后的整合效应价值为每股 4 ~ 5 美元，则整体价值为 14 ~ 17 美元。另外，由于并购公司所处行业特点或者兼管环境特点，还可能应用到一些特殊的折现模型，例如股利折现模型和收益折现模型。

确定适当的折现率通常有以下几种方法：

（1）选择收购方现在的加权平均资本成本作为基准折现率。

（2）选择收购方历史上的资产收益率经适当调整作为基准折现率。

（3）利用当前对未来预期利率的估计经适当调整作为基准折现率。

（4）利用对类似公司的加权平均资本成本（根据公开数据）的估计作为基准折现率。

（二）市场比较法

并购中应用的市场比较法主要分为以下几类：可比公司法、可比交易法、合并贡献法、市场价值法、财产清理价值法等。以下我们分别对其进行简单的介绍。

1. 可比公司法

并购交易的财务顾问在选取可比公司时，其标准主要有以下几个方面：公司规模、业务类型和产品构成，增长性和利润率，资产使用效率和风险特征等。但与目标公司完全可比的公司是几乎不存在的，因此只能选取近似可比对象。可比公司法就是依据可比较资产（公司）的价值来确定收购标的资产（公司）的价值。通过使用一些共同的变量，如销售收入、现金流量、账面价值等，计算一系列财务比率，借以对相同行业的公司进行估值比较。市盈率（P/E）、价格/销售收入比率（P/S）、价格/账面价值比率（P/BV）和价格/现金流量比率（P/CF）等比率倍数都可用于对目标公司的估值。例如，在某些情况下，评估对象正在亏损，或者没有正的现金流，则可以采用 P/S 作为估价指标。在美国在线对时代华纳的并购中，美国在线的财务顾问（Salomon Smith Barney）、时代华纳的财务顾问（Morgan Stanley）就采用了该指标用作对美国在线进行可比公司估价分析。

2. 可比交易法

所有的并购财务顾问在向交易方提供定价建议时，都会参照近期发生的“可比”并购交易的情况，主要是参考其溢价程度、定价隐含的关键比率（如 P/E）倍数。当然，由于市场条件发生了变化，交易双方的具体情况千差万别，这种参照也只是提供一个辅助，而不能作为核心的依据。选取的可比交易，一般都是在同行业内部发生的、规模在一个量级的交易。其中，如何对“溢价”进行定义也十分重要，财务顾问会在具体的分析中进行准确的定义。一般都是采用交易当时的价格（股票或现金）与双方正式对外公布有关并购信息前一段时间（如一个月）的平均股价进行比较。

3. 合并贡献法

这种方法的核心是根据过去涉及的在公司规模、行业或市场地位、财务结构等方面与目标公司相似的并购交易所支付的价格，判断、评价目标公司的相对价值。

该方法也是常采用的参考估价指标之一，即假设并购双方是一家公司，然后通过对比一些主要指标，如收入、利润等的比例来确定换股比例，当然，一般这种处理方法还要考虑其他的一些信息，如预计交易后双方在合并公司中的持股比例。

4. 市场价值法

这种方法是基于有效市场理论的，即股票市场对每家上市公司的价值都在不断地进行评估，并将其结论用公司股票的最新价格表示出来，反映了市场对公司未来风险和收益的预期。将目标公司股票价格乘以所发行的股票数量，再加以调整，从而确定收购价格。这种方法完全参照交易双方的历史股票价格，并以此确定交易的价格或者换股的比例，相对来讲，这种方法更主要的是提供一个参考范围，交易双方一般很少会将其作为核心的定价依据。在技术上，使用历史价格信息需要排除除权或者分拆等因素的影响。一般财务顾问会选取不同时间长度的历史价格进行比较，采用某个时间段价格的简单平均或者移动平均作为比较对象，如一个星期、一个月等。

5. 财产清理价值法

这种方法以拍卖或清算出售目标公司的所有部门和实物资产可获得的价值作为估价的依据，再扣除公司的应付债务所得净收入来评估公司的价值。但这种估价方法只是从一个公司当前资产价格的角度来评估该公司的价值，忽视了公司运营各项资产的能力在未来所能获得的收益。

总体而言，并购定价中所使用的可比公司法或者现金流量折现法与应用于其他目的的估价模型并没有本质上的差别，IPO 估价（新股发行价格）和二级市场上的持续估价也采用的是相同的方法，而区别主要体现在估价假设和用途方面。

在并购交易中，双方都是产业投资者，并购估价为业务或股权的受让价格谈判提供基础。IPO 是产业投资者和金融投资者之间的交易，IPO 估价为双方之间关于股票价格的谈判提供支持。持续估价是由买方（例如基金）或者卖方（例如投资银行）以及其他方面的分析师对上市公司进行的持续价值评估，其作用是为投资者提供股票的价值分析，作为投资者进行投资决策的参考。

二、收购交易

（一）收购交易形式

1. 现金交易

在采用现金进行并购时，收购公司需要对合并效果进行更为准确的估计，并对目标公司进行价值评估；被收购公司一般也需要对自身和整合效应进行评估。在并购过程中，溢价通过现金形式一次性转移。从收购公司的角度看，以现金作为收购支付工具（即现金收购），最大的优势是交易速度快，手续简便。

2. 换股交易

在换股交易中，双方的财务顾问会按照对并购双方独立估价的结果确定换股比例。由于采取换股的方式，并购以后的整合价值会在双方股东间进行分配，而在进行并购时，一方还会通过优惠的换股比例向另一方支付溢价。

3. 混合工具支付

除了纯粹的换股或者现金收购交易形式，还有一些介于中间的类型，如换股加现金的形式，以适应不同的市场情况和投资者偏好。这是将若干种支付工具组合在一起，为目标公司股东提供一揽子收购交易形式。比如，可以采用部分现金加部分证券的组合形式，或同时提供多种支付工具以供选择（如附有现金支付作为备选的换股收购）。

（二）决定收购交易形式的因素

1. 收购公司的资本结构

利用现金或者发行不同有价证券来支付收购价款，会影响收购后公司的资本结构和财务状况。如果收购公司净资产规模较小，希望扩充权益资本、降低财务杠杆比率水平，并使公司股票在市场交易中更具有流动性，则通过增发股票来支付收购价款将可实现多重目的。当收购公司为子公司时，如果母公司希望减少其对子公司持有的权益比例，那么子公司增发股票并出售给其他投资者以筹集收购所需要的现金，或将股票用于支付购买价款（换股收购），都是可选择的方法。

2. 并购双方股东的利益

增发新股用于现金收购或换股收购，会影响现有的股东对公司的控制权，且按照当前市场价格的一定折扣发行新股，往往会引起每股收益稀释和股票价格下跌。在举债融资进行现金收购的情况下，股东的收益可能会随着财务杠杆比率的提高而更加不稳定。如果利用现有的现金资源支付收购价款，收购后公司出现资金运营困难，则可能引发公司利润下降和每股收益稀释等问题。上述情况关乎收购公司股东的利益，将决定他们对收购支付工具选择的态度。

从目标公司股东的角度看，预期并购后，如果公司的投资有较好的收益前景，那么换股收购将有较大的吸引力；若收购公司的股票市场流动性大，他们也会倾向于换股收购。

3. 税　收

换股收购可使目标公司股东延迟资本利得应纳税款的缴纳，并且保留了日后通过售出换股收购所得到的股票以取得现金的选择权。税收上的收益可能使目标公司股东具有换股收购的偏好。相类似地，以可转换债券为收购对价也可能使他们减少应缴税款。在现金收购方式下，由于目标公司股东要立即缴纳资本利得税，将减少税后收益，因此他们可能要求支付较高的收购价格以获得弥补，这会增加收购公司的收购成本。

4. 市场环境和条件

一项并购交易总要涉及收购融资问题，除非拥有大量的现金足以支付收购价款，且目标公司愿意接受现金收购。那么，收购支付工具的选择就会受市场环境和条件的影响或制约。例如，证券市场走势疲软或持续低迷，投资者要承受价格跌落的风险，目标公司股东因此可能拒绝换股收购。

市场利率水平会影响收购形式的选择。在高利率情况下，举债融资收购无疑要增加资金成本，这样换股收购或发行新股为现金收购筹集资金就会被考虑。

5. 并购的会计处理方法

并购的会计处理有两种方法：购买法和权益合并法（也称股权联合法）。

购买法：被并购公司的资产和负债是按照公允市价确认入账的。由于资产的公允市价一般会高于其历史成本（账面价值），从而实际支付的收购价格与被收购资产价值两者之间会存在一个差额，这一差额将以商誉的形式在并购后的公司的资产负债表中被列示。按规范的处理方法，商誉需要在随后的一段时间内分期摊销，分期摊销的费用将会冲减公司的利润。因此，采用购买法会使并购后的公司对外报告的收益降低，相应地，每股收益和股东权益报酬率会下降。

权益合并法：被并购公司的资产和负债仍以账面价值反映在并购后的公司的资产负债表上，不存在商誉及其摊销问题。公司当期及未来一段时期的报告收益较高。

如果收购是采用现金支付，则收购必须被当作购买资产，即以购买法进行会计处理；只有当采用换股收购且满足会计准则所规定的条件时，才可使用权益合并法。于是收购公司可能更倾向于换股收购，因为这使它有可能使用权益合并法，从而在并购当期及未来一段时期保持较高的对外报告收益。

6. **法律法规的规定**

有关并购融资的法律法规的规定，既可能影响收购公司的并购融资能力，又可能影响其对具体收购支付工具的选择。例如，当法律禁止公司向银行贷款用于股权投资，或者限制将贷款用于收购，或相关法规禁止被收购方向收购方提供任何形式的财务援助时，现金不足的收购方可能因缺乏其他获得现金的渠道而难以进行现金收购。法律法规对收购交易形式的影响，在跨国并购交易中可能更加明显。

（三）定价分歧及解决

并购的定价是一个较为复杂的过程。并购双方会根据各自的假设进行价值评估，因此对交易价格的确定会出现不同的看法。这种差异主要体现在两个方面：价值评估的方法及价值评估的假设。

1. **价值评估的方法分歧**

并购双方采取的价值评估方法不同，可能导致各自的评估结果出现较大的分歧。这方面最为主要的差异可能是基于账面的会计价值和经营性的评估价值之间的差异，这种差异在资本市场较为发达地区的并购交易中并不多见，双方都会接受以经营性评估为基础的方法。在有制度硬性约束的地区，仍可能以会计账面价值评估作为重要依据，在这种情况下，以经营为目的的收购方就可能无法满足被收购方的价格要求。

还有一种情况是虽然双方都采用公认的评估体系，但由于侧重的方法不同，也可能造成较大差异。例如，虽然同是现金流量折现法估价，全资本现金流折现法和股权资本现金流折现法在实际应用中，最终结果就可能差异较大。如果确定价格区间时所侧重的方法不一样，并购双方就可能因此出现价格上的重大分歧。

2. **价值评估的假设分歧**

在并购的价值评估中，并购双方在价格上最大的分歧来自假设的不同，这里指的假设包括对市场预测、经营和财务预测数据及折现率的选择。其中对公司未来经营的预测往往是双方争论的核心，如未来市场份额、产品价格、公司收入、利润率等。对某些关键的价格驱动因素预测不一致将造成双方在并购价格上的重大分歧，在某些情况下，这种分歧可能大到无法通过磋商及双方的让步来解决的程度。

3. **交易结构设计与定价分歧的解决**

价值评估的方法分歧主要是通过谈判和磋商，以及双方的让步最终解决问题。价值评估的假设分歧，也是并购定价中最常见和最主要的问题，可以通过一些特定的交易结构设计予以解决。

利益分享结构就是将并购对价中的一部分和未来的某个可变因素相联系，并根据这个因素的具体变动情况，在并购完成后的一定期限内向相关方支付对价。一般来讲，并购中采用利益分享结构，有以下几方面的益处：①解决买卖双方在财务预测方面的分歧；②增强融资选择能力和灵活性；③控制某些有问题的资产或者负债带来的经营风险；

④控制一些潜在或由负债所带来的风险；⑤有效激励管理层。

并购中利益分享结构的设计有很高的灵活性：第一，结构的设计可以与一系列财务或者运营指标挂钩，如经营收入、增长率、利润率、某个利润标准、回报率和运营数据等；第二，利益分享结构的时间范围可以根据需要进行调整；第三，方案可以针对所有股东或者管理人员进行设计；第四，方案中利益支付的形式可以是一次性、多次性的，支付手段可以是现金、各种形式的有价证券等。

当然，利益分享结构的设计也会有一些问题，例如对相关指标的选取和支付方案的设计，会计处理会比较复杂。同时，利益分享结构在不同的法律和监管环境中可能还会受到一些制度上的限制和约束等。

并购中的利益分享结构主要可以分为以下四种。

（1）或有利益支付方案。

在并购中，一般买方选取某些财务、运营和市场指标，设定一些条件，当满足这些条件时，买方将向相关者按照事先的约定支付一定的金额，这种非标准化的方案通常见诸对私有公司的收购中。

（2）或有价值要求权。

在并购中，一般由买方向卖方股东或者管理者发行有价证券，其内容与或有利益支付方案相同，一般应用在上市公司之间的并购中。除了解决价格分歧，还可以在换股交易中为对方股东提供一个价值底线，以博得对方股东的支持。

（3）权益类资本证券。

在并购中，一般由买方发行权益类证券，使买方股东可以在未来有更多的选择，或者分享整合价值的机会，如可转换优先股、认股权证等。其中，可转换优先股是美国风险投资领域应用最为广泛的投资工具。

（4）债务类资本证券。

在并购中，一般由买方发行债务类资本证券，作为对价的组成部分，一般形式可以为高等级担保债券，或者次等级债券，还有可转换债券等，转换条件也可以与公司的运营及财务数据或者其他市场相挂钩。

第四节　反收购防御策略

一、资产和资本结构重组

（1）出售“皇冠宝石”。公司将可能引起收购者兴趣的“皇冠上的宝石”，即那些经营好的子公司或者资产出售，使得收购者的意图无法实现；或者增加大量资产，提高公司负债，最后迫使收购者放弃收购计划。

（2）实行“焦土政策”。公司购置大量与经营无关或盈利能力差的资产，使公司资产质量下降；或者是做一些长时间才能见效的投资，使公司在短时间内资产收益率大减。通过采用这些手段，使公司从精干变得臃肿，收购之后，买方将不堪重负。采取类似“自残”的方式，降低收购者的收购收益或增加收购者风险，达到击退恶意收购的目的。

（3）收购其他公司。

（4）杠杆资本调整。

（5）股票回购和发售有表决权的证券。

二、反收购（接管）条款修订

（1）交错式董事会。

（2）绝大多数投票有效。绝对多数条款是指在公司章程中规定，对于可能影响控制权变化的重大事项决议必须经过多数人表决同意才能通过。如果要更改公司章程中的反收购条款，必须经过绝对多数股东或董事同意，这就增加了收购者接管、改组目标公司的难度和成本。

（3）金降落伞，是指按照公司控制权变动条款而对被解雇的高级管理者进行补偿的雇用合同中的分离规定。

三、毒丸计划

毒丸计划亦称毒丸术，最早起源于股东认股权证计划，其正式名称为“股权摊薄反收购措施”，是美国著名的并购律师马丁·利普顿于1982年发明的。

目标公司为避免被其他公司收购，采取了一些在特定情况下，如公司一旦被收购，就会对本身造成严重损害的手段，以降低本身吸引力，收购方一旦成功，就好像吞食了“毒丸”一样。常见的毒丸计划有：

（一）负债毒丸计划

负债毒丸计划指目标公司在收购威胁下大量增加自身负债，降低公司被收购的吸引力。例如，发行债券并约定在公司股权发生大规模转移时，债券持有人可要求立刻兑付，从而使收购公司在收购后立即面临巨额现金支出，降低其收购兴趣。

（二）人员毒丸计划

人员毒丸计划的基本方法是公司的绝大部分高级管理人员共同签署协议，在公司被以不公平价格收购，并且这些人中有一人在收购后被降职或革职时，则全部管理人员将集体辞职。这一策略不仅保护了目标公司股东的利益，而且会使收购方慎重考虑收购后更换管理层给公司带来的巨大影响。公司的管理层阵容越强大、越精干，实施这一策略的效果将越明显。当管理层的价值对收购方无足轻重时，人员毒丸计划也就收效甚微了。

毒丸计划从发明到广泛应用经历了三年的不断修改和调整，在此期间，采用毒丸计划的公司数量不多。直到 1985 年 11 月，美国特拉华州（多数美国公司的注册地）法院判定家庭国际公司使用毒丸计划具有合法性以后，毒丸计划开始被大公司广泛接受并采纳，20 世纪 90 年代，毒丸计划已经非常普遍了。

进入 21 世纪后，越来越少的公司采用毒丸计划了。

四、其他反收购策略

（1）债务偿还时间表（债务加速偿还）。

（2）绿色邮件。绿色邮件是指贿赂外部收购者，以现金流换取管理层的稳定。其基本原理为目标公司以一定的溢价回购被外部敌意收购者先期持有的股票，以直接的经济利益赶走外部的收购者。

（3）邀请白衣骑士投标（竞购），指目标公司为免遭敌意收购而自己寻找善意收购者。

（4）帕克门反收购。收购收购者，即“帕克门”战略，也是被收购公司可能采取的一种方式，目标公司购买收购者的普通股，以达到保卫自己的目的。

（5）交叉持股。一个公司购买另一个公司 10% 的股份，另一个公司反过来也购买这个公司 10% 的股份，一旦其中一个公司被当作收购的目标，另一个公司就会伸出援助之手，避免关联或者友好公司被收购。

（6）法律诉讼。根据反垄断、信息披露不充分、犯罪等理由，被收购公司也可以采取法律手段提起诉讼，使收购方提高收购价。

第五节　杠杆收购和管理层收购

一、杠杆收购

（一）定　义

杠杆收购（leverage buy - out，LBO）是指收购方主要通过大量的债务融资购买目标公司的股票或资产的一种收购方法。通过借债所融资本购买公司股票（股权）改变公司所有结构、相应的控制权格局和资本结构。杠杆收购的主体一般可以分为三种：一是战略投资人，他们收购一家公司往往是从公司的整体战略出发，为其业务发展的总体布局服务；二是金融投资人（包括风险投资人），他们收购公司的目的是通过整合后卖出，从而获取差价受益；三是公司的管理层，他们通过收购其所在的公司来达到控制公司，从而解决其内在激励问题的目的。

（二）特 点

（1）高杠杆性：收购方只为收购交易投入少量的股权资本，大量的收购资金则依靠举债筹措，具有以小博大、“四两拨千斤”（以小额资本完成规模数倍于资本金额的金融交易）的杠杆效应。

（2）特殊的资本结构：这种特殊性不仅表现在股权资本仅占很小的比例，还表现在多层次的债务融资结构——既有优先债务，又有无担保的次级债务。

（3）高风险与高收益并存：高风险缘于高杠杆比率，高收益则是对承担高风险所要获得的回报。

二、管理层收购

管理层收购（management buy - out，MBO）是指公司的管理层通过债务融资向本公司的所有者（股东）购买股份，从而获得公司的控制权的一种收购形式。管理层收购是杠杆收购（LBO）的一种特殊形式。当杠杆收购的主体是公司的管理层时，杠杆收购就变成了管理层收购。

（一）MBO 的产生背景及要解决的主要问题

MBO 产生于 20 世纪 70 年代，并与股票市场的涨跌起伏有着非常密切的关系。20 世纪 60 年代，以美国为代表的西方股票市场非常活跃，各公司股票价格在二级市场表现十分强劲，市场扩容速度很快，许多私人公司借此趁机上市，迅速成长为较具规模的公众公司。但由于证券市场的大规模扩容，证券市场上各类公司鱼龙混杂，不少公司的股票价格表现并没有业绩支持，泡沫程度很高。到 20 世纪 70 年代，受经济危机和其他因素的影响，股票市场迅速回落，市场平均市盈率由原来的几十倍、上百倍下降到了几倍，相当一部分公司的股票市值已经严重低于公司的实体价值。在这种情况下，一些战略投资人和金融投资人便看到了低成本扩张或迅速增值的机会，于是掀起了一股杠杆收购的浪潮，这时，管理层也加入进来，通过举债融资来收购其所在的公司，管理层收购就这样诞生了。

进入 20 世纪 80 年代后，MBO 更被视为减少公司代理成本和管理者机会风险成本的可行手段而得到迅速发展。到 20 世纪 90 年代，MBO 又被众多学者、专家视作完善公司治理结构的有效手段。同时借助金融政策的改变，大多数公司管理层可通过上至银行，下至公开市场、债券市场、保险公司甚至基金公司等渠道获得融资。多数投资者认为一个由管理层直接控股的公司更值得信赖。

西方经典 MBO 的理论基础是委托—代理理论。该理论认为，在公司所有权和经营权相互分离的情况下，由于经理人员个人私利和道德风险还客观存在，经理人员个人的目标和公司的目标就不可能完全一致，于是，经理人员就会利用制度设计中信息不对称这一缺陷去谋取个人私利。理论和实践表明，只要现代公司制下的委托代理模式维持不变，代理成本就不可能完全消除。只有当所有者和经营者合二为一时，代理成本才会消失。MBO 恰好就是实现它的一条有效途径。

在中国，MBO 要解决的不仅仅是委托代理问题，更重要的是解决“所有者缺位”的问题。在一个所有者缺位的公司里，层层委托事实上成了无效委托，控制权分配在一定时期内严重偏向于公司管理层，信息不对称变得尤为突出，在没有有效激励的情况下，管理层寻求控制权回报的机会主义行为非常严重，投资领域多元化和成本费用最大化成了这些公司的基本特征。通过 MBO，管理层成为公司的所有者之后，机会主义行为的制度动因就消除了。

由于历史和现实的原因，中国的一些公司因所有者缺位而造成的产权残缺问题一直得不到有效解决。过去理论界和企业界一直都在围绕公司的存量想办法，但在现实的制度环境面前，这些办法都没有可操作性。MBO 的引入第一次使这些公司的产权问题有了被解决的可能。MBO 在现有制度框架内同时合法地解决了以下三个方面的问题。

一是产权问题，MBO 的实质是用增量来改造存量，以“赎买”来量化产权，既避免了国有资产（集体资产）流失和分割存量所带来的一系列问题，又使公司有了真正的所有者。

二是委托代理问题，MBO 消除了长期困扰某些公司的成本费用最大化等种种机会主义行为，提高了公司的运行效益。

三是风险分担问题，MBO 一般伴随着大规模的融资，一旦失败，经理人员就要背上沉重的债务负担，甚至有可能赔进其全部个人财产，并失去现有的职位，这种激励安排会使经理人员尽力去改进公司的盈利并增强竞争力，被收购公司的运行素质无疑会有很大的提高。

（二）MBO 的参与者

MBO 是一项复杂的系统工程。一项成功的管理层收购往往涉及许多具体的工作和技术环节，因此需要包括买卖双方在内的多家当事人参与（图 7 -4）。

1. 买方，即管理层

买方的收购动机有很多种，如为了控制他们自身的命运，或为了从团体所有人的束缚和官僚限制中获得自由，或为了保存他们自己及其下属的工作需要等。但最重要的是，管理层应该清楚地看到，收购完成后，被收购公司是否有升值的潜力。

西方国家的实践证明，一般来说，管理层的以下品质往往是获得有关各方支持、实现成功收购的重要因素：①对新公司有高度的责任感；②有很强的企业家特质；③有信心、有能力控制公司，并能在缺少各团体交互服务的援助时，仍使公司运行良好；④能

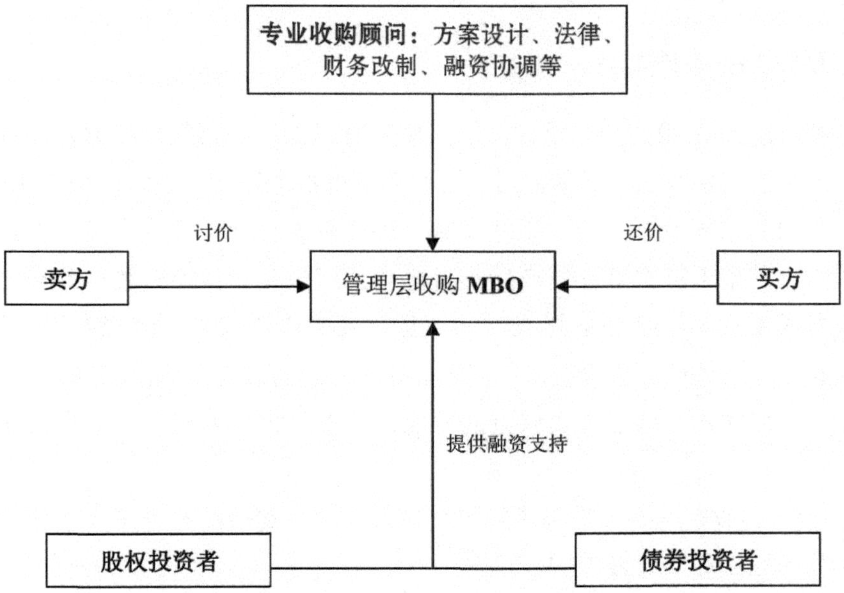

图 7－4 MBO 的参与者

独立承担风险，不会在决策时受逆向效应的影响；⑤有力量妥善处理协商过程中的受挫或成功；⑥管理层人员少，能迅速做出决策；⑦得到来自家庭的强有力的支持。

2. 卖方，即公司原来的所有者

卖方出售公司股权通常源自以下动机：①清理、处置边缘业务，加强核心竞争力；②卖方认为公司估值过高，一定的溢价出售是合算的；③债务负担过重，通过出售股权或清理资产回收现金以偿还债务。

3. 股权投资者

股权投资者通常是一家银行（或其他贷款人）或投资公司，也可能是个人。股权投资者从一开始就参与整个收购过程，具体包括：①估计目标公司的价值；②参与和卖方的谈判；③安排融资；④估计风险；⑤退出。收购完成后，大多数股权投资者通常只保留非执行董事的职位，不直接干预公司的日常经营。

4. 债券投资者

与股权投资者不同，作为债券投资者的银行或其他贷款人最关心的是新公司的债务偿还能力。这时新公司的现金流量最为重要。银行（或其他贷款人）通常会通过与管理层签订合约来保护自己，但并不干涉管理层管理公司的自由。

5. 专业收购顾问

专业收购顾问包括改制顾问、管理顾问、财务顾问、法律顾问、融资顾问和税务顾问。所提供的服务通常包括提供收购方案、管理顾问方案等，专业顾问同时还能协助管理层在收购过程中解决一系列财务、法律及其他关键技术问题，从而使收购得以规范、高效运作，提高收购成功的概率。

（三）MBO 的操作程序

MBO 对收购主体有很高的要求，不但需要其有很强的经营管理能力，而且要有很强的融资能力。前者确保收购后标的公司运营效率获得根本好转，后者确保 MBO 方案的实施。在目标公司的选择上有三类：第一类是管理体系不良，代理成本高，委托人对公司经营无能为力，前景不被看好，资产所有者愿意资产被转让；第二类是公司处于极其稳定状态，委托人发现不了公司的增长潜力，意欲转换投资去向，将现有资产进行转让；第三类是公司处于发展期，管理层出价高于委托人对公司价值的评价。

要完成管理层收购，除了买卖双方的意愿，还需要收购方有足够的支付能力和融资能力。

MBO 一般分为收购准备、收购谈判与交易设计和收购后的整合三个主要阶段。它的一般程序和具体操作环节如表 7－1。

表 7－1　MBO 的一般程序和具体操作环节

1. 收购准备	● 衡量收购动机 ● 初步评估收购的商业价值 ● 成立收购专门小组，设计、发出收购要约
2. 收购谈判与交易设计	● 尽职调查与评价 ——业务调查、评价公司战略规划及前景判断 ——财务调查、评价、情景分析 ——法律调查、法律障碍的认定及消除途径 ——治理结构调查与改善途径 ● 公司估值、确定收购方案和收购战术，寻找股权投资者和债券投资者，与卖方谈判确定最终收购价 ● 收购方成立新公司 ● 安排融资，收购支付与交易完成
3. 收购后的整合	● 资产重组、现金回收与债务清偿 ● 公司发展战略与业务重组 ● 组织运行机制再造、制度建设、人事调整与财务控制

从技术上看，一个完整的 MBO 方案其主要内容有：①收购目标（整体还是部分）；②收购方式（是股权收购还是资产收购）；③收购主体设计；④收购价格；⑤收购后新公司的股权结构、资本结构设计；⑥收购融资安排与还贷预测；⑦收购组织与收购战术；⑧收购后新公司的资产、业务整合方案与治理结构安排等。

其中核心问题是定价问题、财务问题、法律问题、业务整合问题。从操作层面上看，MBO 分成三个阶段：方案策划与实施、进行收购和后续业务整合。

第一阶段：方案策划与实施。

主要是收购可行性的调查研究，其中包括两项工作，即目标公司调查和操作安排。

目标公司调查的内容包括经营状况调查与评价、财务调查与评价、法律调查与评价、治理结构调查与评价。

（1）经营状况调查与评价，包括公司背景分析、产业背景分析、目前公司营运状况、人力资源状况、市场环境、科研开发情况等。

（2）财务调查，包括损益表（营业收入确认政策、利润构成、产品销售成本构成、管理费用、财务费用、销售费用、利润分配政策及历年利润分配情况、税率）、现金流量表与融资（现金收入与构成、现金支出与构成、资本支出与营运资金支出、自由现金流量、融资需求与融资额等）、资产负债表（固定资产明细、存货明细、应收账款明细及相关管理措施、长期投资明细、银行长短期借款明细、应付债券明细、资产负债表以外的资产与负债状况）、财务会计组织及管理控制体系考查（数据处理设施、财务资料的收集与传播、审计人员、会计控制、现金管理制度）。

（3）财务评价：一是对公司内部控制的评价，并根据调查的实际情况，向公司管理层提交针对内部控制的管理建议书，为公司收购后改进内部控制、削减成本费用奠定基础；二是对公司资产质量、负债情况、资本结构、净资产情况、收入、成本费用和利润真实性做出判断，并根据调查结果调整公司报表科目，进而确定公司的长短期偿债能力、盈利能力与财务弹性。

（4）法律调查与评价，主要任务：一是对公司过去有关的法律事项做出调查和评价，以确定公司过去法律问题不会影响收购后新公司的发展；二是要对管理层融资收购本身的法律事项及其对收购完成后新公司的运营发展可能产生的影响做出判断，以及时消除法律隐患。

（5）治理结构调查与评价，主要内容：一是控制权分配调查（产权调查、组织结构、信息传导体系）；二是激励安排调查（报酬体系和职位晋升制度）等。

操作安排的主要任务是组建、聘请中介机构，设立收购主体，设计管理层激励体系，选择战略投资者，收购融资安排等。

第二阶段：进行收购。

进行收购的主要工作环节为：评估、定价、谈判、签约、履行。资产评估的基本方法有：①市场法，即市场价格比较法，是通过比较评估资产与最近售出类似资产的异同，并将类似资产的市场价格进行调整，从而确定被评估资产价值的一种方法；②成本法，指在评估时，按被评估资产的现时成本扣除各项损耗价值，来确定被评估资产价值的一种方法；③收益法，通过估算被评估资产未来与预期收益并折算现值，借以确定被评估资产价值的评估法。这里要注意的是关于商誉的评估。所谓商誉，是指公司的良好形象、良好的顾客关系、较高的雇员道德水准和其他能转化为增加公司高于正常盈利能力的类似因素而综合形成的无形资产，对商誉的评估必须运用专门的方法进行。

第三阶段：后续业务整合。

后续业务整合的重要工作是对公司重新设计和再造。具体包括：①资产重组、现金回收与债务清偿；②业务发展规划与业务重组；③运作机制再造、制度建设、人事调整、财务控制体系重构等。

方案制作中的融资问题和法律问题具体包括：

（1）融资问题。

由于收购标的一般价值都远远超出收购主体的支付能力，在收购中，他们往往只能支付总收购价格中很少的一部分，其余的资金缺口需要融资来弥补。因此融资能否成功事关整个收购能否进行和成功。

资金来源可以分成两个：一是外部融资，主要是股权融资、债权融资、转债融资、购股认股权证融资等；二是内部融资，公司如何选择融资方式和配置结构（利率结构、期限结构、品种结构等）必须综合筹资成本、政府税收、公司风险、股利政策、信息传递和资本结构等综合因素来确定。

目前在国内，由于法律和政策的限制，银行和非银行金融机构不能对 MBO 进行直接的融资支持（银行贷款不得用于从事股本权益性投资活动）。因此只能通过其他方式来解决。在此建议金融体制在这方面能做出改革，为 MBO 提供一个较为宽松的融资环境。

还有一种委托贷款方式值得考虑。在委托贷款中，贷款对象、用途、期限、利率等均可由委托人确定。银行和非银行金融机构只负责监督使用并协助收回，收取手续费，不承担贷款风险。委托贷款中委托人可以确定贷款的用途，这是否意味着只要委托人同意，贷款可以用于股本权益性投资，目前法律对此没有明确的规定。

筹措资金中除了常规使用的融资方式，还出现了一些创新工具，例如夹层债务（图 7-5）。夹层债务与优先债务一样，要求融资方按期还本付息，但通常要求比优先债务更高的利率水平，其收益通常包含现金收益和股权收益两部分。典型的夹层债务提供者可以选择将融资金额的一部分转换为融资方的股权，如期权、认股权证、转股权或是股权投资参与权等权力，从而有机会通过资本升值而获利。

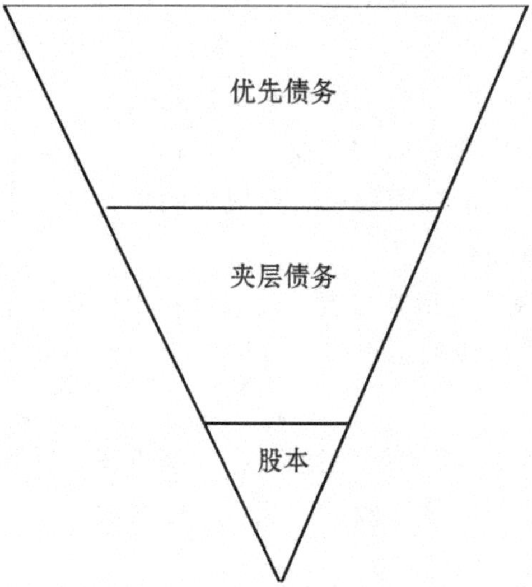

图 7－5　夹层债务说明

（2）法律问题。

MBO 中的法律风险主要有三种：民事法律风险、行政法律风险、刑事法律风险。

①MBO 中的民事法律风险是指因 MBO 行为而引起的相关民事法律当事人之间因股权、产权、财产所有权、债权等民事权利而发生的纠纷，以及因这类纠纷而造成的民事赔偿责任，或因这类纠纷而导致的管理者收购行为的失败，以及管理者在收购中所支付代价和费用的损失。收购行为中引起民事法律风险的原因主要来自签约主体错误、受让的客体有瑕疵、受让程序欠缺等。

另外，在收购过程中应征得公司债权人的同意或通报债权人有关收购的情况，并对原有债权的处理做出承诺和衔接。因为不论采取何种方式，对何种公司或资产进行收购，均属公司重大事件，从而影响公司借贷资格，有可能成为债权人提前收贷的理由。一旦发生此种情况，不但影响收购行为，而且会给收购后公司的经营与整合带来重大的负面影响。

②MBO 中的行政性法律风险，主要表现在工商行政管理、国有资产管理、证券监督管理、税务管理以及行业特许等方面。

●工商行政管理：公司作为一个法人实体，在其成立到终止的存续期间，工商行政部门都依法对其实行监督，公司的设立、变更、终止、清算都必须按照工商行政法规规定的要求进行，如有违规要受到处罚，如吊销营业执照等行政处罚。

●国有资产管理：国有资产管理部门对国有资产的监督目的，主要是防止国有资产流失和保证国有资产的保值增值。在管理者收购中，如涉及须向国有资产管理部门申报的行为却没有申报，该评估的却没有评估，依据国有资产管理行政法规的规定，要受到行政处罚。

●证券监督管理：按照《证券法》的规定，上市公司的收购必须遵循严格的法规程序，管理者若在收购中违背这些规则，将受到证券监督管理部门的行政处罚。

●税务管理：管理者在收购公司制企业时，企业处于一种存续状态，因此如收购前企业在税收方面有拖欠，则由收购后的企业全部承担。在收购非公司制企业时，虽然收购后企业改制重新注册登记，但必须对原企业拖欠的税款做出妥善处理，要么由收购后的企业承担，要么用收购资金充抵等。

③MBO 中的刑事法律风险是指管理者在收购过程中出现了主观上的恶意，并且实施了我国刑法所禁止的行为，构成刑事责任。管理者收购中的刑事法律风险是各种风险中最严重的风险。

由此看来，MBO 是一个复杂的系统工程，在收购方案设计和执行过程中，不但要兼顾参与各方的利益，而且要树立依法收购的意识，要合法行事，在合同文件中设定保护性条款，妥善保管收购文件，回避一切法律风险。

小资料

国外 MBO 主要融资方式

与国内融资渠道甚少的情况相比，目前国外典型的 MBO 融资渠道有银行提供的资产抵押贷款、自有资本和通过债券融资等。在一个典型的管理层收购中，典型的融资结构是：

高级负债，即通过信用或资产抵押在银行获得贷款。①信用贷款一般以一定的资产总额和经营能力作为条件，通过银行或融资公司获得的利率低至 1% ~1.5% 的贷款，期限一般为 1 ~3 年，占总融资量的 15% ~35%。②资产抵押贷款一般以固定资产抵押为条件，通过银行或融资公司获得的利率为 1% ~2% 的贷款，期限一般为 5 ~10 年，通常占总融资量的 25% ~50%。

次级负债，即通过发行债券，或通过保险公司、相关政府机构获得的贷款。一般以次级资产或超额现金资产为担保，获得的利率为 3% ~7% 的贷款，期限一般也为 5 ~10 年，只占总融资量的 10% ~25%。

自有资本，即通过管理者、职工、公司外部的战略投资者等人的出资获得资金，该部分资金的综合利率可高达 30% ~40%，一般规定持有年限为 3 ~7 年不等，占总融资量的 10% ~20%。

融资来源对国外的管理层收购已不成问题，他们的方案设计重在综合考虑资金的使用成本和使用效率的合理配置。

案例1：中信证券收购广发证券

一、中信证券与广发证券介绍

中信证券是我国第一家公开发行上市的证券公司。中信证券总资产达137.46亿元，净资产达52.65亿元，净资本为48.35亿元，员工有1071人，拥有41家证券营业部。

广发证券总资产为120亿元，净资产为23.96亿元，净资本为18.35亿元，拥有78家证券营业部。据证券业协会会员排名，广发证券以1903亿元的股票交易金额在所有券商中位列第六。

因此，中信证券拟收购广发证券曾一度被业界认为是证券业“强强联合”的好事，然而事件的发展却并非如此。

二、案例基本情况

2004年9月1日，中信证券发布董事会决议公告，决议收购广发证券股份有限公司部分股权，而此举并未和广发证券管理层充分沟通，广发证券内部视其为“敌意收购”，公司上下群情激昂，决意将反收购进行到底，并随即采取了一系列反收购防御措施，并最终达到了抵御收购的目的。

10月14日，中信证券正式对外公告，由于公司要约收购广发证券的股权未达到51%的预期目标，要约收购因此解除。至此，这场围绕广发证券控股权而展开的中国证券业首次收购战，在历经一个多月的较量后暂告落幕。

三、广发证券的反收购措施

广发证券的反收购措施可以分为两条线：①明线，广发证券员工从言论到行动；②同盟线，辽宁成大与吉林敖东增持广发证券股权。

1. 言论反对

9月3日，反对中信证券收购，广发证券员工“陈情”广东证监局，向监管层表达了反对中信证券进入广发证券的立场和态度。9月6日，中信收购广发案再起波澜。有关网站刊出了《广发证券员工强烈反对中信证券敌意收购的声明》。这份署名为“广发证券股份有限公司2230名员工”的声明称，“坚决反对中信证券的敌意收购，并将抗争到底”。

2. 发起员工收购股权行动

9月7日，由广发系统员工集资组建的深圳吉富创业投资股份有限公司（以下简称深圳吉富），以每股1.16元的价格收购云大科技所持有的广发证券7662.113万股（占总股本的3.83%）股份。9月15日，深圳吉富以每股1.20元的价格收购梅雁股份所持有的广发证券16794.56万股股份，深圳吉富从而获得了广发证券12.23%的股份，成为广发证券的第四大股东。

3. 结成反收购同盟军

吉林敖东原来持有广发证券13.75%股份，为广发证券的第三大股东。9月14日，吉林敖东收购风华集团持有的广发证券2.16%股份以及敖东延吉持有的广发证券1.23%股份，收购价格均为每股1.168元，交易完成后，吉林敖东将持有广发证券17.14%的股份，成为广发证券的第二大股东。

辽宁成大原来持有广发证券20%的股份，2004年6月16日，辽宁成大以每股1.18元的价格收购辽宁万恒集团有限公司持有的8623.65万股广发证券股份，收购辽宁外贸物业发展公司持有的广发证券2538.3095万股股份，收购完成后，累计持有广发证券25.58%股份。

最终，广发证券的控股权落入被称为“反收购铁三角”的辽宁成大、吉林敖东和深圳吉富三家之手，中信证券的收购计划宣告失败。

案例2：全员持股股权设置

长春某国有企业以内部职工持股的形式进行负债改制，即全体员工集资入股买断企业资产，注册成立股份合作公司，企业的资产及债务归企业全体员工，共同经营，按劳分配，按股分红。共计募集股本总额101.5万元，每股1000元，折为1015股，全部出售给内部员工。出售股份时，实行配股认购与自愿认购相结合的办法。员工认购股份的积极性非常高，最多的认购了30000元，最终实际收取现金26万元

股本金

按工龄及贡献大小量化一部分，即按工龄计算每年100元

量化部分最多不超过5000元

其余不足部分由工资或现金补齐

配股认购最低限额

高层	23000元/人
中层	10000元/人
其余管理人员	9000元/人
普通员工	5000元/人
新毕业大中专生	4000元/人

权利与责任

1. 所入股金的现金及工资部分为风险股，对企业承担风险责任，可继承或抵押，只可转让给本企业员工

2. 量化部分只参与股利分红、股息分配，不返还职工个人，不能继承或抵押

第八章　风险投资

第一节　风险投资介绍

一、风险投资

风险投资是指具备资金实力的投资家对具有专门技术并具备良好市场发展前景，但缺乏启动资金的创业者进行资助，帮助创业者实现创业梦想，并承担创业阶段投资失败风险的投资。

美国风险投资协会（national venture capital association，NVCA）对风险投资的定义：风险投资（venture capital，VC）是指由职业金融家对新兴的、迅速发展的、蕴含着巨大竞争潜力的企业的权益性投资。

欧洲风险投资协会（national european venture capital association，NEVCA）对风险投资的定义：所谓的风险投资是指一种由专门的投资公司向具有巨大发展潜力的成长型、扩张型或重组型的未上市企业提供资金支持并辅以管理参与的投资行为。

风险投资在培育企业成长、促进一国的经济乃至全球经济发展的过程中都起着十分重要的作用。它可以推动科技成果尽快转化为生产力，促进技术的创新，促进管理和制度的创新。除此之外，风险投资机构还可以为被投资公司提供高水平的咨询、顾问等服务。

二、风险投资的特点

（1）高风险以获取高收益的投资。

（2）协助企业进行经营管理，参与企业的重大决策活动，是主动参与管理型的专业投资，并且风险投资公司与创业者的关系是建立在相互信任与合作的基础之上的。

（3）追求投资的早日回收，不以控制被投资公司所有权为目的。

（4）投资对象一般是高科技、具有高成长潜力的企业。

风险投资是一种主动参与管理型的专业投资，并且风险投资公司与创业者的关系是建立在相互信任与合作的基础之上的。这是风险投资的一个显著特点。风险投资家与银行家不同，他们不仅是金融家，而且是企业家；他们既是投资者，又是经营者。

风险投资家一般都擅长于企业的经营管理，对所投资企业的行业情况以及整个市场的发展趋势都有较深刻的理解。因此，风险投资家不仅投入风险资本，而且利用他们长期积累的经验、知识和商业网络关系帮助创业者管理好风险企业。风险投资家不仅参与企业的长期或短期的发展规划、企业生产目标的制定、企业营销方案的建立，而且参与企业的资本运营过程，为企业追加投资或创造资金渠道，甚至参与企业重要人员的雇用、解聘。

三、风险投资与一般金融投资的区别（表8－1）

表8－1 风险投资与一般金融投资的区别

	风险投资	一般金融投资
投资对象	新兴的、迅速发展的、具有巨大竞争潜力的企业，主要以中小型企业为主	成熟的传统企业，主要以大中型企业为主
投资方式	通常采取股权式投资，所关注的是企业的发展前景	主要采取贷款方式，需要按时偿还本息，所关心的是安全性
投资审查	以技术实现的可能性为审查重点，对技术创新和市场前景的考察是关键	以财务分析和物质保证为审查重点，有无偿还力是关键
投资管理	参与企业的经营管理和决策，投资管理严密，是合作开发关系	对企业的运营有参考咨询作用，一般不介入企业决策系统，是借贷关系
投资回报	风险共担，利润共享，企业若获得巨大发展，可转让股权收回投资	按贷款合同期限收回本息
投资风险	风险大，投资的大部分企业可能失败，但一旦成功，收益足以弥补全部亏损	风险较小，到期如收不回本息，除追究经营者责任外，所欠本息不能豁免
人员素质	懂技术、管理、金融和市场，能进行风险分析和控制，有较强的承受力	懂财务管理，不要求懂技术开发，可行性研究水平较低
市场重点	未来潜在市场，难以预测	现有成熟市场，易于预测

第二节 风险投资的运作过程

一、项目筛选及评估

一个典型的风险投资公司会收到许多项目建议书。经过初审筛选后，如果风险投资家对企业家提出的项目感兴趣，他会与企业家接触，直接了解其背景、管理队伍和企业，这是整个过程中最重要的一次会面。如果进行得不好，交易便告失败。如果面谈成功，风险投资家会希望进一步了解更多的有关企业和市场的情况。例如，对意向企业的技术、市场潜力和规模，以及管理队伍进行仔细的评估，这一程序包括与潜在的客户接触、向技术专家咨询并与管理队伍举行几轮会谈。它通常包括参观公司、与关键人员面谈、对仪器设备和供销渠道进行估价，还可能包括与企业债权人、客户、相关人员以前的雇主进行交谈。

经过严格审查，最终挑出合适的项目进行投资，可谓百里挑一。

二、交易构造

有些风险投资公司有时也以可转换优先股形式入股风险企业，有权在适当时期将其在风险企业的所有权扩大，且在风险企业清算时，有优先清算的权力。为了减少风险，风险投资家们经常联手投资某一项目，一方面减少了风险，另一方面也为风险企业带来了更多的管理和咨询资源，而且为风险企业提供了多个评估结果，降低了评估误差。

三、管理监控

在投资生效后，风险投资家便拥有了风险企业的股份，并在其董事会中占有席位。多数风险投资家还就企业的经营管理等提出建议。为了加强对企业的控制，在合同中通常加入可以更换管理人员和接受合并、并购的条款。

如果风险企业陷入困境，风险投资家可能被迫着手干预或完全接管。他可能不得不聘请其他的专业人员取代原来的管理班子，或者亲自管理风险企业。

四、资本退出

资本退出的三种方式：

- 首次公开发行，即 IPO，风险投资家可以在证券市场上出售风险企业的股份以收回投资。

- 被其他企业兼并收购或股本回购。
- 清算和破产。

能使风险企业达到首次公开发行是风险投资家的奋斗目标。破产清算则意味着风险投资可能损失一部分或全部。

风险投资运作流程方式（图 8－1）：

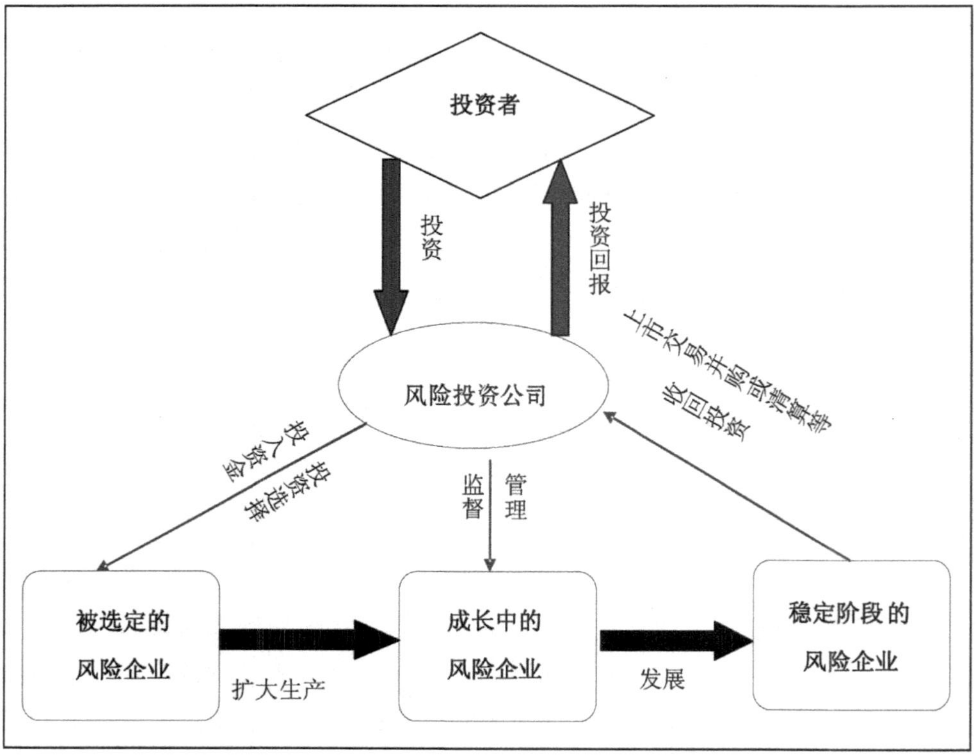

图 8－1 风险投资运作流程图

第三节 风险投资的交易构造

一、金融工具的选择

人们经常用证券来统称各种常见的金融工具。证券是指发行人为筹集资金而发行的，表示其持有人对发行人直接或间接享有股权或债权的书面凭证，包括债券、股票、新股认购权利证书、投资基金证券及其他各种派生的金融工具。《证券法》规定的证券是指在中国境内发行的股票、公司债券和国务院依法认定的其他证券。

具体选择什么样的金融工具，例如普通股还是优先股、普通债券还是可转换债券等，与投资人和投资项目的各种因素有关，总体上是为了实现投资的早日回收和风险可控。

二、风险投资的定价

（一）传统定价法

传统定价法有内在价值法和相对估价法两种。内在价值法（基础价值法）以现金流量折现法（discounted cash flow technique，DCF）为核心，通过选取合适的折现率，将公司未来的现金流贴现为公司当前的价值。DCF 对折现率和公司增长率的选择往往带有很强的主观性，该方法在理论上的探讨多于实践中的应用。相对估价法则是根据市场上同类公司的价值确定目标公司的价值。尽管该法比内在价值法更具操作性，但也存在着一定的缺陷，比如说现实中很难找到真正意义上的可比公司，因为每个企业都有自己的特性，并且该法也只能说明可比公司之间的相对价值，无法对目标公司的绝对价值做出判断。

（二）第一芝加哥定价法

第一芝加哥定价法（first chicago method，FCM）由美国创投公司第一芝加哥集团于1987 年提出，是一种对创业企业的投资估值方法。

其基本计算方法和 DCF 法相同，但针对 DCF 法的两个缺陷做了改进，这两个缺陷是：①DCF 中隐含了一个假设条件，即所投公司在选定的估值终止年份能够成功实现 IPO（企业经营发展状况极佳），忽略了创业企业较高的经营失败率；②DCF 根据同类上市公司的市盈率水平计算项目公司的市场价值，但创业企业在不同的运营状况下对应的市盈率并不一样。

FCM 针对这两点做出的具体改进是：①对被投资企业在估值终止年份的各种可能状况设定发生概率（通常分为好、中、差三个等级）和度量指标（如年收入水平、利润增长率等），然后给指标赋值；②根据企业经营状况选择合适的市盈率水平并计算项目公司的期末市场价值，然后通过折现该期末市场价值得到企业现值。

举例说明：

对某创业企业进行投资估值，该企业目前年收入水平为 200 万元，预计投资该企业 5 年后，企业的年收入好、中、差三个等级，发生概率分别为 40%、40%、20%（表 8-2）。

表8-2 第一芝加哥定价举例 单位：百万元

期末发展情况	IPO（好）	并购（中）	破产清算（差）
1. 期末收益（5年末）	20.97	4	2
2. 年盈利率	15%	7%	7%
3. 年盈利（年盈利=期末收益×年盈利率）	3.15	0.28	0.14
4. 市盈率	17	7	3.5
5. 期末企业价值（期末企业价值=年盈利×市盈率）	53.55	1.96	0.5
6. 企业现值：40%贴现率［企业现值=期末企业价值/(1+40%)^5］	9.96	0.364	0.092
7. 概率	40%	40%	20%
8. 期望的企业现值（期望的企业现值=企业现值×概率）	3.98	0.146	0.018
9. 结果：企业现值	4.144		

得到企业现值后，产业投资基金可以结合首轮投资额确定入股比例。

FCM的主要优缺点：①优点，估值结果一定程度上反映了创业企业的经营风险，所用方法（对不同的可能结果设定相应发生概率）也并不复杂。②缺点，发生概率的设定带有一定主观性，如果判断能力不足会带来一定的偏差。

（三）实物期权法

实物期权法的基本思路就是将风险企业视为若干实物期权的组合，企业的价值 V 等于现有资产现金流量折现值 V_{DCF} 加上各种实物期权的价值 V_{RO}，即 $V = V_{DCF} + V_{RO}$。V_{DCF} 定价相对简单，可以采用改进后的现金流量折现法。由此，对风险企业的定价就转变为对实物期权的定价。

第四节 风险投资与创业板市场

一、首次公开发行

首次公开发行（IPO）是指第一次向公众发行公司证券，通常是普通股。IPO是风险投资最引人注目也是最理想的退出方式。

二、创业板市场的概念及特点

创业板市场指专门协助高成长型的新兴创新公司特别是高科技公司筹资并进行资本运作的市场，有的也称为二板市场、增长型股票市场等。

创业板市场是为了适应创业和创新的需要而设立的新市场。与主板市场只接纳成熟的、已形成足够规模的企业上市不同，创业板以成长型创业企业为服务对象，重点支持具有自主创新能力的企业上市，具有上市门槛相对较低、信息披露监管严格等特点，它的市场风险要高于主板市场。在创业板上市的企业大多处于成长期，规模较小，经营稳定性相对较低，总体上投资风险较主板市场大，因此适合于那些具有成熟的投资理念、有较强的风险承受能力和市场分析能力的投资者。

主要创业板市场介绍（表8-3）：

表8-3 主要创业板市场

创业板市场名称	简 介
美国 NASDAQ 市场	纳斯达克（NASDAQ）是全美证券交易商协会自动报价系统（National Association of Securities Dealers Automated Quotations）的英文缩写，但目前已成为纳斯达克股票市场的代名词。信息和服务业的兴起催生了纳斯达克。纳斯达克始建于1971年，是一个完全采用电子交易、为新兴产业提供竞争舞台、自我监管、面向全球的股票市场。纳斯达克是全美也是世界最大的股票电子交易市场。
英国 AIM 市场	英国AIM市场属于“白手起家”。资料显示，1995年6月，AIM市场在设立时，只有10家上市公司，总市值为8820万欧元；而到1995年年底，上市公司即达到121家，总市值近24亿英镑。这种惊人的增长速度，为AIM市场迅速摆脱“白手起家”的局面开了个好头
中国香港创业板市场	中国香港创业板市场是主板市场以外的一个完全独立的新的股票市场，与主板市场具有同等的地位，不是一个低于主板或与之配套的市场，在上市条件、交易方式、监管方法和内容上都与主板市场有很大差别。其宗旨是为新兴的、有增长潜力的企业提供一个筹集资金的渠道

中国证监会于2009年10月23日举行中国创业板开板仪式，宣布创业板市场正式启动，首批28家公司于10月26日刊登上市公告书，30日首批28家创业板公司集中在深圳证券交易所挂牌上市。

三、深圳证券交易所主板和创业板的首次公开发行股票及上市主要条件（表8－4）

表8－4 深圳证券交易所主板和创业板的首次公开发行股票及上市主要条件

条件	主板	创业板
主体资格	• 合法存续的股份有限公司 • 自股份公司成立后，持续经营时间在3年以上，但经国务院批准的除外 • 最近3年内主营业务和董事、高级管理人员没有发生重大变化，实际控制人没有发生变更	• 发行人是依法设立且持续经营3年以上的股份有限公司，具备健全且运行良好的组织机构，相关机构和人员能够依法履行职责 • 有限责任公司按原账面净资产值折股整体变更为股份有限公司的，持续经营时间可以从有限责任公司成立之日起计算
独立性	• 具有完整的业务体系和直接面向市场独立经营的能力 • 发行人完整披露关联方关系并按重要性原则恰当披露关联交易 • 不存在涉及主要资产、核心技术、商标等的重大权属纠纷，重大偿债风险，重大担保、诉讼、仲裁等或有事项，经营环境已经或者将要发生重大变化等对持续经营有重大不利影响的事项	• 主营业务、控制权和管理团队稳定，最近2年内主营业务和董事、高级管理人员均没有发生重大不利变化；控股股东和受控股股东、实际控制人支配的股东所持发行人的股份权属清晰，最近2年实际控制人没有发生变更，不存在导致控制权可能变更的重大权属纠纷 • 发行人业务完整，具有直接面向市场独立持续经营的能力：资产完整，业务、人员、财务、机构独立，与控股股东、实际控制人及其控制的其他企业间不存在对发行人构成重大不利影响的同业竞争，不存在严重影响独立性或者显失公平的关联交易 • 不存在涉及主要资产、核心技术、商标等的重大权属纠纷，重大偿债风险，重大担保、诉讼、仲裁等或有事项，经营环境已经或者将要发生重大变化等对持续经营有重大不利影响的事项

续表

条件	主板	创业板
公司治理	• 依法建立健全股东大会、董事会、监事会、独立董事、董事会秘书制度，相关机构和人员能够依法履行职责 • 内部控制制度健全且被有效执行 • 公司章程明确对外担保的审批权限和审议程序，不存在为控股股东、实际控制人及其控制的其他企业进行违规担保的情形 • 有严格的资金管理制度，不得有资金被控股股东、实际控制人及其控制的其他企业以借款、代偿债务、代垫款项或者其他方式占用的情形	• 发行人会计基础工作规范，财务报表的编制和披露符合企业会计准则和相关信息披露规则的规定，在所有重大方面公允地反映了发行人的财务状况、经营成果和现金流量，最近 3 年财务会计报告由注册会计师出具无保留意见的审计报告 • 发行人内部控制制度健全且被有效执行，能够合理保证公司的运行效率、合法合规和财务报告的可靠性，并由注册会计师出具无保留结论的内部控制鉴证报告
相关主体合规性	• 发行人及董事、监事和高级管理人员最近 36 个月内无重大违法违规行为，或严重损害投资者合法权益和社会公共利益的其他情形，或者最近 12 个月内没有受到证券交易所公开谴责 • 发行人生产经营符合法律、行政法规的规定，符合国家产业政策	• 发行人生产经营符合法律、行政法规的规定，符合国家产业政策。最近 3 年内，发行人及其控股股东、实际控制人不存在贪污、贿赂、侵占财产、挪用财产或者破坏社会主义市场经济秩序的刑事犯罪，不存在欺诈发行、重大信息披露违法或者其他涉及国家安全、公共安全、生态安全、生产安全、公众健康安全等领域的重大违法行为 • 董事、监事和高级管理人员不存在最近 3 年内受到中国证监会行政处罚，或者因涉嫌犯罪正在被司法机关立案侦查或者涉嫌违法违规正在被中国证监会立案调查且尚未有明确结论意见等情形

续表

条件	主板	创业板
财务指标	• 最近3个会计年度净利润均为正数且净利润累计超过3000万元，净利润以扣除非经常性损益前后较低者为计算依据 • 最近3个会计年度经营活动产生的现金流量净额累计超过5000万元，或最近3个会计年度营业收入累计超过3亿元 • 发行前股本总额不少于3000万元，最近1期期末无形资产占净资产的比例不高于20%，最近1期期末不存在未弥补亏损 • 内部控制在所有重大方面有效，会计基础工作规范，财务会计报告无虚假记载 • 不存在影响发行人持续盈利能力的情形	• 发行人为境内企业且不存在表决权差异安排的，市值及财务指标应当至少符合下列标准中的一项：（1）最近2年净利润均为正，且累计净利润不低于5000万元；（2）预计市值不低于10亿元，最近1年净利润为正且营业收入不低于1亿元；（3）预计市值不低于50亿元，且最近1年营业收入不低于3亿元 • 红筹架构、存在表决权差异的企业，市值及财务指标应当至少符合下列标准中的一项：（1）预计市值不低于100亿元，且最近1年净利润为正；（2）预计市值不低于50亿元，最近1年净利润为正且营业收入不低于5亿元
股本及发行比例	• 发行后总股本低于4亿股，公开发行比例须不低于25%；发行后总股本高于4亿股，公开发行比例须不低于10% 注：如公司存在H股流通股，则公开发行比例以H股、A股流通股合计值为计算依据	• 发行后股本总额不低于3000万元，公开发行比例须不低于25%；发行后总股本高于4亿股，公开发行比例须不低于10%

来源：深圳证券交易所网站。

小资料

探路者控股集团股份有限公司（以下简称探路者）是一家专业于设计、开发、生产和销售户外运动用品的公司，公司总部位于北京市昌平区宏福科技园内，创始人为盛发强，自1999年创建以来，探路者的产品系列迅速拓展，目前已囊括从露营装备、野外鞋服到专业登山器材，常规供货超过千种。由于探路者产品品质可靠、广泛应用最新科技材料、产品性价比具有竞争优势而深受户外运动爱好者的欢迎。

2009年，探路者在创业板首次公开发行A股。

探路者募集资金投向：营销网络建设项目、信息系统建设项目。

超出计划的募集资金将用于技术研发设计、市场和品牌推广、进一步拓展销售网络、补充流动资金。

第九章　体育场馆投融资

第一节　体育场馆投融资背景及有关研究

一、体育场馆投融资的背景

体育场馆是一国体育事业发展中一个非常重要的组成部分，面对建设体育场馆巨大的资金需求，只靠国家财政和银行贷款是无法满足的。对主要竞赛场馆投融资的研究不仅要能有效地利用有限的资金，而且要能广泛地开拓建设场馆的资金市场，盘活场馆资产，推动体育产业及体育事业的发展。本章把体育场馆与金融市场和金融工具联系起来进行系统性的研究及总结，重点从投融资环境、产业投资基金促进体育场馆投融资的角度进行分析及研究。

本章提出了体育场馆投融资可行的解决途径：投融资环境——市场的建设是体育场馆投融资的重要措施。因为一个良好的包括无形资产、有形资产的体育产权集中交易市场除了提供供需互惠双赢的场所，还起到价格发现、增加资产流动性和优化各类体育资源配置的作用。

在建立体育资源交易市场的基础上，还要从以下几个方面解决体育场馆投融资的具体问题：

第一，体育场馆在很大程度上具有公益性的特征，这使实现体育产权集中交易后交易的品种和规模受到一定的限制，因而投融资的时候需要具体分析，把体育场馆所具有的公益绩效从市场绩效中区分出来。对于体育场馆的外部性及公共产品性质，在进行交易的时候应进行清晰界定并进行补偿。

第二，体育场馆类产权投资规模一般较大。产权价值也数额不菲，在体育产权交易市场交易的时候，由于其价值巨大，限制了投资者及交易者的数量。许多有投资需求的投资者被投资规模限制在市场交易的门外。使用资产证券化等金融创新工具是解决这一问题及增加体育产权流动性的一个可选方案。例如：以体育场馆未来的门票收入、举办比赛及文艺演出的收入、会展收入、商务租赁收入及附属商业设施收入等体育产权为支持，发行可交易证券。对体育场馆类产权进行证券化及标准化是降低投资规模门槛，增加投资者及交易者，提高体育场馆类产权流动性的重要环节。

第三，从专业投资者及资金供应的角度培育体育产业投资基金并带动和汇集闲置资金对体育场馆的有关资产进行投资。

体育场馆投融资的主要部分是场馆投融资的市场建设，投资资产的供给、体育产权需求方的建设。

二、有关研究介绍

体育组织或体育企业等各类主体对于投融资工具、金融市场及金融理论的需求随着体育事业及金融市场的发展日益迫切。《2001—2010 年体育改革与发展纲要》提出了制定扶持体育产业的财税政策、金融政策和改革体育产业投资体制，充分利用社会资源发展体育产业；健全市场中介组织；加强对国有资产的管理和无形资产的开发。在投融资政策、体制和资产开发等方面对体育产业发展的促进指出了方向。在体育场馆的融资方式上，一些学者对国外的场馆融资方式进行了探讨。有研究以美国为例，研究了金融产品创新在体育场馆投融资中的应用和美国体育场馆投融资手段的发展变化。在美国体育场馆投融资中大量应用了新型金融创新产品，如资产支持型债券、投资基金、金融租赁、收入债券、各种特许发行的公司债券等，可以看到，投融资在体育场馆的建设中具有重要作用。

由于举办奥运会一般伴随着大量的场馆建设，因而把场馆投融资纳入奥运与金融支持成为场馆建设投融资的一个重要部分。发行奥运市政债券是一个选项。例如，汉城奥运会后成立国民体育振兴工团，以基金会形式发行债券；悉尼奥运会通过设立澳大利亚体育场信托公司的形式，结合民间和政府资本，负责场馆设施经营和发行债券。同时，奥运产业投资基金及奥运增税融资也是可选的融资手段。

按照体育场馆建设的资金来源划分，以美国来说，主要有四种形式：政府资本、私人资本、公私联营、补助金。

1. 政府资本

政府资本投入方式包括但不局限于税收、市政公债、参与凭证及特定权力机构债券。

2. 私人资本

私人资本主要通过以下方式介入体育场馆建设：捐款、实物捐赠、冠名权、排外性的特权受让人、餐馆经营权、各种赞助组合、寿险组合、租赁协议、豪华套间、优先的座位安排、永久座位许可、停车费、商品收入、餐饮业服务经营权、广告权、销售合同、遗赠和信托物、房地产赠送、资产支持型证券、各种基金（私募基金、产业基金）等。

3. 公私联营

在公私联营的融资结构中，政府一般不以直接投资者和直接借款人的身份介入。他们主要为项目提供专营特许、市场保障等优惠条件来组织融资，即使投资，他们往往也是通过土地捐赠及奢侈品税收的形式。民间资本则集中在设施本身的融资上，他们往往对项目利润相关的部分进行投资。

4. **补助金**

在美国，既有联邦政府和州政府建立的补助金，也有各市政部门建立的补助金（有些是由州所属的彩票局资助），同时也有私人基金参与。通常，只要项目与补助金的赋予资格、指导方针相匹配，就可能获得这种补助金资助，从而为项目进行融资。

所谓项目融资，是指以一个特定的经济实体为融资对象，以项目的现金流量和收益为偿还所融资金的来源，以项目的资产作为融资的安全保障的一种融资方式。虽然世界上有多种体育场馆融资模式，但它们的本质都是一样的，相当于国际通行的项目融资。项目融资作为一种为大型工程项目的建设开发筹集资金的卓有成效并且日趋成熟的融资手段，其独特的融资机制和在分散风险方面的特殊作用，使其在大型项目建设融资领域具有其他融资方式无法比拟的优势。体育场馆的建设如果适宜地采用了这些项目融资方式，必将大大促进体育场馆建设、经营和管理。国内体育场馆融资模式也采用了创新的融资模式，例如，PPP（private - public - partnership）模式，是指政府公共部门和私人部门合作完成基础设施的投资和建设，满足城市对基础设施的需求。PPP 模式由企业参与体育场馆的建设和运营，可以有效地降低政府风险，尤其是可以有力地提高奥运会场馆及其他大型场馆的运营管理水平，提高经营效益。其他具体模式，如 BOT（建造—运营—移交）模式、BTO（建造—移交—运营）模式、BT（建造—移交）模式、TOT（移交—运营—移交）模式、BOL（建造—运营—出租）模式和 DBFO（设计—建造—融资—运营）模式。BOT 模式经历了数百年的发展，为了适应不同条件，衍生出许多变化形式，BOOT（build - own - operate - transfer）模式、BOO（build - own - operate）模式、BLT（build - lease - transfer）模式、TOT（transfer - operate - transfer）模式等。广义的 BOT 概念包括这些衍生形式在内。总体来说，国内场馆建设主要运用了以下模式。

国家体育场项目采用了政府与企业合作的 PPP 模式的融资方式。由北京市国有资产经营有限责任公司代表市政府出资 20 亿元，占项目总投资的比例为 58%，其余 42% 的投资由中信集团联合体筹措。

五棵松文化体育中心项目的商业开发运作模式。通过搭配一定面积的酒店、商业娱乐等设施，项目整体获得较好的效益，解决了单靠体育馆本身经营的资金回报困难的问题。

盈利项目同体育设施捆绑运作模式。国家体育馆和奥运村是打捆招标，把有盈利前景的奥运村高档住宅项目与有公益特点的国家体育馆捆绑，使建设经营的主体获得投资回报。

场馆周边相关配套设施的融资开发模式。这类例子有中华人民共和国第五届城市运动会（以下简称五城会）前，长沙市新世纪体育文化中心周边体育场一层商业广场和商业步行街，以 5 亿元人民币的价格一次性置换给长沙市商业银行。五城会以后，长沙市将新世纪体育文化中心的部分优良资产，如东侧一层和二层商场、一层商业街、网球俱乐部、会展中心、体育宾馆等6个项目以总价8亿元的资产置换给了长沙市商业银行，使用这部分资金用于城市建设。

从全国运动会（以下简称全运会）及相关场馆建设的融资上看，也体现了国内体育场馆融资的创新及变化。四年一度的全运会，是国家举办的比赛。第六届全运会，广东省开拓了全社会办全运会的先河，第一次运用集资的办法办全运会。第八届全运会的资金，主要来源是政府给组委会的特殊政策。在总集资7.34572亿元人民币中，政策性集资为4.10429亿元人民币。这种政策包括收取大桥费、隧道费、印花税、汽车牌照费、新闻单位广告费、高价广告及机场建设费。第十届全运会，已出现了典型的建设—营运—转让的融资结构模式。南京全民健身中心建设部分，通过经营权的转让招标，最终香港艺高康体有限公司和江苏新业科技投资发展有限公司分别拿下19层主楼的15年经营权和4层裙楼的15年经营权；位于南京马群的南京马术赛马场，上亿元的投资由南京市国资经营公司与民营企业南京红龙集团合股建设，其中红龙集团占股60%。

其他金融创新工具对体育场馆融资的作用，一直被讨论。廖理、朱正芹（2004），陆歆弘（2007），陆亨伯、谢萍萍（2006）的研究讨论了资产证券化模式作为在体育场馆融资中的可选方式。体育场馆资产证券化融资模式在现有环境下的可行性是该模式能否运用的关键。高志鹏（2009）的研究从宏观环境和微观主体两个角度对资产证券化融资模式进行了可行性分析，认为资产证券化这一金融创新工具能够有效解决我国场馆建设的融资问题，同时也要进一步完善有关配套服务。具体地说，随着市场的完善及投资主体的多元化，尤其是我国资本市场经过多年的发展壮大，法律、税收及监管等制度的不断完善从大环境上为资产证券化这一金融创新工具的运用提供了可能。从体育场馆及体育中心的个体层面来说，未来要有持续、稳定的收入流及良好的质量和信誉作为支撑才能利用资产证券化这一融资方式。对于充分考虑市场化经营的体育场馆，已经有不少实现了良性的资金流入。尤其对具有酒店、餐饮、购物、旅游集散中心、超市等商业附属设施的体育场馆来说，稳定现金流的要求是可以具备的。由于体育场馆及体育中心具有公益性质，同时也由于体育场馆所带来的赛事、演唱会等大型活动能给酒店、餐饮、旅游、交通、金融及其他服务行业提供商机，有效地拉动消费的增长，因此政府可以从政策及信用上为体育场馆资产证券化提供支持，保障该融资工具为体育场馆提供资金支持。

政府应该在多大程度上给予体育场馆投融资支持，与体育场馆的公益性有关。公益性程度高的应有更好的支持，市场属性更多的则市场化投资及经营。有研究表明，现阶段我国体育场馆具有公共品特征，公益在公共体育场馆的开放中占据主导地位。对于具体的场馆公益性及经营业绩的衡量，赵蕴、王雷（2009）的研究利用层次分析法给出了一个分析的基本指标体系。

随着资产证券化的发展，资产证券化在体育场馆融资中的使用也越来越常见。例如，美国科罗拉多州新建的百事中心（pepsi center）体育馆和洛杉矶的斯台普斯中心（staples center）体育馆、国际足联在2001年出售了由2002年日韩世界杯赞助商提供的收入来支持的债券、欧美的俱乐部及体育组织也通过资产证券化融资。

职业体育俱乐部运用资产证券化融资，主要是各俱乐部以其未来的门票、电视转播、豪华包厢、赞助等收入来源中的一项或几项预期收入为依托组成一个资产池，并将其出售给一个特设机构，该机构再发行由该资产池支持的证券，并将发行收入返还给职业体育俱乐部，从而实现其融资。陈元欣、郭敏、张洪武（2006）的研究在简介国外职业体育俱乐部运用资产证券化融资实践经验和个案分析的基础上，论述我国职业体育俱乐部运用资产证券化融资的迫切性和可行性，并给出了一个理论流程。

2008年奥运会场馆项目——国家体育场项目的建设对体育证券融资进行了初步尝试。国家体育场项目造价约35亿元，北京市政府招标选择国家体育场项目法人合作方中国中信集团联合体。北京市国有资产经营有限责任公司代表市政府出资的20亿元由市政府和原国家计委批准以奥运工程企业证券的形式发行，同时国家开发银行获得了奥运证券的承销权。奥运证券由北京市国有资产经营有限责任公司发行，可以看作是准地方证券，其本息的偿还来自举办奥运会的收入、日后的场馆经营收入及北京市政府因举办奥运会而间接增加的财政收入。这次奥运证券的发行为体育场馆融资提供了有益的尝试。

2010年广州亚运场馆的投资经营问题，还提出了冠名权赞助及拍卖等方式。随着风险投资资金的增加及体育产业的不断成熟壮大，风险投资这一模式也成为体育融资的一个选择。由于非国有资本的加入，体育场馆的建设在合适的条件下，同样也可引入风险投资资金。由于收益和风险的不平衡，对体育产业投资的有效需求还受到各种因素的制约。林祖明（2006）的研究对北京、上海、浙江、广东、山东等省市20家民营体育企业（投资需求主体）和16家投资公司进行问卷调查，表明缺少高成长的创新型体育产业企业和真正的高技术体育产业企业，以及高技术体育产业企业中缺少优秀科技人才和管理人才、体育产品研究与开发投入强度不足及缺乏拥有自主知识产权的核心体育产品，是我国体育产业风险投资有效需求严重不足的根本原因。利用这个标准来看场馆投融资模式，由于体育场馆的特性，很难在现有状况下保证其高成长及创新性。短期内风险投资这种模式很难在体育场馆上得到体现。

调查表明，目前制约我国体育场馆设施融资的主要因素：首先是场馆设施的盈利能力差、投资期限长、回报率低甚至无回报和场馆设施的功能单一等；其次是缺乏相应的投融资扶持政策和投资数额大等；最后是相应金融产品的缺乏、运营维护成本过高及政府干预过多等。这些因素对场馆设施的融资都有一定的影响。

要充分利用各类融资渠道及工具，发挥各类投资主体的积极性。体育场馆的经营及开发利用状况是场馆融资的重要因素之一。一个好的开发利用能对投资起到巨大的吸引作用。因而在研究投融资的同时有必要关注体育场馆的开发利用。

从国外的经验看，场馆建设及经营的多样化主体为经营绩效的提高带来了帮助。如法国为1998年世界杯兴建的法兰西体育场采用PPP方式建设，澳大利亚2000年奥运会的主体育场同样采用PPP方式。美国最为著名的场馆设施管理公司为SMG公司和全球谱（Global - Spectrum）公司。SMG公司为美国最大的单一型设施管理公司，2003年SMG公司在全球为政府和民间客户管理156个设施，其中包括63个体育馆、7个体育场、31个表演艺术中心、44个会议中心及11个其他游乐设施。Global - Spectrum公司是北美的第二大政府赛事设施管理公司，目前共管理北美31个设施。

对于奥运场馆的赛后利用，世界各国也都有各自的特色。①主要功能不变模式。奥运会场馆及奥林匹克公园通常都会成为主办城市乃至一个地区的大型体育活动中心，这些场馆继续用于组织体育活动及各类赛事。慕尼黑奥运会主体育场、蒙特利尔奥运会主体育场、洛杉矶奥运会的主体育场和足球预赛分赛场在奥运会结束以后都成了职业体育俱乐部的比赛场馆。②功能转换使用模式。有些奥运会场馆在规划时就充分地考虑了赛后的利用，进行了多功能设计，奥运会结束以后能够开展体育赛事、音乐会、演唱会、商贸展览、娱乐等多种大型活动。③恢复原有功能。北京奥运会的击剑馆就是临时场馆，赛后将作为国家会议中心向社会开放。

体育场馆作为融资对象，要吸引投资者，必须具备一定的经营能力及获利能力。谭刚（2008）对研究人员和场馆经营管理人员的调查表明，现阶段我国体育场馆具有公共品特征，公益在公共体育场馆的开放中占据主导地位。曾庆贺（2008）对161所场馆的调查表明，如果不包括财政拨款和上级补助，将有45.5%的场馆处于亏损状态，41.7%处于收支持平，盈利的只占12.8%。这些都说明，现阶段我国体育场馆要吸引投资者，获得良好的投资回报还有很大的潜力可挖。

在扩展体育场馆的市场空间、增加投资吸引力方面，除了利用各种投融资手段引入多种投资方改善管理，从体育场馆的建设来说，服务外包很早就在体育场馆的建设管理中出现和运用了。其他（如卫生清洁、餐饮等）服务内容外包给专业物业公司也在一些体育中心和场馆中得到了运用。把场馆建设中的服务外包推广，利用服务外包为体育场馆的市场化运营提供更具操作性的发展策略是一种重要的手段。程燕飞、张文亮、陈元欣（2009）通过调查161家大型体育场馆，讨论了体育场馆的整体、部分、横向及建造、设备维护的服务外包，并进一步讨论了服务外包的风险问题及现阶段我国体育场馆服务外包所面临的障碍。陈元欣、张崇光、王健（2008）从民营化方式出发，对融资及经营进行综合分析，认为PPP、BOT及其衍生方式、服务外包、委托经营管理承包或租赁经营等应是国内可行的方式。

陈元欣、王健（2007）从经营城市的角度对体育场馆融资进行了讨论，提出对增量资产和有形资产、存量资产和无形资产的运营并重，重视场馆设施运营，发挥政府主导，吸引市场主体参与场馆设施投资与建设，拓宽投资回报渠道。

在融资模式的选择上，依据融资难度、资金来源和风险分配等的不同属性，以及体育场馆的建设形势、投资规模及经营情况等特点，选择合适的融资模式对于体育场馆的投资建设及后续经营有着重要的意义。对此，已有文献在划分融资模式的基础上，利用一个体育场馆融资模式选择框架给出了分析的路径。

一个好的市场可以有效提高体育场馆及各类产权的流通性并体现其资产收益及减少投资风险。黄海燕、张林（2007）从经济学的角度出发，将体育产权分为体育有形产权、体育无形产权、体育人力资本产权三类。邱伟昌、李南筑、杨为民等（2007）在理论研究的同时，还与体育企业合作将一些体育产权项目陆续推荐到上海联合产权交易所进行交易。上海联合产权交易所的体育广告权及赞助权交易是体育无形资产的集中交易尝试。

大型体育场馆要拓宽融资渠道，吸引各种资本投入，其最大的困难在于体育场馆的收益具有较大的不确定性，对资本的吸引力不够。分解或者防范管理风险是有效拓展体育场馆投融资的重要一步。陆歆弘在《大型体育场馆的融资及收益风险》一文中对大型体育场馆主要收益风险类别与应对方法做了初步的总结（表9－1）。

表9－1 大型体育场馆主要收益风险类别与应对方法①

风险类别	应对方法
市场需求变化导致收入不足	把握市场需求，准确预测消费潜量 使收费方式灵活，不同收益性质的场馆设施进行打包经营 长期场馆使用协议
场馆维护成本提高导致收入下降	签订长期供应合同 签订劳工协议或使用灵活的用工机制 实行“能源合同管理”，降低能源消耗 选择有经验的运营商签订管理协议 备用资本金
合作签约方违约导致供给或付款不足，税率、利率变化影响收益	履约担保 合同保险 政府优惠税收政策 固定利率的贷款担保，与银团及其他金融机构密切合作
国家政策变化使场馆收益受损（如场馆被占、土地政策变化等）	政府担保 土地优惠政策承诺 与大企业合作

① 陆歆弘．大型体育场馆的融资及收益风险［J］．体育科研，2007（2）：35－39.

对于具体的 BOT 融资模式，政府在大型体育场馆项目融资中面临着一些风险，如投标人联合低价竞标的风险、逆向选择风险、完工质量风险、收益损失风险、资产流失风险、政策和法律缺位风险等。这些风险都应在融资选择时就被充分认识和防范。

维护成本也是影响场馆投资收益的重要风险因素。巨额的维护成本和场馆自身的能力持平成为多数体育场馆的难题。A. H. 布萨巴因（A. H. Boussabaine）和 R. J. 柯卡姆（R. J. Kirkham）（2004）采用了多元线性回归方程来预测综合性体育场馆的维护成本。

总体来说，我国体育场馆投融资在近几年取得了很大的突破。这些突破不仅体现在投融资方式的创新上，也体现在投资主体的多元化及经营的市场化上。但也要看到我国体育场馆的投融资还有一些问题，如政府资金在体育场馆建设上还占相当大的比例、投资效率低下、市场化进展缓慢等。

多数学者研究表明，体育场馆投融资的问题和《2001—2010 年体育改革与发展纲要》指出的扶持体育产业发展重点方向是一致的。不仅要有相应的法律环境、财税政策、金融政策，也要有体育产业的市场化、资本市场的发达，才能有力地促进体育产业的投融资发展，进而带动整个体育产业的发展。

三、体育投融资模式实例介绍

（一）十运会场馆投融资模式

为筹备第十届全运会，针对场馆建设巨大的投入，江苏省委省政府确立了用“经营城市”的理念来规划场馆建设、寻求市场化运作渠道、实现场馆建设投资主体多元化的筹资思路。例如，奥体中心“省市共建、市场运作”的理念，即总投资（21 亿元人民币）=省级财政出资（5 亿元人民币）+体育彩票公益金划拨（5 亿元人民币）+南京市无偿划拨的土地+市场化运作（11 亿元人民币）。

（二）五城会部分场馆建设投融资模式

长沙市作为第五届城市运动会的主办城市，承担了场馆建设的大部分投入。在资金的筹集上，长沙市政府提出了“政府主导、市场运作”的思路，长沙市的决策者们以“经营城市、市场运作”的理念解决了场馆建设的巨大资金缺口问题（图 9 - 1）。①

① 小罗宾·阿蒙，理查德·M. 索撒尔，大卫·A. 巴利尔. 体育场馆赛事筹办与风险管理［M］. 高俊雄，译. 沈阳：辽宁科学技术出版社，2005.

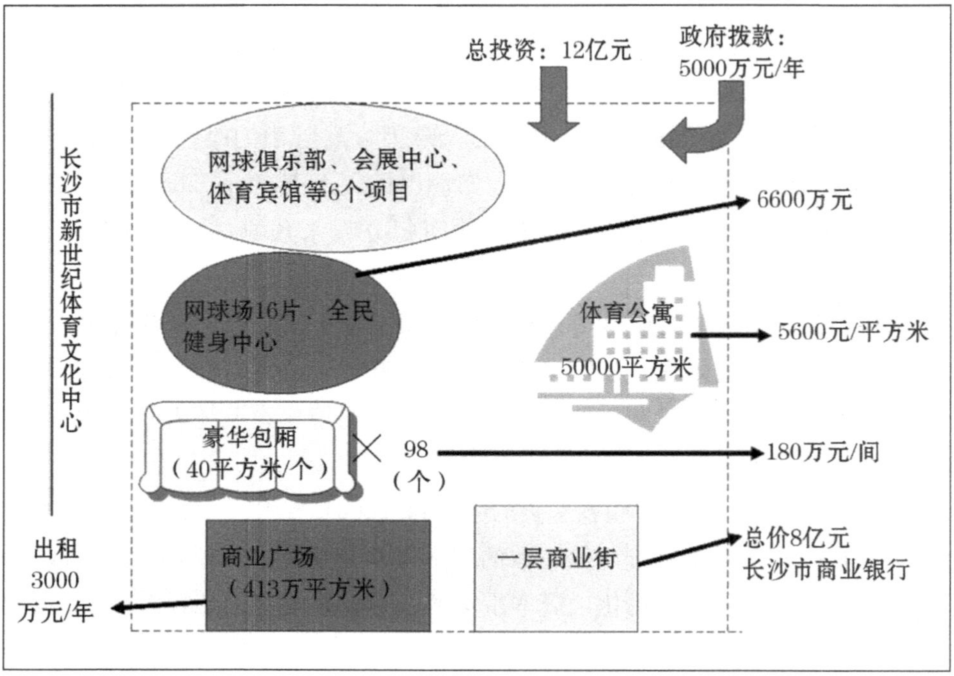

图9－1　五城会部分场馆建设投融资

（三）盈利项目同体育设施捆绑运作的投融资模式

例如，国家体育馆和有较强盈利预期的高档住宅奥运村捆绑。“馆”与“村”捆绑后成为招标中最为抢手的项目，最后中标的联合体更是强强联合，既有北京城建这类大型建筑企业，也有拥有中国超级足球俱乐部的中信国安集团，他们将共同负责国家体育馆和奥运村的投资、设计、建设和运营。

再如，北京五棵松文化体育中心项目，与一定面积的商业设施（酒店、商业娱乐等设施）捆绑招标。根据2010年的演出清单，五棵松文化体育中心全年包括体育赛事、商业演出和公司活动总计有67场次，平均不到6天就有一场活动。游戏公测发布会等小型活动大都是在约2000平方米的训练场进行，在主赛场举办的活动约有20场。它承办的大型商业活动已经占到北京市场的1/3，与老牌的国有体育场首都体育馆和工人体育馆相当。

但如此多的活动也不足以养活硕大的场馆。67场活动估计可以为五棵松文化体育中心带来约1500万元的营业收入，但是场馆光运营维护就需要3000万元。除此之外，五棵松文化体育中心每年还得缴纳2000万元的土地使用税以及几千万元的贷款利息。相比鸟巢、水立方等奥运场馆和较早期的首都体育馆和工人体育馆等国企经营的场馆可以获得政府补贴和减少税费压力等，五棵松文化体育中心这种民营企业的压力明显要大很多。

五棵松文化体育中心是北京最有条件实现市场化运营的场馆，拥有功能齐全的场馆和广阔的预留地，非常适合配套商业开发。像工人体育馆周围的开发就很成熟，利用靠近使馆区的优势，周边有着成熟的酒吧、餐饮和其他各种娱乐场所。

（四）丰田体育中心投融资模式

丰田体育中心的建造（确立项目）是公私合作的结果。火箭队（合作公司）在场馆建设的时候曾经与市政府一道进行了资金投入，现在每个赛季除了要支付850 万美元的场租费用，并且持续 30 年，还要承担场馆每年大约 160 万美元的修缮费用。除市政府给予一定补贴之外，与日本丰田汽车集团的冠名权交易（招投标、项目融资），每年可以收益约 400 万美元。丰田体育中心还大力开发季票、俱乐部坐席票、附赠式有奖销售，而且致力于开发特许经营权。

在美国，很多体育场馆都有相当数量的赞助商，包括从初级市场的食品企业到高端市场的科技企业，都有投资于体育场馆的广告空间，一些著名的大型体育场馆有近百个大型的赞助商。丰田体育中心有 72 个赞助商，包括红七匹狼、北京·世界城、匹克、李宁、鸿星尔克、方正等中文广告，它们成为丰田体育中心收入中较为稳定的部分。

丰田体育中心现已成为休斯敦地区举办重大活动的主要场馆之一，每年至少会举办200 场比赛和活动，最多的时候可以达到 225 场，单从天数上看，这个场馆的利用率已经超过了 60% 。活动内容繁多，除了举办各种体育比赛活动，还有其他文娱活动，如大型音乐会、迪士尼剧院表演、迪斯尼冰上表演、格斗赛事，还有常规美国职业冰球联盟的比赛。此外，在周一到周四及周六的非活动日早上十点到下午三点，丰田体育中心还会有偿开放球馆给游客参观。体育赛事占丰田体育中心全年赛事的 60% ，而非体育赛事则占 40% 。

第二节 有关理论介绍

金融环境推进体育场馆投融资发展。体育场馆建设如果只靠政府，等国家投入显然已经无法满足我国体育快速发展的要求。要改变政府独立办体育的情况，逐步形成国家、社会共同兴办体育的局面，动员多种力量筹集资金建设体育场馆及各类资源。在美国及欧洲的一些发达国家，体育场馆建设及经营往往有多种资金来源及资本市场支持，政府负担的体育支出也相应地减少了。在体育发展过程中，从上述的金融深化理论及国外实践经验来看，金融系统的有效发展是促进体育场馆建设及经营市场化的主要方面，具体表现如下。

一、促进投融资市场的建设

体育场馆的投融资在资本市场及投融资方式上的发展能给体育场馆及整个体育产业

提供支持。

二、市场及流动性的增加能给资产带来价值增加及实现

体育场馆类资产利用合适的途径增加其流动性，能改善其投融资效果。

市场为交易的对象提供了流动性，为供需双方提供了互相满足自己需要的交易场所和机会。早期国债由于当时流通性差，人们收入不高，还出现了摊派式方法发行。随着国债发行与流通体制的逐步完善，国债也由摊派发行变为了排队争购的抢手货。回顾我国国债的历史转变，流动性对国债的影响较大。由于流动性的转变，国债由原来的行政配售到排队抢购，生动地表现了这一情况。

三、公共品理论①②

体育场馆的投融资及经营与公共品特性密切相关，正因为体育场馆具有公共品特征，公益在公共体育场馆的开放中占据主导地位，主要体现在群众体育、基层运动训练、高水平运动竞赛及教学等方面。有关公共品理论也是体育场馆投融资中政府信用担保及其他金融支持的重要依据。

（一）公共物品的特性

相对于私人物品或服务而言，公共物品或服务的特性可归纳如下：

（1）效用的非可分割性，是指公共物品或服务的效用为一个整体，是向整个社会共同提供的，具有共同受益或联合消费的特点。其效用为整个社会的成员所共享，不能将其分割为若干部分，分别归属于某些个人或企业享用。

（2）消费的非竞争性，是指某一个人或企业对公共物品或服务的享用，不排斥、妨碍其他人或企业同时享用，也不会因此而减少其他人或企业享用该种公共物品或服务的数量或质量。增加一个消费者不会减少任何一个人对公共物品或服务的消费量，或者说，增加一个消费者，对供给者带来的边际成本等于零。

（3）受益的非排他性，是指在技术上没有办法将拒绝为之付款的个人或企业排除在公共物品或服务的受益范围之外。或者说，公共物品或服务不能由拒绝付款的个人或企业加以阻止，任何人都不能用拒绝付款的办法将其所不喜欢的公共物品或服务排除在其享用品范围之外。

纯粹的公共物品或服务，指的是那种向全体社会成员共同提供的，且在消费上不具竞争性、受益上不具排他性的物品或服务。纯粹的私人物品或服务，指的是那种只向为

---

① 安东尼·B. 阿特金森，约瑟夫·E. 斯蒂格里茨. 公共经济学［M］. 蔡江南，许斌，邹华明，译. 上海：三联书店，上海人民出版社，1994.

② 杨龙，许洁. 政府经济学［M］. 天津：天津大学出版社，2004.

其付款的个人或企业提供，且在消费上具有竞争性，并很容易把没有为其付款的个人或企业排除在受益范围之外。

混合物品或服务，介于二者之间的既带有公共物品或服务的特性，又带有私人物品或服务的特性的物品或服务，我们又称之为“半公共物品”“半私人物品”等。

就混合物品或服务来看，既可由私人部门通过市场提供，也可由政府部门直接提供，或是采取由政府部门给予补助的办法通过市场提供。

大多数的体育场馆属于半公共物品。

（二）纯粹公共物品的配置效率

公共物品同样适用于 MSB = MSC，MSB 为所有消费者因公共物品而获得的边际效益总和，MSC 为该种公共物品的社会边际成本，纯粹的公共物品或服务的最佳产量应当在这样一点实现。

假定某个人欲购买一种纯粹的公共物品供自己使用。依照公共物品的定义，该种公共物品的购买，不仅会使这个购买者本人受益，其所在社会的其他所有社会成员也会因此而受益。所以，这种公共物品的社会边际效益肯定大于购买者本人所获得的追加效益。也就是说，购买者本人和其他所有社会成员会同时享受这种公共物品所带来的效益。将带给这个社会的所有社会成员的这些效益加总求和，就是每追加一单位的公共物品的购买所带来的社会边际效益。于是，一定数量的纯粹公共物品或服务的社会边际效益就是所有消费者因此而获得的个人边际效益的总和。

纯粹公共物品或服务的配置效率，其实现条件可写成：

$$MSB = \sum MB = MSC$$

其中 $\sum MB$ 是指社会所有成员的效益加总。

第三节　体育场馆投融资分析

体育场馆建设投资资金需求巨大，传统的资金筹集方式很难满足体育场馆投资资金的巨大需求。针对这种困难，各国采取了许多投融资方式来处理这一问题，其主要的方法都是在一定程度上采取扩大融资渠道、增加建设的资金来源等办法。

一、奥运会场馆投资情况

自 1972 年慕尼黑奥运会以来，场馆设施的支出在奥运会组委会总支出中一直占据很大的比例（表 9 - 2）。以下数据转引自林显鹏《2008 年奥运会对北京经济发展的影响》的报告。

表 9－2 1972—2000 年历届奥运会的支出情况

支出项目	1972 年 慕尼黑		1976 年 蒙特利尔		1984 年 洛杉矶		1988 年 汉城		1992 年 巴塞罗那		1996 年 亚特兰大		2000 年 悉尼	
	百万美元	%	百万美元	%	百万美元	%	百万美元	%	百万美元	%	百万美元	%	百万美元	%
场馆建设	100.3	18.35	39.55	10.77	81.27	17.42	258.7	33.45	404.82	23.49			275.7	19.00
竞赛管理	6.17	1.12	39.34	10.71			41.37	5.35	123.96	7.19	233.11	19.23	96.83	6.67
文化与仪式	24.05	4.40	15.57	4.24	24.28	5.20	12.44	1.61	79.9	4.63	30.59	2.53	83.31	5.74
技术	66.73	12.21	32.58	8.87	26.1	5.59	57.42	7.42	218.8	12.69	219.01	18.07	286.27	19.73
安全					51.56	11.05	74.16	9.60	41.23	2.39			116.34*	8.02
行政管理	55.79	10.22	59.22	16.13	159.4	34.16	114.3	14.78	202.25	11.73	201.65	16.64	114.5	7.89
公共关系	17.22	3.15	27.66	7.53			30.84	3.99	73.1**	4.24				
形象开发			6.35	1.73			36.4	4.71	70.05	4.07	51.21	4.23	36.26	2.50
新闻与联络	22.53	4.12	59.05	16.08					161.11	9.34	139.03	11.47	17.75	1.22
奥运大家庭	86.55	15.84							132.43	7.68	77.02	6.35	100.14	6.91
服务			57.79	15.74	17.89	3.83	4.28	0.55			163.12	13.46		
运输					15.54	3.33	9.54	1.23	54.46	3.16				
奥运村	82.22	15.05					52.16	6.74	139.88	8.11			135.07	9.30
门票			14.34	3.90	26.1	5.59			21.17	1.28			79.15	5.46
其他	84.93	15.54	15.78	4.30	64.51	13.83	81.76	10.57			97.26	8.02	109.64	7.56
合计	546.49	100.00	367.23	100.00	466.65	100.00	773.37	100.00	1723.16	100	1212	100.00	1450.96	100.00

资料来源：1988 年汉城奥运会数据来自：Korea Development Institute，Impact of the Seoul Olympic Games on National Development；1992 年巴塞罗那奥运会数据来自：CooB'92，The Official Report of XXV Olympiad；2000 年悉尼奥运会数据来自：Olympic Co－ordination Authority. The Sydney 2000 Olympic and Paralympic Games：A Report on the Financial Contribution by the New South Wales Government to the Sydney 2000 Games；其余数据来自：Holger Pruess，The Economics of Olympic Games，Walla Walla Press。

* 包括运输支出。

* * 为巴塞罗那奥运会的商务管理。

1984 年是奥运会市场化的一个重要分界点。此前，历届奥运会的场馆设施在奥运会结束后被经营利用的效果较差，多数没有产生经济效益，反而成为政府的负担。1984 年的洛杉矶奥运会开始了市场化经营方法。

1988 年汉城奥运会，汉城奥林匹克体育促进基金会承担了 6 个体育设施的建设，并利用奥运会的盈余及税收来运营这些设施。基金会还通过金融运作盘活体育资金，通过融资手段实现基金增值。一些企业购买基金会的债券或以入股的方式向基金会注入资金，然后基金会用这些资金开展赢利性项目。基金会向民间体育设施企业发放贷款，赚取利息，也是通过金融运作增加收入的渠道。

1992 年奥运会的东道主，巴塞罗那设计了一个永久奥林匹克区域，包括重建一个主体育场、一个大型室内设施和一个奥林匹克走廊，这些费用都是由基金会提供的。

1996 年奥运会为亚特兰大留下了数量可观的体育场馆，其中对于“奥林匹克体育馆”的投资高达 2.44 亿美元。亚特兰大奥委会投资 4200 万美元兴建了奥运村。州及其他来源资金投入了另外的宿舍改造及莱尼尔湖奥林匹克中心建设。

亚特兰大奥运会主体育场由亚特兰大奥运会组委会出资 2.89 亿美元建造。在建设之初奥运会组委会与亚特兰大英雄队和亚特兰大市政府签订了一个协议。协议的主要内容包括：奥运会主体育场由奥运会组委会出资兴建，奥运会结束以后运营管理权力移交给亚特兰大英雄队，由其运营 30 年以后，产权移交给亚特兰大市政府。奥运会的射击场、网球场、马术场、水上运动中心、皮划艇设施等在奥运会结束后被移交给地方政府、大学、私人捐赠者运营管理。

2000 年的悉尼奥运会既不像洛杉矶奥运会那样成为一项赚钱的生意，也没有成为政府的财政负担。来源于悉尼奥林匹克公园管理局的资料显示，悉尼奥林匹克公园总体上处于亏损状态，原因在于场馆过于集中，数量太多，造价太高，公园尚处于开发阶段。

2004 年雅典奥运会场馆建设规划不够周全，场馆的建设支出、场馆的赛后利用、场馆建设工期等方面存在的问题尤为明显。雅典奥运会场馆建设、奥运会运营和其他相关支出达 120 亿美元，这一数额超过了除北京奥运会以外历届奥运会的经费支出。2004 年希腊政府的财政赤字占国内生产总值的 5%，其中一半以上与奥运会的筹备和举办有关。在场馆建设过程中实际支出比预算高出 30% ~50%，其中许多超额支出与奥运会场馆建设启动较晚有关。

大型体育场馆属于基础性投资，具有投资规模大、回收期长的特点，在吸引社会和个人资金方面有一定的困难。国际上常见的做法是政府为了调动企业对体育场馆建设的积极性，分别在建设资金补贴、贷款、税收和土地征用等方面提供优惠。如西班牙政府规定，凡公司、企业或个人在市政规划内投资修建的体育场馆项目均给予投资额 20% 的资助；德国则提供优惠的土地价格；意大利还对私有资金建场馆赋予土地无偿使用权。这些相关政策措施较大地调动了企业和个人对修建体育场馆的积极性。

目前国内外奥运会场馆及其他大型场馆的设计、建设和赛后运营的趋势是采用 PPP 模式，即政府和企业相互协作、相互支持的模式。采用 PPP 模式，由企业参与体育场馆的建设和运营可以有效地降低政府风险，尤其是可以有力地提高奥运会场馆及其他大型场馆的运营管理水平，提高经营效益。

发达国家城市大型体育场馆的管理基本上是采取政府与企业相互合作的方法，基本方法是 BOT（建设—运营—移交）模式。大型体育场馆一般由政府出资兴建，场馆建完以后以较低的价格租给企业（主要是职业体育俱乐部）并由企业运营一个时期，合同期结束以后，企业将产权移交给市政府。这种运营管理模式有以下优点。

第一，可以明显地降低政府的财政风险。将场馆建成以后出租给企业，可以为政府省去一大笔维护费用，如果继续由政府运营，则难以避免经营亏损的状况。将体育场馆出租给企业，可以在一定时期内回收政府的建设投资。

第二，将体育场馆出租给职业体育俱乐部，使得职业体育俱乐部有了一个重要的市场开发平台，使得职业体育俱乐部能够形成自我造血、自我生存和自我发展的能力，使得职业体育能够得到健康发展。

第三，BOT 的运作模式极大地推动了城市经济的发展。体育场馆承载的大型赛事的运作通过投入产出链带动了城市旅游业、餐饮业、零售业、运输业等相关产业的发展。这种影响是持续不断的，使得体育场馆成为一个巨大的城市经济增长极。

总体来说，政策、税收、发达的资本市场等环境和体育产业的市场化是发达国家体育场馆投融资的重要保障。

二、我国城市体育场馆建设投资特点分析

自中华人民共和国成立以来，尤其自改革开放以来，党和政府十分重视我国体育事业的发展，十分重视人民群众的身体健康。随着经济的发展，我国的体育场馆建设得到了迅猛发展，至 2003 年年底，我国城市体育场馆的建设投入达到 1639.24 亿元人民币，占全国体育场馆投资的 85.62%。大量建设资金的注入使我国城市体育场馆数量得到了快速的增长。

我国体育场馆建设资金投入具有如下特点。

（1）我国体育场馆的建设投入主要以国家和集体投入为主。企业及其他资金来源在建设场馆方面明显不足。这与国际上大量采取的 PPP（政府与社会资本相结合）模式有所不同。改善这种状况，拓宽建设体育场馆的资金来源途径是将来发展的重要一步。

（2）不同地区和城市由于经济发展水平不同，在体育场馆建设资金的投入水平上存在明显的差异。经济发展水平高的地区和城市，人均体育场馆建设投入远高于其他地区。

三、2008 年我国奥运场馆的投融资特点

2008 年北京奥运会规划建设的比赛场馆有 37 个、专项训练场馆有 41 个，其中比赛场馆新建 14 个、改建和扩建 14 个、临建 9 个；北京地区 31 个，京外 6 个（表 9-3）。

表 9-3　2008 年北京奥运会比赛场馆一览表

	新建场馆	备注
1	国家体育场	京内
2	国家游泳中心	京内
3	国家体育馆	京内
4	北京射击馆	京内

续表

	新建场馆	备注
5	五棵松体育馆	京内
6	老山自行车馆	京内
7	奥林匹克水上公园	京内
8	中国农业大学体育馆	京内
9	北京大学体育馆（2008 年奥运会乒乓球比赛馆）	京内
10	北京科技大学体育馆（2008 年奥运会柔道馆、跆拳道比赛馆）	京内
11	北京工业大学体育馆（2008 年奥运会羽毛球和艺术体操比赛场馆）	京内
12	青岛国际帆船中心	京外
13	天津奥林匹克中心体育场	京外
14	秦皇岛市奥林匹克体育中心	京外
	改建和扩建场馆	
1	奥体中心体育场	京内
2	奥体中心体育馆	京内
3	工人体育场；建设地点：朝阳区工体路；赛时功能：足球	京内
4	工人体育馆；建设地点：朝阳区工体路；赛时功能：拳击	京内
5	首都体育馆	京内
6	丰台垒球场	京内
7	英东游泳馆	京内
8	老山自行车场	京内
9	北京射击场飞碟靶场	京内
10	北京理工大学体育馆	京内
11	北京航空航天大学体育馆	京内
12	香港奥运赛马场	京外
13	五里河体育场	京外
14	上海体育场	京外
	临时建设场馆	
1	国家会议中心击剑馆	京内
2	奥林匹克森林公园曲棍球场	京内
3	奥林匹克森林公园射箭场	京内
4	奥林匹克森林公园网球场	京内
5	五棵松棒球场	京内

续表

	临时建设场馆	备注
6	沙滩排球场	京内
7	小轮车赛场	京内
8	铁人三项赛场	京内
9	城区公路自行车赛场	京内

资料来源：第29届奥林匹克运动会组织委员会网站。

从我国奥运场馆建设的投融资来看，单一依靠财政资金的情况已得到很大的改善。

从2008年我国奥运新建场馆的投资来源情况（图9-2）可以看出，财政资金占比总体上已不足50%，部分场馆财政资金占主要部分的原因是：场馆的主要功能是国家队训练及比赛需要，所以完全由国家来投资建设。其他来源资金总计超过了64%，单一依靠财政资金的情况已得到很大的改善。

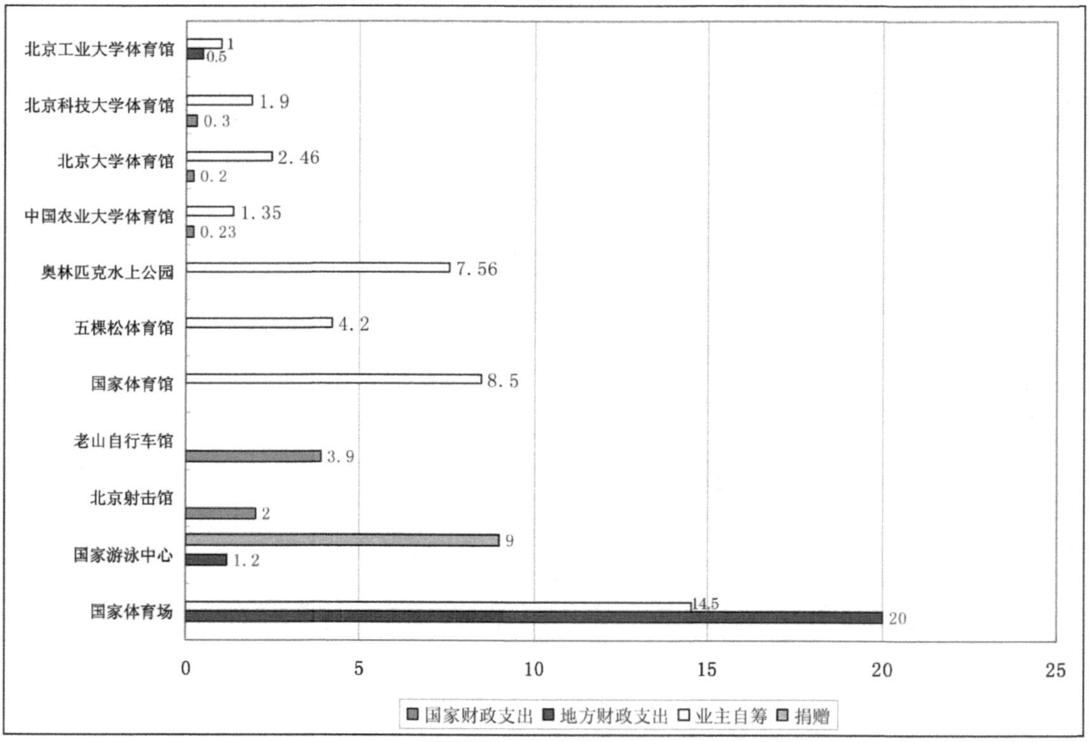

图9-2 奥运新建场馆投资来源（单位：亿元）

注：①其中国家游泳中心1.2亿元人民币政府出资为土地费用和设计费用。②国家体育场、国家游泳中心、北京射击馆、老山自行车馆、国家体育馆、五棵松体育馆、奥林匹克水上公园、中国农业大学体育馆、北京大学体育馆数据根据新浪体育（www.olympic.cn）数据整理。其他数据根据国家体育总局网站数据整理。

北京奥运会场馆建设的投融资还呈现出形式多样的特点。国家体育馆连同奥运村一起招标，将两个项目统一起来考虑进行投融资和赛后运营，提高了投融资的吸引力及赛后经营的能力。五棵松体育馆结合五棵松文化体育中心的整体来设计，充分考虑了当地体育场馆结构不平衡、百姓缺少相关体育设施的状况，因此采用了项目公司国际招标的形式获取场馆建设资金，为今后运营提供了保障。这种一体化考虑兼顾了场馆赛后运营的经济效益，为提高场馆的经营效益打下了基础。

业主完全自筹的投融资模式减轻了国家的投资压力，一改以前大型赛事的场馆主要靠财政投资的状况，不仅为场馆的赛后运营打下了坚实的基础，也为体育产业的发展及市场的壮大提供了有效的探索。

四、经济发展、金融环境与体育场馆投资

（一）经济发展与体育场馆投资

据第五次全国体育场馆普查资料，自 20 世纪 80 年代末以来，我国体育场馆总数和国民经济一起迅猛发展，由 1989 年的 9560 个场馆发展到 2003 年的 51873 个，增长了 443%。同期按当年价格计算的国内生产总值由 16992 亿元增长到 135823 亿元，增长超过 690%（图 9－3）。

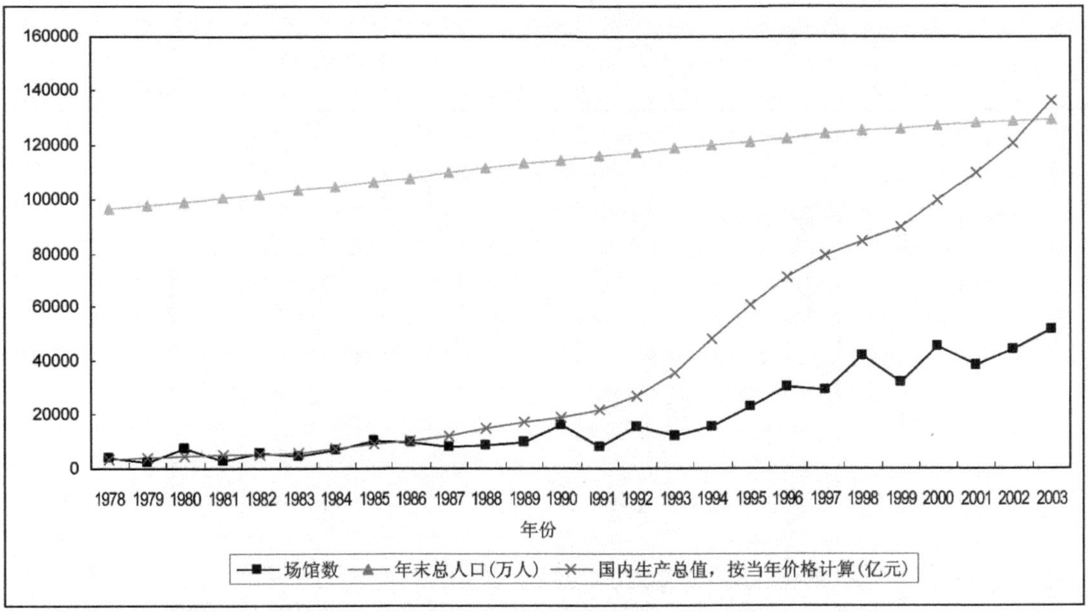

图 9－3　1978—2003 年场馆总数与总人口数，国内生产总值

注：以上分析中体育场馆总数包含新疆生产建设兵团、解放军系统、武警系统、铁路系统的数据。

数据来源：第五次全国体育场馆普查，国家统计局历年统计年鉴。

体育场馆总数随着国民经济的发展而增长的趋势体现了体育事业受益于经济建设的成果。

1982 年以前的数据为户籍统计数；1982—1989 年的数据根据 1990 年人口普查数据进行了调整；1990—2000 年的数据根据 2000 年的人口普查数据进行了调整；2001—2003 年的数据为人口变动情况抽样调查推算数。总人口中包括中国人民解放军现役军人，按城乡分，人口中现役军人计入城镇人口。

进一步利用 1978—2003 年投资新建的体育场馆数及同期人均 GDP（表 9－4）（按当年价格计算的 1978—2003 年的 GDP/年末总人口值）进行回归分析。可以看到，人均 GDP 上升了，新建的体育场馆数也随之上升（图 9－4）。最后体现出总体经济发展带来体育场馆总体水平的提升。

注：1980 年以后国民总收入（原称国民生产总值）与国内生产总值的差额为国外净要素收入。

表 9－4　1978—2003 年投资新建的体育场馆数及同期人均 GDP 描述统计　$n = 26$

	人均 GDP（元）	新建体育场馆数（个）
均　值	3443.869	175.1923
中位数	1756.672	129.5000
最大值	10510.40	653.0000
最小值	378.6885	22.00000
标准差	3266.404	154.7251

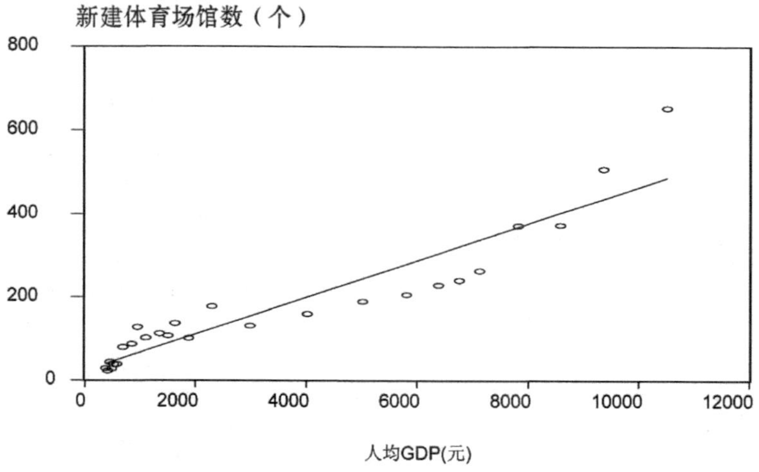

图 9－4　人均 GDP 与新建体育场馆数的线性估计

图 9 -4 中人均 GDP 是按照当年价格计算的 1978—2003 年的 GDP/年末总人口值，新建体育场馆数是 1978—2003 年第五次全国体育场馆普查体育场数加体育馆数。

线性拟合估计式为 $y = 22.63 + 0.0443x$，$R^2 = 0.875$。

其他估计结果如表 9 -5。

表 9 -5　场馆及经济的估计参数

变量	系数	标准差	T 统计量	p 值
C	22.62752	16.10031	1.405409	0.1727
人均 GDP	0.044300	0.003423	12.94073	0.0000

从图 9 -4 上看，新建体育场馆数及人均 GDP 增长大致分三个阶段：第一阶段，人均 GDP 在 3000 元以下时，新建体育场馆数高于线性拟合趋势的“平均值”；第二阶段，人均 GDP 在 3000 元以上、9000 元以下时，新建体育场馆数低于线性拟合趋势的“平均值”；第三阶段，人均 GDP 在 9000 元以上时，新建体育场馆数高于线性拟合趋势的“平均值”。这说明经济发展初始阶段，体育场馆建设超前一点；经济发展中间阶段，体育场馆建设有所滞后；到经济发展的相对成熟阶段，体育场馆建设又超前于经济发展。

分省、自治区、直辖市人均地区生产总值与体育场馆保有量的关系如下。

按每百万人拥有场馆数排序（图 9 -5）：

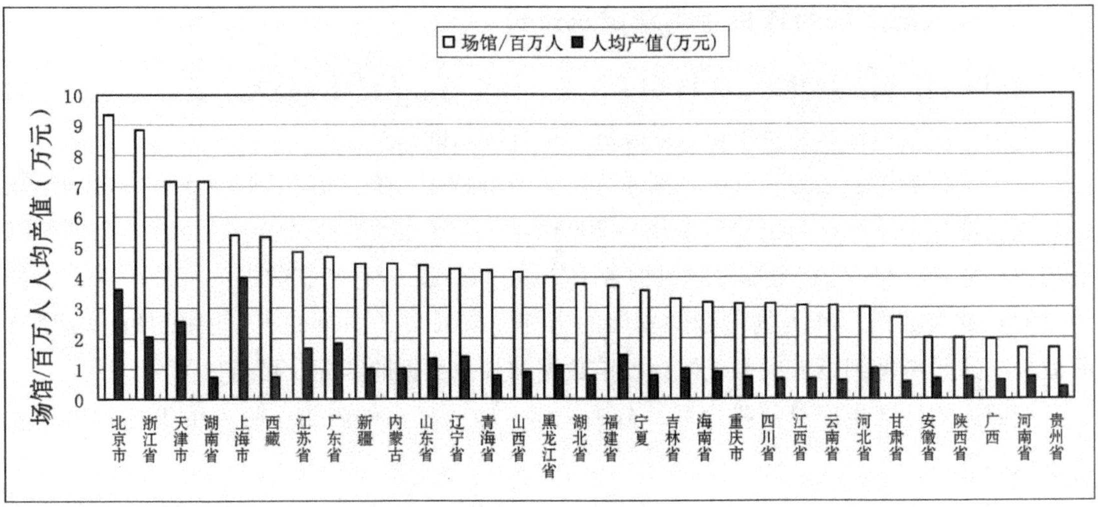

图 9 -5　分省、自治区、直辖市人均地区生产总值与体育场馆保有量

按人均地区生产总值排序（图 9 -6）：

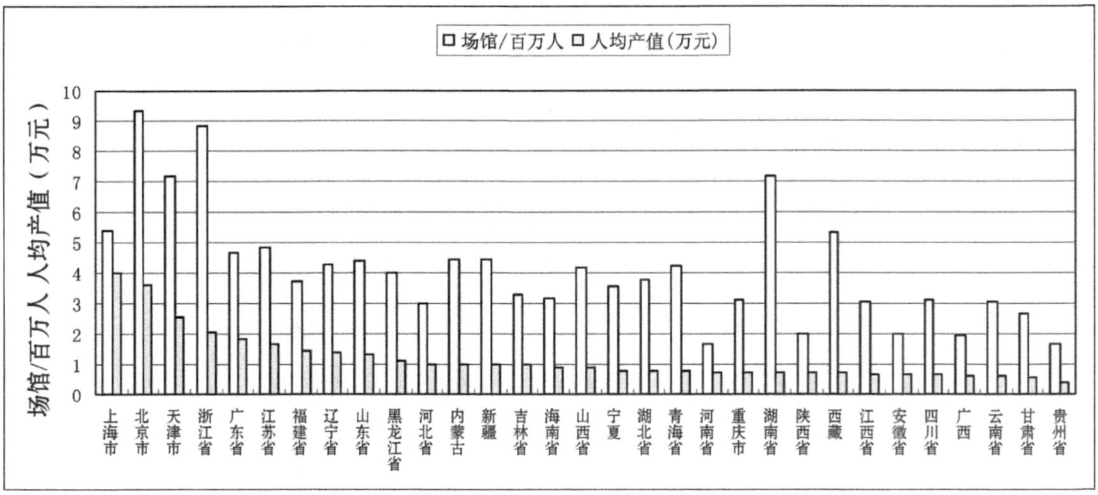

图9-6 分省、自治区、直辖市人均地区生产总值与体育场馆保有量

对图9-5、图9-6进行比较，我们发现，分省、自治区、直辖市人均地区生产总值与体育场馆保有量具有较强的相关性，虽然在按每百万人拥有场馆数排序和按人均地区生产总值排序上有微小的差别，但总体上经济发达地区其体育场馆保有量较高，不发达地区体育场馆保有量较低，总体规律是一致的。结论与回归结果（新建场馆1978—2003年时间序列）相似，经济越发达，每百万人拥有的场馆数越多。

（二）金融发展与体育场馆建设及投资

前面看到，经济越发达，人均GDP越高，体育场馆的建设及发展越好。

下面用两个指标来初步衡量金融发展与体育场馆的关系。

由于体育场馆数据为第五次全国体育场馆普查数据，有分省市的2003年体育场馆数据。相应地我们从统计年报数据中找出2003年分省市地区生产总值（亿元）、全部金融机构各项存款（亿元）、全部金融机构各项贷款（亿元）[存贷款数据为本外币（不含外资机构）并表数据] 作为衡量金融发展的指标。与莱文（Levine）等使用的指标相比有所减少，这是考虑到第五次普查体育场馆数据和其他数据的匹配及可得性。

按照人均地区生产总值排序后，分为三组：收入较高的省市，收入中等的省市和收入较低的省市。

人均地区生产总值收入较高的前十个省市2003年场馆数据及分省市地区生产总值（亿元）、全部金融机构各项存款（亿元）、全部金融机构各项贷款（亿元）描述统计如表9-6。

表9－6 人均地区生产总值收入较高省市分析指标描述统计 $n=10$

	场馆/百万人	人均产值（万元）	存款/地区生产总值	贷款/地区生产总值
平均	5.655655	2.107329	1.811487	1.334939
标准误差	0.648576	0.315233	0.286546	0.15484
中位数	4.733348	1.753162	1.586226	1.269652
标准差	2.050978	0.996853	0.906139	0.489648
方差	4.20651	0.993716	0.821088	0.239755
峰度	-0.39139	0.118164	4.286124	1.014763
偏度	1.080279	1.15118	2.009039	1.263419
最小值	3.716508	1.099864	1.062896	0.842331
最大值	9.334298	3.998943	4.060337	2.365634
求和	56.55655	21.07329	18.11487	13.34939

人均地区生产总值收入中等的十个省市2003年场馆数据及分省市地区生产总值（亿元）、全部金融机构各项存款（亿元）、全部金融机构各项贷款（亿元）描述统计如表9－7。

表9－7 人均地区生产总值收入中等省市分析指标描述统计 $n=10$

	场馆/百万人	人均产值（万元）	存款/地区生产总值	贷款/地区生产总值
平均	3.578414	0.881101	1.350802	1.169626
标准误差	0.27261	0.034552	0.078862	0.07727
中位数	3.662239	0.873411	1.344947	1.200659
标准差	0.862068	0.109262	0.249383	0.244348
方差	0.743162	0.011938	0.062192	0.059706
峰度	1.651402	-1.83983	-0.11071	-0.8579
偏度	-1.16913	0.056475	-0.2804	-0.05056
最小值	1.663786	0.741973	0.891052	0.82538
最大值	4.467532	1.026289	1.709583	1.552542
求和	35.78414	8.811014	13.50802	11.69626

人均地区生产总值收入较低的后十一个省市2003年场馆数据及分省市地区生产总值（亿元）、全部金融机构各项存款（亿元）、全部金融机构各项贷款（亿元）描述统计如表9－8。

表 9－8　人均地区生产总值收入较低省市分析指标描述统计　　$n = 10$

	场馆/百万人	人均产值（万元）	存款/地区生产总值	贷款/地区生产总值
平均	3.186554	0.639342	1.395218	1.07101
标准误差	0.502385	0.02931	0.080062	0.066249
中位数	3.031716	0.655379	1.389774	1.143174
标准差	1.666222	0.097209	0.265536	0.219722
方差	2.776294	0.00945	0.070509	0.048278
峰度	2.742748	2.627941	－1.07339	－1.69495
偏度	1.719366	－1.52729	0.173911	0.039016
最小值	1.64539	0.404635	1.024629	0.783619
最大值	7.189441	0.73554	1.827852	1.404422
求和	35.05209	7.032761	15.3474	11.78111

如图 9－7 所示，经济越发达，人均 GDP 越高，体育场馆的建设及发展越好。地区越富有，金融系统发展得越好，体育场馆的建设及发展就越好。这说明了经济发展及金融环境与体育场馆的建设及投资有较强的关系。

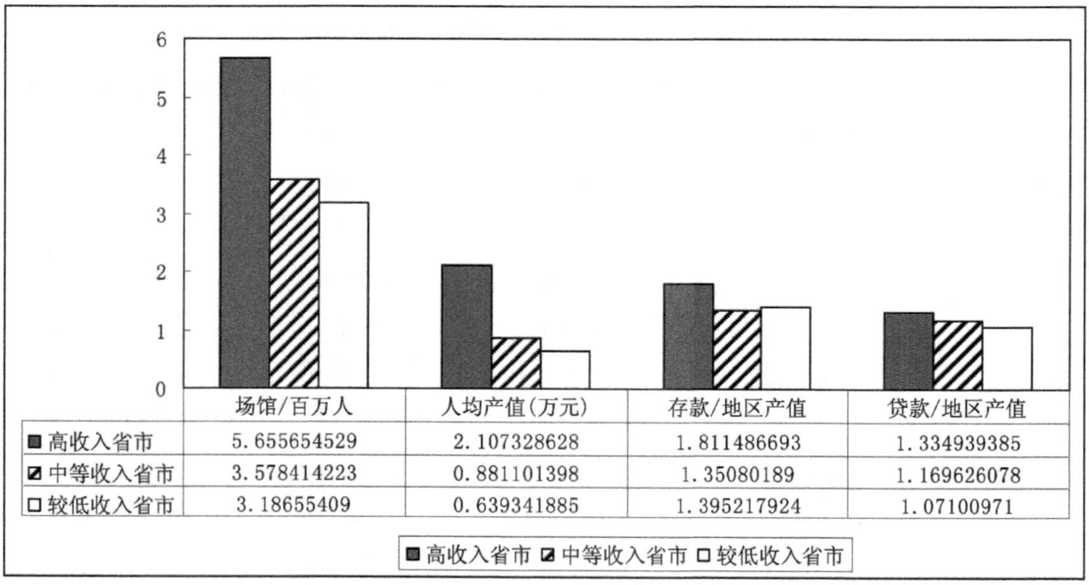

图 9－7　按收入分组的场馆、经济及金融发展均值比较

五、投融资环境——金融市场对经济发展及体育场馆投融资的促进

（一）证券交易所对国民经济的推动

深圳证券交易所于1990年12月1日开始营业，为证券集中交易提供场所和设施，组织和监督证券交易，实行自律管理，由中国证监会直接监督管理。

上海证券交易所成立于1990年11月26日，同年12月19日开业，归属中国证监会直接管理。

从统计数据可以看到，交易所与中国证券市场共同成长。多年来，交易所借助现代技术条件，成功地在深圳及上海两座城市建成了辐射全国的证券市场。据深圳证券交易所和上海证券交易所1992—2006年的数据，交易所累计为国民经济筹资19114.3亿元，对建立现代企业制度、推动经济结构调整、优化资源配置、传播市场经济知识，起到了十分重要的促进作用。

来源于上海证券交易所、深圳证券交易所统计年鉴的股票市值、股票筹资额与人均国内生产总值及国内生产总值相关系数也表明：股票市值、股票筹资额与人均国内生产总值具有统计上很好的相关性；股票市值、股票筹资额与国内生产总值同样具有统计上很好的相关性。

对于体育场馆的投资来说，一个好的产权市场能高效地实现投资的变现及退出。有一定流动性的场馆资产一方面可以更好地吸引投资资金，另一方面增加了场馆资产的价值。市场为交易的对象提供了流动性，为供需双方提供了互相满足自己需要的交易场所和机会。

如果可能，一个创新性的设想是建立专门交易与各类和体育产业有关的资产的交易市场，股权、债权、各类赛事的举办权利、运动员无形资产等其他各类实体或非实体的资产。通过建设类似的体育无形资产及有形资产的交易市场，不仅能通过增加流动性而增加这些体育资产的价值，而且能够通过市场对资源的高效配置，有力地促进整个体育产业的发展，如同证券交易市场对整个国民经济的促进一样。

体育场馆是体育产权中有形资产的一个大类。对于有形资产的体育场馆产权来说，提供一个市场以有效提高体育产权的交易流通性能够很好地体现其资产收益及减少投资风险。不同的研究表明，现阶段我国体育产权交易规模有所扩大、品种增多、交易方式体现出新的特点，但交易还存在体制性障碍，缺乏有效的市场及平台，交易费用较高。

（二）体育产权交易

对我国资本市场交易影响较大的交易平台是上海证券交易所和深圳证券交易所。除了境外的交易所市场，近年来蓬勃发展分散在不同地区的产权交易中心满足了一部分投

融资的需求。

我国产权市场起步于20世纪80年代末，到2001年年底，全国有200余家产权交易机构，其中包括30余家技术产权交易所。2009年，北京产权交易所创建5年来累计完成各类产权交易项目17244项，实现成交额2736.24亿元，平均年增长率接近50%。

1. **体育无形产权的交易所交易**

邱伟昌、李南筑、杨为民、姚芹等（2007）在理论研究的同时，还与体育企业合作，将一些体育产权项目陆续推荐到上海联合产权交易所进行交易。第一次尝试是在2005年9月，与上海中邦足球俱乐部合作，将其2006年度中超广告权整体打包，在上海联合产权交易所进行意向挂牌。这个项目也成为第一个体育赛事产权在资本公开交易平台进行交易的案例。第二次尝试是在2006年12月与上海纷华体育经纪有限公司合作，将CBA全明星赛的赞助权推荐到上海联合产权交易所挂牌交易。上海联合产权交易所的体育广告权及赞助权交易是体育无形资产的集中交易尝试。

2. **体育有形产权的交易所交易**

2008年北京奥运会后，北京产权交易所与奥组委合作对部分奥运资产进行了出售转让。北京产权交易所对奥运资产的处置流程与一般的非体育类产权转让有相似之处。

3. **足球运动员的转会交易**

体育球员挂牌交易和各种体育有形无形资产的转让需要进行体育类产权交易。随着体育产业的发展，这类资产或权益的交易需求会越来越多。在发展初期，建立一个体育产权交易市场用于交易各类与体育产业有关的资产，如非上市流通的股权、债权、各类赛事的举办权利、运动员无形资产等其他各类实体或非实体的资产。在这个交易市场充分发育成熟后，再进一步扩大交易的参与者，使得中小投资者也能投资于标准化、证券化的各类体育资产和权益。同时，体育产业也会随着投资者、交易者的不断壮大而壮大，为国民经济的发展及人民生活水平的提高贡献自己的力量。

上海联合产权交易所的体育广告权、赞助权交易，北京产权交易所的奥运资产处置，足球运动员的挂牌转会等是各类体育有形资产、无形资产、体育人力资本交易的尝试。通过实践，建立集中的体育有形资产、无形资产、体育人力资本交易平台有利于各类体育资源的优化配置，促进体育事业的发展。

建议在政府的主导下建立体育产权的交易平台，或者与现有产权交易平台联合建立相对独立的交易平台，实现体育产权集中交易。

体育产权证券化的交易市场是产权交易更高级的形式，在实现这个高级形式的初级阶段，我们可以先从体育产权的产权交易市场起步，逐步过渡到更多专业交易者参与的产权证券交易，再进一步则是普通投资者参与的证券化的交易（图9-8）。

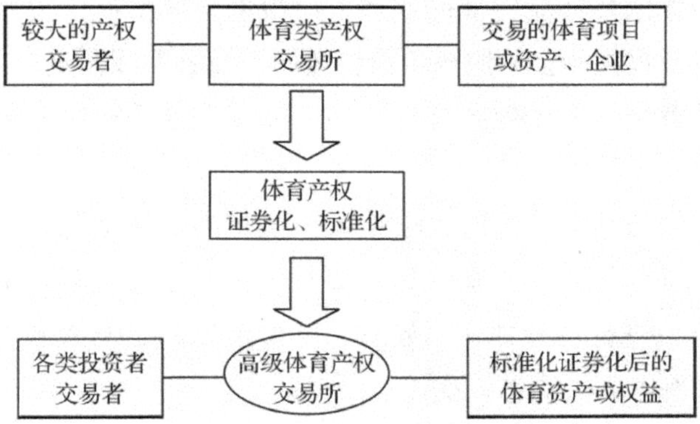

图 9－8　体育产权交易发展流程

六、体育场馆投融资及产权交易要解决的两个问题

体育场馆产权体现为企业及政府、事业单位的所有权。这种类型的体育产权与其他行业的产权有很多的相同之处。但由于体育场馆的特殊性，与其他行业的产权相比，体育场馆产权有自己的特征。在交易市场环境建设下进行交易的时候，必须根据其特征进行分析、规范及处理，以符合标准的产权交易的要求。

（一）体育场馆的公益性在产权交易估价时应被界定及补偿

体育场馆的公益性表现在群众体育活动及休闲娱乐、具有公共性的竞技运动服务、学校体育等方面。经营效益评估包括投入产出、净利润等方面。

谭刚（2008）的研究通过问卷调查、因子分析并结合逻辑推理方法建立以基层运动训练、高水平运动竞赛、群众体育、经费自给率、全员劳动生产率、成本费用利润率为主的公共体育场馆公益与经营效益评估指标体系（图 9－9）。调查表明，现阶段我国体育场馆具有公共品特征，公益在公共体育场馆的开放中占据主导地位，权重为 0.598。

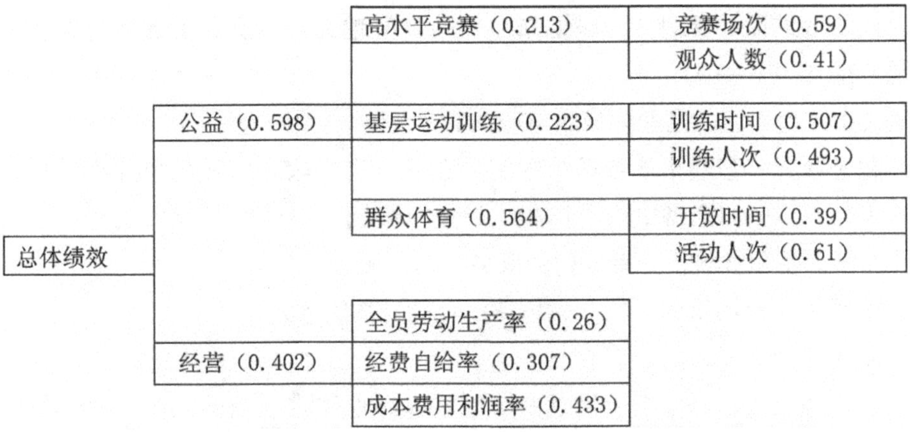

图 9－9　大型公共体育场馆公益与经营效益评价指标体系

对于体育场馆中体现公共品特征的服务，应根据具体情况区分其公共服务提供的价值，按照一定的权重及提供的公共服务价值由政府予以补贴或投资。

相应地，对于体育场馆中体现经营特性的产品或服务，按照一般的资产经营标准考评其资产价值。

计算体育场馆中的公共品价值时，根据某个场馆的具体情况，一般计算以下几个方面：①高水平竞赛、竞赛场次及观众人数；②对居民开放体育场地的时间、人次，群众利用体育场馆周边空地进行各种休闲、娱乐、体育活动的参与人数，承办大型公众集会的场次、人数；③训练时间及训练人次。

（二）体育场馆资产的证券化

体育场馆中体现经营特性的产品或服务，主要项目有：①旅游观光；②举办比赛及文艺演出；③会展；④商务租赁；⑤特许商品；⑥广告；⑦冠名权、赞助及其他无形资产。

体育场馆赞助是指有限的赞助商提供资金和产品或服务来支持场馆的建设和运营，并在场馆品牌平台上实现赞助商权益回报。

例如：国家体育场赞助平台，作为2008年北京奥运会的主场馆，国家体育场在所有场馆中受到政府、媒体、体育界人士、普通群众等各方的关注最多。

企业通过赞助成为国家体育场的赞助商，可以树立行业领导者形象，增加商务拓展机会，增加品牌曝光、产品及服务展览展示的机会，增加产品或服务信誉度，提升消费者对其品牌和产品的偏好度，提供赞助商品牌创造空间，让消费者感受其品牌精髓，增强企业的凝聚力，强化员工的主人翁意识并增强自豪感。

同时，对于消费者而言，为消费者带来新鲜的，富有娱乐性、教育性的体验平台，增加了一个了解场馆赞助商产品和服务的渠道。

国家体育场赞助平台内容：目前，国家体育场接受两个层次的赞助，由高而低分别为“共建伙伴”的赞助、“供应商”的赞助，同时接受赞助商以现金或现金等价物（即货物对价）的形式提供赞助。一般说来，赞助价值越大，其所获得的相应的赞助级别和权益就越丰富（图9-10）。

其他大型体育场馆的商业附属设施收入：

（1）包厢收入，包厢指体育场馆中配置在看台视野较好区域的单元性设施，包厢一般都配备休息室，里面配备电视、冰柜、沙发、壁橱、桌椅等常规办公和生活设施。豪华包厢还提供食品和饮料，并有专门的服务生提供服务。

（2）附属于体育场馆的餐饮、娱乐、体育健身休闲收入。

（3）附属于体育场馆的酒店收入。

（4）停车场收入，停车场应当是一个安全并靠近体育场馆的场所，停车场收入也是大型体育场馆的一个重要的收入渠道。

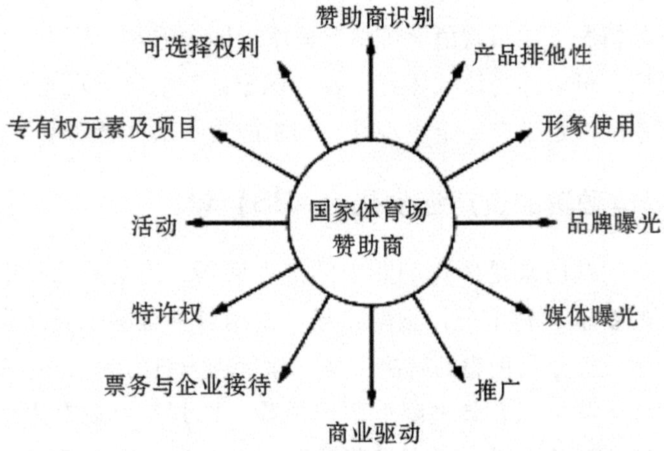

图 9-10 国家体育场赞助商权益回报范围纵览

(三) 体育场馆产权估值的一个例子：国家体育场旅游观光收入

对于交易市场良好的体育场馆及其他各种体育产权，交易市场有价格发现的良好机制。对这些体育产权的估价也是体育产权及资源交易的重要参考。

对国家体育场旅游观光收入的体育产权项目进行投资估值，该项目年收入水平为6亿元，预计投资该项目5年后，该项目的年收入增长率可能为10%（好）、5%（中）、0%（差），发生概率为60%、20%、20%。

表 9-9 旅游观光收入项目投资估值　　单位：亿元

期末发展情况	发展情况好	发展情况中	发展情况差
1. 期末收益（5年末）	9.66	7.66	6
2. 年盈利率	15%	7%	7%
3. 年盈利	1.45	0.54	0.42
4. 市盈率	17	7	3.5
5. 期末项目价值	24.63	3.75	1.47
6. 项目现值：10%贴现率	15.30	2.33	0.91
7. 概率	60%	20%	20%
8. 期望的项目现值	9.18	0.47	0.18
9. 结果：项目现值	9.83		

表9-9中旅游观光年收入水平根据国家体育场有关数据整理。年盈利＝期末收益×年盈利率，即表项3＝表项1×表项2；期末项目价值＝年盈利×市盈率，即表项5＝表项

3×表项4；项目现值=期末项目价值/（1+贴现率）^{5}，即表项6=表项5/（1+10%）^{5}；期望的项目现值=某情况下项目现值×该情况概率，即表项8=表项6×表项7。

得到项目现值后，可以作为该项体育产权（国家体育场旅游观光收入）交易的参考。

缺点：发生概率的设定带有一定主观性，判断能力不足，会产生一定偏差。

（四）体育场馆融资的资产证券化（ABS）设计

体育场馆的融资问题历来是体育产业中的焦点话题，传统的依靠财政投入的方式已经不适应市场经济的要求，利用现代金融市场，使用各种金融工具从资本市场融资，有效地利用各类社会闲置资金是理想的解决方案。除了较为热门的工具包括PPP（由企业参与体育场馆的建设和运营可以有效地降低政府风险，尤其是可以有力地提高奥运会场馆及其他大型场馆的运营管理水平，提高经营效益）及各类不同于PPP的模式，资产证券化融资在体育场馆建设中的应用也是适应体育场馆融资需求及资本市场发展的可行选择。

体育场馆类体育资产可以使用资产证券化融资，就在于体育场馆的门票收入、举办比赛及文艺演出的收入、会展收入、商务租赁、赞助、豪华包厢等经营收入来源比较稳定，能在未来产生稳定的可预期现金流。因此，可以认为体育场馆运用资产证券化融资，主要是体育场馆以其未来的门票收入、举办比赛及文艺演出的收入、会展收入、商务租赁、赞助、豪华包厢等经营收入来源中的一项或几项预期收入为依托，组成一个资产池，并将其出售给一个特设机构，该机构再发行由该资产池支持的证券，并将发行收入返还给体育场馆所有权人，从而实现其融资的过程或技术。

体育场馆资产证券化融资流程：

第一，体育场馆资产证券化发起人先对基础资产进行评估，根据自身的融资需求，确定资产证券化的目标数量，将具有某些共同特征的资产重新组合，形成资产池。体育场馆所有权人首先要确定准备将哪些预期收入予以证券化。从当前我国体育场馆的经营状况来看，能够产生稳定的现金流的是体育场馆的门票收入、举办比赛及文艺演出的收入、会展收入、商务租赁收入及附属商业设施收入，不同的体育场馆相对稳定的资产收入不同。因此，在现阶段应确立以体育场馆的门票收入、举办比赛及文艺演出的收入、会展收入、商务租赁收入及附属商业设施收入作为资产证券化的目标，组成资产池。

第二，组建特殊目的实体并真实出售基础资产。特殊目的实体购买资产后，进行资产有关管理工作。体育场馆将资产池出售给特殊目的实体。在此环节，国外一般是将资产池出售给一些比较著名的金融机构设立的特殊目的实体，依靠这些机构较高的信用发行债券，可充分利用其专业技术并提高资产证券的信用，保证证券发行的成功。

第三，以体育场馆未来的门票收入、举办比赛及文艺演出的收入、会展收入、商务租赁收入及附属商业设施收入组成资产池的预期权益作为保证发行债券，该项工作由特殊目的实体完成。特殊目的实体根据体育场馆未来的门票收入、举办比赛及文艺演出的收入、会展收入、商务租赁收入及附属商业设施收入的组合特点及期限，进行信用质量的评估和现金流量的分析，对来自资产组合的现金流量进行重新分配，并结合投资者的偏好以及发行方式的不同，设计具有不同期限和面额、不同风险级别、不同利率水平和形式、不同支付次序的证券以满足投资者需求。同时，特殊目的实体与原始受益人签订服务合同、与受托管理银行签订托管合同、与银行达成提供流动性的周转协议、与证券商签订承销合同、聘请信用评级机构进行内部评级。为保证资产证券的成功发行，还需要聘请信用评级机构对资产证券的信用等级进行评定。只有经过有资格的、权威的信用评级机构的评定，获得比较高信用等级的资产证券才能吸引投资者。

第四，信用增级。为吸引更多的投资者投资体育场馆的资产证券，应采取一定的措施提高资产证券的信用等级。常见形式有第三方担保（第三方信用支持）、超额抵押、对发行人的追索权（全部或部分追索权）、优先或附属（次级）证券结构、现金储备。

第五，发行证券。发行人与证券承销机构达成证券承销协议，由证券承销商向投资者出售证券。证券发行完毕后即可上市交易。为避免发行失败，可由证券承销商全部买断所有资产证券，并负责全部资产证券的销售工作，以避免资产证券发行失败。此外，还可以由证券承销商组织部分机构投资者认购大部分资产证券。

第六，资产管理。受托管理人对体育场馆未来的门票收入、举办比赛及文艺演出的收入、会展收入、商务租赁收入及附属商业设施收入组成资产池的资产现金流进行管理。

第七，支付证券本息。受托管理人根据特殊目的实体的委托，在规定的每一证券偿付时间内，向投资者转递证券本息。资产担保证券全部偿付完毕后，如果资产组合产生的收入还有剩余，则这些剩余收入将返还给交易发起人。

七、产业投资基金：体育场馆融资的重要参与者

体育产业是一国体育事业发展中一项非常重要的产业，面对体育产业及体育场馆巨大的资金需求，推出体育产业投资基金则可以有效地解决这一问题。产业投资基金直接投资于实业，类似于西方国家的有组织的私募股权投资基金。产业投资基金通常采取向多数投资者发行基金份额设立基金公司，由基金公司自任基金管理人或另行委托基金管理人管理基金资产，委托基金托管人托管基金资产，从事实业投资的一种创新的金融制度，投资收益按投资者的出资份额分享，同时投资风险由投资者按出资份额共担。

（一）产业投资基金追求长期稳定收益

产业投资基金以特殊产业（通常为基础产业和高科技产业）为投资对象，以追求长期稳定收益为目的，吸引对特定产业有兴趣的投资者的资金，扶持这些产业的发展，属成长及收益型投资基金。

（二）国民收入的大幅度增长是发展产业投资基金的根本前提

国家统计局数据表明，到 2007 年年底，中国城镇居民家庭人均可支配收入及财产性

收入逐年快速增加，在城镇居民收入快速增长的同时，储蓄与投资分离的倾向日趋强化，居民财产性收入出现了大幅度提高。这为体育产业投资基金的发展提供了坚实的资金基础。产业投资基金其安全稳定的收益特点，恰好是个人和机构投资者较理想的投资选择。发展我国特色的体育产业投资基金将是发展的首选战略。

（三）体育产业高速发展和体育产业投资基金互相促进

我国体育产业处于高速发展的朝阳时期，随着我国经济整体上的发展，必将为体育产业的迅速发展提供坚实的经济基础，也为产业投资基金投资于高速发展的产业获取回报提供了好的环境。总体来说，体育产业在我国现阶段的高速发展是符合产业投资基金的投资要求的。

产业投资基金可促进体育产业的发展，具有风险共担、收益共享的优势，能够较好地满足创业企业在资本支持和经营管理服务上的双重需求。同时体育产业正处于新兴和走上高速发展道路的产业阶段，与产业投资基金结合，可使我国体育产业和体育产业投资基金发展取得共同的进步。

第十章　体育赛事与融资

第一节　奥运会融资

一、奥运会经费问题

国际奥委会关于奥运会经费的规定：举办奥运会的融资责任将由主办城市和奥运会组委会共同承担，双方各自独立，但不能歧视对方的可信度。1996 年亚特兰大奥运会后，禁止举办无政府担保的奥运会的呼声越来越高。这极大地影响了国际奥委会，选择举办城市时也倾向于有政府支持的申办者。2000 年悉尼奥运会，由新南威尔士政府承保，这种模式得到国际奥委会的赞扬，在 2004 年雅典奥运会和 2008 年北京奥运会中，政府在筹备和组织中都起到了巨大的作用。1984 年，洛杉矶奥运会创造了私人资助奥运会的模式，尤伯罗斯充分利用市场营销的理论和方法，在现代奥运会的历史上第一次使奥运会收入扭亏为盈。

（一）奥运会的筹资模式（图 10－1）

1. 1972 年慕尼黑奥运会

慕尼黑奥运会主要资金来源于政府。慕尼黑奥运会组委会自己筹资金额约占奥运会经费的 19%，特殊筹资渠道（如发行奥运会彩票，销售纪念币、邮票等）获得的收入占奥运会经费的 50%，联邦政府、州政府及市政府的资金占奥运会经费的 31%。奥运会产生大约 8.93 亿美元的财政赤字，由联邦政府承担 50%，州政府承担 25%，慕尼黑市政府承担 25%。

2. 1976 年蒙特利尔奥运会

1976 年蒙特利尔奥运会由于加拿大联邦政府没有向蒙特利尔提供任何财政担保，奥运会组委会通过自己筹措资金的渠道仅解决了 5% 的经费，奥运会 95% 的经费（约 27.29 亿美元）由蒙特利尔市政府承担。这笔巨额的财政赤字使得蒙特利尔市的纳税人不得不花费接近 30 年的时间去偿还。通过特别烟草税，到 2006 年才全部偿清这笔欠债。

3. 1980 **年莫斯科奥运会**

无法获得该届奥运会财务报告，但政府补贴额度高。

4. 1984 **年洛杉矶奥运会**

受到蒙特利尔奥运会亏损的影响，申办 1984 年洛杉矶奥运会时，洛杉矶的市民举行投票和游行示威反对举办奥运会。在这一背景下，加利福尼亚州政府和洛杉矶市政府决定不对奥运会提供财政资助，最终使得洛杉矶奥运会办成了现代奥运会历史上第一届由私人部门提供资金举办的奥运会。洛杉矶奥运会在基础设施和体育设施方面的投入较少，全部奥运会的筹备和组织共支出 6.839 亿美元，全部由奥运会组委会承担。不仅如此，本届奥运会结束后，组委会还盈余了 3 亿多美元，这笔资金被分配给了美国奥委会、业余运动员联合会和美国各单项体育协会。1984 年洛杉矶奥运会的成功举办，使私人部门筹措资金的模式得到重视，电视转播权和赞助收入有了巨大的改变，跨过了完全以政府为主的奥运会筹资历史。奥运会的商业化运作收入为奥运会的成功举办奠定了牢固的财政基础。正是从洛杉矶奥运会开始，奥运会成为各国竞相争办的对象。

5. 1988 **年汉城奥运会**

1988 年汉城奥运会 53% 的经费由政府承担，25% 的经费由奥运会组委会承担，私人部门承担了约 22% 的经费，奥运会共盈余 1.92 亿美元。

6. 1992 **年巴塞罗那奥运会**

巴塞罗那市申办 1992 年奥运会的重要目的在于利用奥运会的机会来重建和展示自己，政府部门的资金投入占奥运会相关活动经费投入的 60% 左右，私人投入占 38%。奥运会的盈余为 300 万美元。

7. 1996 **年亚特兰大奥运会**

亚特兰大奥运会支出总额为 20 亿美元，巨额经费主要由私人部门承担，因此亚特兰大奥运会是典型的私人资助和商业化运作的奥运会。除新建和维修少数体育场馆外，亚特兰大奥运会几乎没有在城市基础设施方面进行投资。

8. 2000 **年悉尼奥运会**

2000 年悉尼奥运会的经费由政府和私人部门共同承担。新南威尔士州政府支出约 47.88 亿美元，公共部门承担 64% 的费用，私人部门承担 36% 的费用。奥运会组委会通过市场开发渠道筹集资金，40% 的经费支出是通过电视转播权销售、赞助及门票销售等渠道解决的。

9. 2004 **年雅典奥运会**

同巴塞罗那奥运会一样，希腊把奥运会当作加速城市建设的大好机会，修建了新机场、新干线和地铁，使得政府花费了大量的资金。如果不把与奥运会有关及无关的设施升级计算在内的话，奥运会组委会的预算约 24 亿美元，几乎没有盈余。

10. 2008 **年北京奥运会**

据中华人民共和国审计署公布的《北京奥运会财务收支和奥运场馆建设项目跟踪审

计结果》，北京奥运会组委会收支结余超过10亿元人民币，比预算的4.1亿元增加很多。

结余的10亿元人民币在国际奥委会、中国奥委会、北京奥运会组委会之间按比例分配。其中，分配给北京奥运会组委会的资金，设立了体育发展专项基金。

在奥运会的财政资助方面，电视转播权销售、赞助等方式获得的资金，已经在奥运会的收入中占据十分重要的地位，转播权及赞助等市场开发已经成为奥运会成功举办的重要因素。此外，由于奥运会举办费用逐年升高，奥运会完全通过市场运作和企业资助来举办已很难得到保证，国际奥委会明确表示不赞同完全由私人资助奥运会的模式。

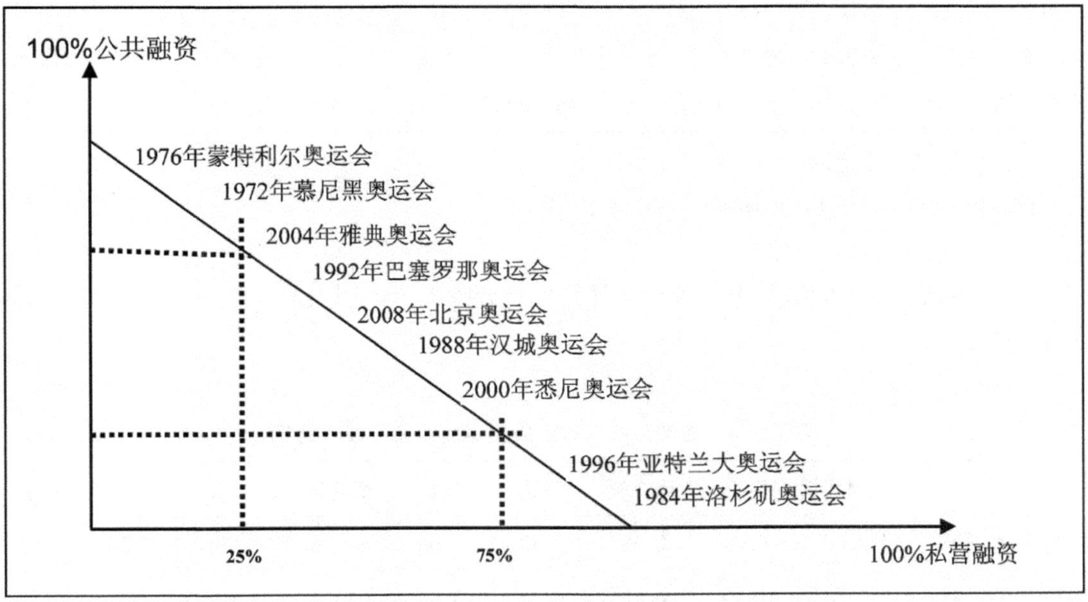

图10-1 1972—2008年历届奥运会的筹资模式

（二）奥运会组委会的收入

1972—1984年，奥运会组委会的收入增长缓慢，组委会在组织和运作奥运会之后，一般没有大的盈余。20世纪70年代，奥运会彩票、纪念币、邮票等特殊融资方式是奥运会组委会主要的收入渠道，组委会的收入在很大程度上取决于公众对奥运会的支持程度和举办国的财力。

1984年洛杉矶奥运会是现代奥运会历史上第一届盈利的奥运会，尤伯罗斯良好的市场运作，使组委会仅在电视转播权和赞助两个项目上就获得了近6亿美元的收入，一举扭转了奥运会负债经营的历史。

表 10－1　1972—2008 年奥运会组委会收入　　单位：百万美元

	电视转播	赞助	特许权	门票	捐赠	纪念币	邮票	彩票	其他
1972 年慕尼黑	48.08	0	4.93	70.32	0	883.47	3.77	244.61	48.56
1976 年蒙特利尔	84.46	48.08	6.92	67.48	0	261.27	24.43	574.52	53.29
1984 年洛杉矶	386.75	248.78	24.88	258.55	0	59.64	0	0	297.22
1988 年汉城	464.84	278.86	30.22	47.99	220.49	242.8	8.44	238.18	177.3
1992 年巴塞罗那	543.76	611.59	16.58	102.06	132.45	62.66	8.09	217.48	348.99
1996 年亚特兰大	623.2	658.22	81.09	466.64	0	16.36	0	0	190.04
2000 年悉尼	851.9	515.9	54.3	463.9	0	18.76	0	0	244.3
2004 年雅典	883.47	683.55	84.5	224.18	12.25	20	20.21	0	290.82
2008 年北京	604.78	281.49	N.A.	119.42	17.06	6.82	10.24	153.54	278.08

注：N.A. 表示不适用。

转引自：Pruess，H. The Economics of Olympic Games。

我们对表 10－1 的数据进行分析，计算各部分收入占该届奥运会组委会收入的比例如表 10－2。

表 10－2　各部分收入占该届奥运会组委会收入比例　　单位：百分比（%）

	电视转播	赞助	特许权	门票	捐赠	纪念币	邮票	彩票	其他
1972 年慕尼黑	3.69	0.00	0.38	5.39	0.00	67.76	0.29	18.76	3.72
1976 年蒙特利尔	7.54	4.29	0.62	6.02	0.00	23.32	2.18	51.28	4.76
1984 年洛杉矶	30.31	19.50	1.95	20.27	0.00	4.67	0.00	0.00	23.30
1988 年汉城	27.20	16.32	1.77	2.81	12.90	14.21	0.49	13.94	10.37
1992 年巴塞罗那	26.61	29.93	0.81	4.99	6.48	3.07	0.40	10.64	17.08
1996 年亚特兰大	30.62	32.34	3.98	22.92	0.00	0.80	0.00	0.00	9.34
2000 年悉尼	39.64	24.01	2.53	21.59	0.00	0.87	0.00	0.00	11.37
2004 年雅典	39.81	30.80	3.81	10.10	0.55	0.90	0.91	0.00	13.11
2008 年北京	41.10	19.13		8.12	1.16	0.46	0.70	10.43	18.90

注：表中空白表示不适用。

由表 10－2 可以看出，1984 年洛杉矶奥运会以后，电视转播权、商业赞助和门票销售收入已经成为历届奥运会组委会收入的重要部分，占很高的比例。20 世纪 70 年代奥运会组委会的收入以彩票、纪念币和邮票等特殊融资收入为主，80 年代后其重要性明显下降。电视转播权、商业赞助和门票销售收入对奥运会组委会的收入起到决定性的作用。最后，奥运会商品的销售也具有较好的发展。

二、奥运会电视转播权

自从1936年柏林奥运会实现首次现场直播以来，电视就与奥林匹克运动结下了不解之缘，由于电视转播使得奥运会的影响大幅增加，推动了奥林匹克运动的普及和发展，也给奥运会的举办提供了大量的资金支持。电视转播权收入成为奥运会组委会收入的重要组成部分，也占国际奥委会收入的大部分。

1912年瑞典斯德哥尔摩奥运会，奥运会组委会将照片和影片的录制权销售给了10家瑞典公司，组委会因此获得了94218美元的收入。

1936年柏林奥运会实现首次现场直播，当时的电视台并没有向主办者支付费用。1948年伦敦奥运会第一次销售了电视主办权，获得了很少的经费。

1950年，国际奥委会和奥运会组委会财政到了几近破产的边缘，出售电视转播权无疑是解决财政问题的良策。国际奥委会于1958年在《奥林匹克宪章》里明确规定了销售转播权的权力归属。

从1960年罗马奥运会开始，组委会开始独家出售电视转播权，而不提供任何其他的实质性服务。1980年以前，电视转播权的销售收入一直很低，在组委会的整个收入中所占比例很小，如1976年蒙特利尔奥运会仅占7.54%。

从1984年开始，奥运会电视转播权的销售收入快速增长，奥运会电视转播权的收入占组委会总收入的比例一直稳定在30%左右。

国际奥委会在1995年10月的执委会上又确定了新的分成比例：49%归赛事组委会，51%归国际奥委会，国际奥委会真正成为奥运会电视转播权的销售主体。1993—1996年，国际奥委会从出售奥运会电视转播权中所获收益占其巨额总收入的48%。

从1988年汉城奥运会开始，美国NBC电视台独占鳌头，买断了至2008年奥运会在美国进行转播的奥运会电视转播权，仅2008年北京奥运会转播权支出就高达8.94亿美元①。

1972—1992年，国际奥委会在电视转播权销售收入中的分成比例达到了33.3%，1996年达到了40%，而2000年以后为51%。

电视转播权一方面为奥运会提供了大量的资金支持，另一方面也给奥林匹克运动发展及扩大影响提供了强大的支持。

美国尼尔森媒体调查公司统计，录播节目吸引了全美3420万观众，超过2000年悉尼奥运会开幕式的2730万观众，仅次于1996年亚特兰大奥运会开幕式创下的3977万

---

① MARTYN，SCOTT G. Struggle for financial autonomy：the IOC and the historical emergence of corporate sponsorship，1896—2000 [D]. Ontario：University of western Ontario，2000.

观众的最高纪录，比 2004 年雅典奥运会开幕式的 2500 多万电视观众增长了 35%。2008 年北京奥运会开幕式全美收视率达 18.6%，打破了 1960 年罗马奥运会开幕式 18.1% 的收视率纪录，当时是美国第一次大规模电视转播夏季奥运会。美国全国广播公司（NBC）奥运网站在 2008 年 8 月达到了创纪录的 7000 万人次的流量，是雅典奥运会时的 10 倍。NBC 体育与奥运部主席迪克·艾博索将之形容为“一个不可思议和值得纪念的奇观”。

日本《朝日新闻》报道，北京奥运会开幕式的平均收视率为 37.7%，瞬间最高收视率约为 48%，是 20 世纪 90 年代以来收视率最高的一届。在日本播放的电视节目中，收视率能超过 30% 的实在是凤毛麟角。此前一周所有电视节目中，收视率最高的电视剧才达到 24.6%。2008 年 8 月 8 日直播时，日本 NKK 电视台的解说员连连发出赞叹，直播结束后，该台又在接下来的新闻节目中反复播放开幕式剪辑，其他电视台也是如此。

欧洲电视收视率分析机构 MEDIAMETRIE 统计，北京奥运会开幕式在西欧各国的收视率都在 20% 左右。这虽然略低于 2004 年的雅典奥运会开幕式，但远超过悉尼奥运会开幕式。该机构认为，由于雅典是奥运会的发源地，而且欧洲各地观看几乎没时差，因而吸引很多欧洲人的关注是可以理解的，北京奥运会开幕式的成功“引人注目”。

三、赞助收入

体育赞助指企业向体育赛事、体育场馆或体育活动支付一定数额的现金或实物，与该体育项目合作，达到获得广告、冠名等无形资产以提升企业形象、扩大产品销售或提高市场竞争力的目标。

奥运会的商业赞助活动是由国际奥委会和组委会共同运作的，赞助类型可分为以下几种。

（一）奥林匹克全球合作伙伴计划

TOP 计划是奥林匹克全球合作伙伴计划的简称。奥林匹克全球合作伙伴计划是国际奥委会创立的国际性奥运会市场开发项目，包括奥组委、国家奥委会和奥林匹克全球合作伙伴。

“TOP 计划”，也称为顶级赞助商，又名“奥林匹克伙伴计划”，是 1985 年推出的一个市场开发计划，从全球范围内选择各行业最著名的大公司作为国际奥委会的正式赞助商。它向整个奥林匹克运动提供资金支持，是目前国际体育市场开发最成功的项目。TOP 计划每 4 年为一个运作周期。加入该计划的企业将获得在全球范围内使用奥林匹克知识产权、开展市场营销等权利及相关的一整套权益回报，更为重要的是，TOP 伙伴享有在全球范围内产品、技术、服务类别的排他权利。这种类别的排他权利通过国际奥委会与各国（地区）奥委会和奥运会组委会签订协议的方式在各国和地区得到保障。

加入该计划的企业是国际奥委会（IOC）的全球合作伙伴和顶级赞助商，因此 IOC 对入选企业实行严格的精英主义标准。每期的赞助商总数为 10～12 个。该计划作为奥运会的重要盈利模式，在遴选企业合作伙伴时十分挑剔并设定排他原则，IOC 在同一行业中只能挑选一家企业。成为 TOP 必须满足如下条件，即入选企业及其产品具有高尚品质和良好形象，居于世界领先地位；能够协助推行 IOC 营销计划，保证奥运会的顺利进行。

奥运会 TOP 计划就像一场充满无穷诱惑的超级游戏，要加入这场超级游戏，赞助企业不但需要有钱，而且必须具备优秀的产品品质、卓越的服务能力和相当的品牌知名度和美誉度。过高的门槛，使得中国企业以往一直不敢问津奥运会 TOP 计划。

TOP 计划具有严格的排他性，国际奥委会在每一种产品类别中只确定一个 TOP 赞助商。TOP 赞助商是国际奥委会、奥组委（包括夏季奥运会和冬季奥运会）、各国奥委会、各奥运会代表队的合作伙伴（表 10－3）。

表 10－3　国际奥委会 TOP 赞助商情况　　（单位：百万美元）

类别	TOP Ⅰ（1984—1988 年）	TOP Ⅱ（1988—1992 年）	TOP Ⅲ（1992—1996 年）	TOP Ⅳ（1996—2000）	TOP Ⅴ（2000—2004 年）	TOP Ⅵ（2004—2008 年）
赞助商数量	9 个	12 个	10 个	11 个	11 个	12 个
赞助商名称	可口可乐	可口可乐	可口可乐	可口可乐	可口可乐	可口可乐
	柯达	柯达	柯达	柯达	柯达	柯达
	维萨	维萨	维萨	维萨	维萨	维萨
	时代	时代	时代/Sports Illust.	时代/Sports Illust.	松下	松下
	松下	松下	松下	松下	约翰·汉考克	约翰·汉考克
	兄弟	兄弟	施乐	施乐	麦当劳	麦当劳
	飞利浦	飞利浦	IMB	IBM	松下	松下
	3M	3M	约翰·汉考克	约翰·汉考克	三星	三星
	联邦快递	UPS	UPS	UPS	SEMA 集团	SEMA 集团
		博士伦	博士伦	麦当劳	Sports Illust. / 时代	Sports Illust. / 时代
		玛氏		三星	施乐	施乐
		理光				联想
总收入	119.17	215.04	384.16	523.6	509.6	738.7

续表

类别	TOP Ⅰ（1984—1988 年）	TOP Ⅱ（1988—1992 年）	TOP Ⅲ（1992—1996 年）	TOP Ⅳ（1996—2000）	TOP Ⅴ（2000—2004 年）	TOP Ⅵ（2004—2008 年）
分成比例	夏奥会组委会 44% 冬奥会组委会 20% 各国奥委会 22% 美国奥委会 12% 国际奥委会 2%	夏奥会组委会 36% 冬奥会组委会 18% 各国奥委会 20% 美国奥委会 18.5% 国际奥委会 7.5%	夏奥会组委会 36% 冬奥会组委会 14% 各国奥委会 20% 美国奥委会 20% 国际奥委会 10%	夏奥会组委会 33% 冬奥会组委会 17% 各国奥委会 20% 美国奥委会 20% 国际奥委会 10%	夏奥会组委会 33% 冬奥会组委会 17% 各国奥委会 20% 美国奥委会 20% 国际奥委会 10%	夏奥会组委会 33% 冬奥会组委会 17% 各国奥委会 20% 美国奥委会 20% 国际奥委会 10%

数据来源：Pruess，H. The Economics of Olympic Games；Scott G. Martyn，The Struggle for Financial Autonomy：The IOC and the Historical Emergence of Corporate Sponsorship，1896－2000.

2008 年北京奥运会全球合作伙伴有可口可乐、源讯公司、通用电气公司、强生公司、柯达、联想、加拿大宏利金融集团、麦当劳、欧米茄、松下、三星、维萨。

（二）组委会合作伙伴

组委会合作伙伴可以是国内企业，也可以吸纳国外企业，它是 TOP 赞助商的有益补充，但在产品类别上必须区别于 TOP 赞助商。他们在广告权等方面仅次于 TOP 赞助商。除奥运会标志，组委会赞助商还可以以某国奥委会伙伴和某国奥运会代表队伙伴的身份进行市场开发活动。对于组委会来说，从此种赞助商处获得的资金支持要远远大于 TOP 赞助商。

2008 年北京奥运会组委会合作伙伴有中国银行、中国网通、中国石化、中国石油、中国移动通信、大众汽车、阿迪达斯、强生、中国人保财险、中国国际航空股份有限公司、国家电网。

（三）国家奥委会赞助商

在主办国，国家奥委会赞助商的权利仅次于 TOP 赞助商和组委会合作伙伴。在非主办国，国家奥委会赞助商的权利仅次于 TOP 赞助商。

（四）奥运会供应商

奥运会供应商被指定为奥运会提供各种产品和服务，其权利要低于 TOP 赞助商和组委会赞助商。奥运会供应商只能在供应的产品上有限使用奥运会标志。

（五）特许权企业

该特许权允许使用者在产品上使用奥运会标志，还可以生产并销售奥运会有关纪念品。特许权经营商与赞助商之间的最大差别在于，赞助商可以将奥林匹克知识产权与公司和产品相联系，而特许权经营商则只能将其与产品相联系。

小资料

2008 年北京奥运会市场开发计划简介

奥运会市场开发由国际奥委会的市场开发计划和举办城市奥组委的市场开发计划组成。国际奥委会市场开发计划由奥运会电视转播权计划和奥林匹克伙伴计划（TOP 计划）以及相关计划组成。奥林匹克伙伴计划是国际奥委会的全球赞助伙伴计划，每4 年为一个周期，加入这个计划的企业获得奥林匹克最高等级赞助商的称谓——奥林匹克全球合作伙伴，不仅得到了全球范围内使用奥林匹克知识产权、市场营销的权利以及其他相关权益，还拥有了指定产品和服务类别的排他权。

2008 年北京奥运会市场开发计划由赞助计划和特许计划组成。其中，赞助计划分为两个层次，一个是北京奥运会赞助商计划，另一个是北京奥运会供应商计划。

北京奥运会赞助商计划将赞助商分为两个级别，即合作伙伴和赞助商，它们均享有规定产品（服务）类别的奥林匹克市场营销排他权。北京奥组委合作伙伴和赞助商销售工作于2003 年第 4 季度开始。合作伙伴和赞助商的市场营销期为 4 年左右。

北京奥运会供应商计划同样分两类，即独家供应商和供应商。前者享有规定产品（服务）类别的奥林匹克市场营销排他权。同一或相似类别产品（服务）2 家以上的供应商共享规定产品（服务）类别的奥林匹克市场营销排他权。北京奥组委供应商销售工作于 2004 年雅典奥运会之后开始。供应商的市场营销期为 3 年左右。

2008 年北京奥运会特许计划的内容是，由北京奥组委授权企业生产、制造、销售带有北京奥运会标志、吉祥物和中国奥委会商用标志的产品。特许企业以交纳特许使用费的形式对奥运会做出贡献，不享有赞助商和供应商的权益，不能进行使用奥林匹克标志的市场营销活动。2008 年北京奥运会特许计划从 2003 年开始，一直持续到 2008 年。首先开始国内特许经营工作，2005 年启动国际特许计划。

北京奥运会市场开发计划启动后，北京奥组委指定和实施赞助商服务和接待计划，编写《赞助商接待指南》，为赞助商提供服务（有关市场开发计划的详细内容和信息请登录北京奥组委网站查询）。北京奥组委采取坚决措施，防范、打击隐形市场行为，有效维护赞助商权益，落实各项权益回报，为奥运会市场开发创造良好环境，为 2008 年奥运会提供经费保证。

北京奥运会提供的广阔平台把北京和中国的形象以及中国运动员的亮丽风采向世界

广为传播。中国和北京所具有的独特魅力、深厚文化底蕴和多姿多彩的历史积淀大大丰富了北京2008品牌的内涵，大大增添了这一品牌的表现力、吸引力。因此，参与赞助2008年北京奥运会，无论对中国的优秀企业还是对拓展中国市场的外国企业，都是一项意义深远、影响巨大的重要决策。

2008年北京奥运会赞助计划介绍

2008年北京奥运会赞助计划是最为全面的一揽子计划，产品类别众多，营销期长达5年。赞助企业享有使用2008年奥运会、中国奥委会和中国奥运代表团品牌进行市场计划的权利。该计划力求巩固、加强和保护赞助企业的特有权利。

宗　旨

2008年北京奥运会赞助计划的宗旨为：遵守《奥林匹克宪章》；遵循奥林匹克理想和2008年北京奥运会“绿色奥运，科技奥运，人文奥运”的理念；推动奥林匹克运动的发展，提升2008年北京奥运会和中国奥委会在国内外的形象与品牌知名度；确保2008年北京奥运会获得充足、稳定的组织经费和可靠的技术和服务支持；为中外企业提供独特的奥林匹克市场营销平台，鼓励中国企业广泛参与，通过奥运会市场营销提高企业形象和产品品牌；为赞助商提供优质服务，使他们获得充分的投资回报，帮助赞助企业与中国奥林匹克运动建立长期的合作伙伴关系。

赞助层次

对2008年北京奥运会的赞助包括国际和国内两个方面。国际奥委会第六期全球合作伙伴计划在国际范围内对整个奥林匹克运动提供支持，包括支持北京奥运会。2008年北京奥运会赞助计划在主办国范围内对举办2008年奥运会提供支持。

除第六期全球合作伙伴计划的赞助商，2008年北京奥运会赞助计划还包括三个层次：2008年北京奥运会合作伙伴，2008年北京奥运会赞助商和2008年北京奥运会供应商（独家供应商/供应商）。

每个层次设定了赞助的基准价位。在同一层次中，不同类别的基准价位也会有所差异，以体现不同行业之间的差别。具体价位在销售过程中向潜在赞助企业做出说明。

北京奥组委的各级赞助商为奥林匹克运动在全国的发展做出贡献；通过在技术、产品和服务等方面的赞助，支持北京奥组委的筹办工作，支持2008年奥运会的举办，支持中国奥委会和中国奥运代表团。不同层次的赞助商享有不同的市场营销权。赞助商在主办国地域范围内享有市场开发的排他权（包括共同排他权）。

赞助商权益

赞助企业向北京奥组委、中国奥委会和中国奥运代表团直接提供有力的资金和实物支持。作为回报，赞助企业将享有相应的权益。以下是北京奥组委给予赞助的主要回报方式。

使用北京奥组委和/或中国奥委会的徽记和称谓进行广告和市场营销活动；享有特定产品或服务类别的排他权利；获得奥运会的接待权益，包括奥运会期间的住宿、证件、开闭幕及比赛门票、使用赞助商接待中心等；享有奥运会期间电视广告及户外广告的优先购买权；享有赞助文化活动及火炬接力等主题活动的优先选择权；参加北京奥组委组织的赞助商研讨考察活动；北京奥组委实施赞助商识别计划和鸣谢活动；北京奥组委实施防范隐性市场计划、保护赞助商权益。

赞助销售

1. 销售方式

坚持“公开、透明、公平”原则，根据行业的不同情况采取以下不同的销售方式：

公开销售，公告销售通知或公开征集企业赞助意向。

定向销售，向具备技术条件的企业发出征集赞助邀请。

个案销售，直接与符合技术条件的企业进行销售洽谈。

2. 销售进度

鉴于不同层次的赞助商对奥运会贡献的价值不同，销售进度也将体现投资差异。首先开始合作伙伴的销售，但根据销售进程，有可能同时进行不同层次的销售。

3. 销售步骤

主要采取以下步骤进行销售：

（1）北京奥组委将征集情况知会企业或向企业征集赞助意向。

（2）企业提交赞助意向书。

（3）北京奥组委评估机构进行企业资格评审。

（4）北京奥组委销售机构与企业洽谈赞助方案。

（5）企业提交正式赞助方案。

（6）北京奥组委评估机构提出赞助商候选人。

（7）北京奥组委确定赞助企业，报国际奥委会批准。

在实际操作中，以上步骤可根据需要增加或减少。

赞助商选择标准

选择赞助企业时，主要参照以下标准：

资质因素——赞助企业必须是有实力的企业，是行业内的领先企业，发展前景良好，有充足的资金支付赞助费用。

保障因素——能为成功举办奥运会提供充足、先进、可靠的产品、技术或服务。

报价因素——企业所报的赞助价格是选择赞助企业最重要的考虑因素之一。

品牌因素——企业具有良好的社会形象和企业信誉，企业的品牌和形象与奥林匹克理想和北京奥运会的理念相得益彰，产品符合环保标准。

推广因素——企业在市场营销和广告推广方面投入足够的资金并做出其他努力，以充分利用奥运会平台进行市场营销，同时宣传和推广2008年北京奥运会。

2008年北京奥运会特许计划介绍

奥运会特许计划旨在推广奥林匹克理念和奥运品牌，为公众提供接触奥运的机会，激发奥运热情。如今的特许计划已发展成为一个完整的设计统一、品种丰富、品质优秀的商品计划，能够更好地宣传和推广奥运会的整体形象。

奥运会特许计划

奥运会特许计划是指奥组委授权合格企业生产或销售带有奥组委标志、吉祥物等奥林匹克知识产权的产品。为享有这一权利，特许企业要向奥组委交纳特许权费，以此为奥运会做出贡献。

奥运会特许计划将提供给举办国国内企业巨大的商业机会和零售市场。在企业参与奥运会特许经营的过程中，企业将得到以下回报：获得商业利润；提高品牌形象，提高市场份额和销售额；开发新产品，进军新的市场领域；密切与顾客的关系，保持顾客对品牌的忠诚度。

2008 年北京奥运会特许计划

1. 2008 年北京奥运会特许计划的宗旨

广泛传播奥林匹克精神，树立北京奥运会、中国奥委会的品牌形象；大力弘扬中国文化，宣传北京特色；努力为优秀的中国企业参与奥运会市场开发提供机会；积极推广“中国制造”优质产品，追求“中国制造＝高品质”的目标；为北京奥运会筹集更多资金。

2. 运营模式

北京奥运会特许计划将继续弘扬、推广奥林匹克品牌，同时加入中国元素、北京特色，塑造出独特的北京奥运品牌。在确定特许产品类别和品种时将体现品牌内涵。整个计划将围绕品牌管理的思路设计和管理特许产品，采取细化市场的营销策略，开发出高、中、低端不同层次的产品，以定位不同的目标顾客群。

整个计划由两部分组成：国内计划和国际计划。国内计划在 2003 年下半年开始。国际计划在 2004 年雅典奥运会结束后开始。

所有特许产品的设计和制作都将遵守奥组委和中国奥委会编制的《标志图解手册和使用指南》，《标志图解手册和使用指南》中清楚地规定了组委会标志及徽记和中国奥委会商用标志的使用规范。

（1）选择特许企业

在选择特许企业（生产或销售）时，我们将坚持以下原则：

●通过市场调查、资质评估、实地考察等方式选择特许企业。

●重点考察内容包括资金实力、生产能力、质量管理、设计能力、环保标准、防伪措施、营销策略、销售渠道、物流管理、售后服务等。

●特许企业应有相应的财务能力，按时交纳特许权费。

●采取阶段性签约办法，合同期满后，对特许经营商生产和经营情况重新评估，以决定是否续约。

（2）特许权费的收取

特许企业交纳入门费和最低保证金。

2008 年北京奥运会纪念邮票和纪念币计划

1. 纪念邮票计划

纪念邮票计划包括三个部分：普通邮票、个性化邮票和邮品。题材以体育（奥林匹克运动、国际奥委会形象、组委会形象、中国奥委会形象、奥运会项目、火炬接力、开闭幕式等）、文化（中国传统文化、北京传统文化和人文景观）、比赛场馆等内容为主。

纪念邮票计划于 2003 年年底开始实施，时间跨度为 5 年。

2. 纪念币计划

纪念币计划包括纪念币和流通币两个部分，题材以体育（奥林匹克运动、国际奥委会形象、组委会形象、中国奥委会形象、奥运会项目、火炬接力、开闭幕式等）、文化（中国传统文化、北京传统文化和人文景观）、比赛场馆等内容为主。

纪念币计划以金币、银币等贵重金属币为主，流通币项目主要是铜币、镍币、纸币等。纪念币计划也在 2003 年年底开始，到 2008 年结束。

四、奥运会门票收入

国际奥委会从电视及市场开发中获取很大比例的收入，门票收入也是组委会的一项重要收入。

按照《奥林匹克宪章》规定“奥林匹克运动会身份和注册卡根据各类人员的需要和证上标明的等级，允许持证人出入由奥运会组委会按照国际奥委会授权所负责的场所和活动”。组委会必须向有关持证人员提供大量的免费门票，包括运动员、官员、记者等。随着奥运会规模的扩大，预留票的数量也在不断扩大。《奥林匹克宪章》第 60 条的附则，1987 年规定奥运会组委会要有 1000 张票给记者，150 张给摄影师，150 张给电视和广播评论员；1994 年规定奥运会组委会要有 2200 张票给记者，600 张票给摄影师。在 1976 年蒙特利尔奥运会、1988 年汉城奥运会和 1992 年巴塞罗那奥运会上，许多场次的比赛都出现了大量的空席，其主要原因是组委会将大量的门票留给了奥林匹克大家庭和赞助商，而这些人却没有出席。

因此，门票销售和分配一方面要重视赞助商，另一方面也要考虑赛场满座带来的良好比赛气氛。

2000 年悉尼奥运会期间，共售出 670 万张门票，观看比赛的上座率达到 87%。其中 9 月 22 日，便有 400345 名观众前往奥林匹克公园观看比赛。

2004 年雅典奥运会，由于国际恐怖主义活动猖獗，雅典奥运会进一步加强了安全保卫工作，组委会共动用了 45000 名保安工作人员。参与保卫工作的有来自警察、军队、海岸警卫队、消防队、私人保镖的人员和经过专门训练的志愿服务人员。尽管安全措施极为严密，但大会门票销售情况仍不理想。直到 8 月 13 日赛会正式开幕时，全部 520 万张门票只卖出了不到一半。赛会开始后的前几天，许多赛事的看台上都有数千张空余席位。但这种情况很快就有了改善，尤其是晚间的田径比赛，能容纳 7 万人的看台场场爆满。其他赛事的赛场在大会最后一星期也几乎是座无虚席。

五、奥运会其他收入

奥运会除了以上介绍的几种收入，还有捐赠收入，发行纪念币、邮票和奥运会彩票等收入。从某种角度来说，纪念币、邮票和奥运会彩票是奥运会举办国对组委会的财政支持。奥运会组委会从捐赠、利率、纪念奖牌、出租奥运村、测试赛、补助等当中获得的收入一般占组委会收入的 10% ~15%。

奥运会彩票在 1896 年雅典奥运会举办前就出现了。之后，几届奥运会都通过发行彩票筹集到了部分资金。1972 年，为了给慕尼黑奥运会筹集资金，原联邦德国政府批准组委会发行了奥运会彩票。奥运会结束后，这种彩票继续为 1974 年世界杯足球赛筹集资金。为了给 1976 年蒙特利尔奥运会筹集资金，加拿大政府批准销售名为“Loto – Canada”的奥运会彩票。2008 年北京奥运会，政府批准发行了奥运会彩票，通过现有的体育彩票网点出售。表 10 –4 为奥运会彩票销售情况。

表 10 –4 奥运会彩票销售情况

	1972 年 慕尼黑	1976 年 蒙特利尔	1980 年 莫斯科	1984 年 洛杉矶	1988 年 汉城	1992 年 巴塞罗那
货币单位	美元	美元	卢布	美元	美元	美元
彩票名称	好运圈	奥林匹克彩票	冲刺	国际奥林匹克彩票	奥林匹克彩票	国家彩票与博彩机构
彩票购买价	5.42	20.49	1.97	面值不同	0.77	
首次抽奖	奥运会前 2 年	奥运会前 2 年	奥运会前 4 年	奥运会前 3 年	奥运会前 5 年	奥运会前 3 年
奖金比例	25% ~30%	45%	50%		45% ~50%	
最高奖	1301766	2444687	16386	32774	179504	
物质奖励	汽车、旅行、门票等		汽车、旅行、门票等	汽车、旅行、门票等		
组委会收入	2.44 亿美元	5.74 亿美元	3.68 亿卢布	2.17 亿美元	1.54 亿美元	
占收入比例	46%	39%	30%	25%	25%	

数据来源：PRUESS H. The Economics of Olympic Games。

在奥运会历史上，奥运会的彩票销售情况一直很好，一般来说，政府支持奥运会的力度越大，彩票的销售情况就越好，组委会从彩票中获得的收入就越多。

奥运会纪念币是奥运会传统的筹资方式，人们经常把它作为收藏品。

早在公元前420年的古希腊就开始发行奥运题材的纪念币，历时1000多年。现代奥运会纪念币则是直到1952年芬兰赫尔辛基奥运会才首开先河，自此之后除个别情况外，为历届夏季和冬季奥运会发行纪念币已成为举办国政府的惯例延续至今。从1984年以后，奥运会纪念币的销售额下降很快，同时，由于电视转播权、商业赞助收入的日趋提高，使得纪念币收入的提高对于组委会的价值大为下降。按照我国政府的承诺和国际惯例，中国人民银行从2005年开始连续4年发行第29届奥运会纪念币。

奥运会纪念币的作用：

（1）公益性。

发行奥运会纪念币是举办国筹集奥运会资金的有效途径之一。奥运会纪念币的发售要得到国际奥委会、奥运会组委会和各国奥委会的授权和许可。因此，根据国际惯例，作为奥运会纪念币发售机构，需要支付本国奥组委、国际奥委会及准入国家奥委会特许权使用费。

这部分资金将和其他赞助资金一起用于奥林匹克运动，包括场馆建设、设施购置等。

（2）宣传功能。

奥运会纪念币的发行最大限度地宣传和弘扬了奥林匹克精神。具体体现在：奥运会纪念币将抽象的奥林匹克思想具体化、形象化，用具体的图案体现了奥林匹克思想的价值取向和文化内涵。在以往发行的奥运会纪念币中，各国都使用了奥林匹克五环标志，并与奥运会会标及主办国的历史、文化、风土人情等相结合，传达“更快、更高、更强”的奥林匹克精神，同时宣传奥运会主办国的人文与自然。纵观各国发行的奥运会纪念币，其材质分为铂、金、银、铜、铜镍等多个档次，可以满足各层次消费者的需要，使更多的人有机会接触和了解奥运会及奥运会纪念币，使奥林匹克精神更加深入人心。

（3）社会经济作用。

自20世纪80年代中期以来，由于奥运会组织者开始按市场经济规律举办奥运会，奥运会对举办国的经济发展显示出了不容忽视的促进作用。其中，发行奥运会纪念币是举办国获取经济收益的渠道之一。比如第15届赫尔辛基奥运会销售了0.3785亿美元，第18届东京奥运会销售了10.3亿美元，第20届慕尼黑奥运会销售了9.6098亿美元，第22届莫斯科奥运会销售了3.06亿美元，第24届汉城奥运会销售了2.76亿美元，第25届巴塞罗那奥运会销售了3.68亿美元，第26届亚特兰大奥运会销售了1.0237亿美元。虽然发行奥运会纪念币的主要目的逐渐演变为宣传奥林匹克精神和国家形象，但其筹资功能仍不能忽视。

（4）货币文化与收藏价值的体现。

奥运会纪念币历来都是发行国的法定货币，品种繁多与设计各具特色的奥运会纪念币，无疑丰富了货币的品种和内容。

与此同时，奥运会纪念物的收藏传统由来已久，而奥运会纪念币因其易于保存的铸造材质而备受收藏界的欢迎。通过收藏奥运会纪念币，人们可以了解奥林匹克运动的知识和历史，并从中获得艺术享受。另外，由于各纪念币发行国历来十分重视奥运会纪念币的设计铸造，聘请优秀设计师进行设计，并由国家造币厂倾力打造，使之成为具有极高欣赏价值、折射一个国家历史与文化的艺术精品，因而具有较高的艺术价值、收藏价值与投资价值。正因如此，全世界的钱币收藏者和投资者均将奥运会纪念币视为收藏和投资的佳品。

奥运会纪念邮票就是票面上面印有奥运图案并由专门机关发行的邮票。奥运会纪念邮票是宣传和纪念奥运会与奥运精神的良好途径。

奥运会纪念邮票最早始于 1896 年 4 月，它是希腊政府为筹集首届现代奥运会资金而发行的。从第 7 届奥运会起，主办国发行纪念邮票的接力棒一直传递至今。巴塞罗那奥运会销售了 727 万美元，莫斯科奥运会销售了 620 万美元，汉城奥运会销售了 519 万美元，慕尼黑奥运会销售了 342 万美元。总体而言，奥运会纪念邮票的销售额在组委会的收入当中一般占 2% 左右，但它的销售额目前呈上升趋势。

根据北京奥运会邮票发行计划，从北京奥运会吉祥物发布开始到 2008 年奥运会期间，国家邮政局相继发行多套以 2008 年北京奥运会和残奥会为主题的邮票，其中图案包括会徽和吉祥物、比赛项目、比赛场馆、圣火传递等，包括小型张和小全张邮票。中国集邮总公司和北京市邮政管理局也制作了首日封、纪念封、纪念邮折和邮册等多种邮品，满足国内和世界各地集邮者的需要。

当然，奥运会除了主要的电视转播权收入、奥林匹克计划收入（TOP 收入）、特许使用收入、门票收入、邮票和纪念币的发行收入等，企业常用的其他融资手段也是可以考虑的。例如，银行贷款，包括政策性银行和商业银行的贷款；资本市场融资手段，包括发行债券、资产证券化、筹集产业投资基金、项目融资、组建企业上市等。后面一些融资手段在实践中还需要进一步探索。

第二节　国际足球联合会和世界杯

一、国际足球联合会

国际足球联合会（International Federation of Association Football，FIFA）简称国际足联，由比利时、法国、丹麦、西班牙、瑞典、荷兰和瑞士倡议，于 1904 年 5 月 21 日在法国巴黎成立。国际足联是国际单项体育联合会总会成员，工作用语为英语、法语、西班牙语和德语，语言冲突时，以英语为准。国际足联下设欧洲、亚洲、非洲、中北美和加勒比地区、南美洲、大洋洲 6 个地区性组织。

国际足联的任务是：促进足球运动的发展；通过组织各级（业余、非业余、职业）比赛及其他手段发展协会会员、官员和运动员之间的友好往来；贯彻联合会的章程、代表大会决议和比赛规则；禁止种族、政治和宗教信仰歧视。两年一次的代表大会是国际足联的最高权力机构，有权确定章程及其实施、批准财政计划和一般活动的报告、接纳会员、选举官员。每个协会会员有1票表决权，但准许派3名代表与会。国际足联执委会是日常工作的领导机构，由主席、副主席、委员、秘书长及其副手组成。

国际足联组织的赛事主要有：世界杯足球赛（1930年开始，4年一届）、奥运会足球赛（1912年被正式列为奥运会项目，4年一届）、世界青年足球锦标赛（即可口可乐杯赛，1977年开始，2年一届）、17岁以下世界锦标赛（1985年开始，2年一届）、五人制足球世界锦标赛、世界女子足球锦标赛。世界杯是国际足联的主要营销手段，有巨大的观众群体。通过门票、电视转播权、赞助、交易而获得巨额经济收益。此外，部分经费来自会费和参赛报名费。

国际足联总部于1932年由法国巴黎移至瑞士苏黎世。

中国于20世纪30年代加入国际足联，1958年中国足协宣布退出。1979年，中国足协在国际足联的合法席位得到恢复。

大力神杯是足球世界杯的奖杯，是足球界最高荣誉的象征。1970年墨西哥城世界杯赛时，三夺世界杯的巴西队永久拥有了“雷米特金杯”后，国际足联制作了新的世界杯冠军金杯——大力神杯。

二、世界杯及国际足联收益

世界杯的举办是人类体育的盛会，也创造了巨大的商业机会。2002年韩日世界杯，分别带给韩国88.8亿美元和日本258亿美元的直接经济效益。2006年德国世界杯，承办方亦获得了200亿欧元（约合267亿美元）的直接经济效益。从历史经验来看，承办世界杯、奥运会、世界博览会这样的世界性大型赛事和活动，对举办国和所在地相关产业尤其是旅游业发展起到了重要促进作用。

2002年世界杯国际足联预算开支是1998年的两倍多（表10－5），其中拨给韩日两国组委会各1亿美元资助金。2002年世界杯的比赛奖金也有所增加，32支参赛队总共获得1.62亿美元奖金，比法国世界杯多51%。

表10－5　1994—2002年世界杯国际足联主要预算和收益　（单位：亿美元）

年份	预算开支	电视转播权	主要赞助收益	门票提成
1994	—	0.9	3.8	—
1998	2.5	0.9	4.2	1.7
2002	5.24	10.04	5	2.1

2010年世界杯的电视转播权全球销售，国际足联的收入达到破纪录的32亿美元。国际足联再次大幅提高了参赛球队的奖金，比2006年德国世界杯的2.61亿美元多出了60%。2010年南非世界杯的总奖金数达到4.2亿美元。在南非获得世界杯冠军的球队得到3000万美元奖金，亚军获得2400万美元奖金，四强获得2000万美元奖金，八强获得1800万美元奖金，十六强获得900万美元奖金，小组赛被淘汰的球队也会有800万美元奖金。同时为了保证32支参赛队的备战顺利进行，在世界杯开始前半个月，就会有100万美元提前打入各参赛国足协账户。

与奥运会类似，电视转播权、商业赞助及市场有关开发收入已经成为世界杯收入的重要部分。如国际足联2009年的报告显示：电视转播权收入为6.5亿美元，商业赞助和市场有关开发收入为2.77亿美元；赛事有关的收益占全年收益的97%，共计10.22亿美元。

在世界杯举办的年份，这几项收入会迅猛增加。例如：2006年世界杯举办年，电视转播权收入为16.85亿瑞士法郎（CHF），约合14.8亿美元；商业赞助及市场有关开发收入约为10亿瑞士法郎（CHF），约合8.8亿美元。

三、世界杯与经济

高盛的世界杯经济报告提到了影响各国在世界杯中排名的因素，经济实力是一个重要指标。2002年，七大工业国中的六国均打进世界杯决赛圈，这些国家的国内生产总值（GDP）占全球GDP的84%。在足球非常普及的地区（例如欧洲和拉丁美洲），人口和经济共同决定了谁是常胜将军。巴西、德国比其他的人口小国更多地打入世界杯决赛。

如表10-6，自1930年首届世界杯以来，只有7个国家赢得过世界杯冠军（巴西、意大利、德国、乌拉圭、阿根廷、法国和英格兰），经济欠发达地区在世界杯中取得好成绩的机会在变小。非洲球员的天赋和运动能力，可以使得他们在欧洲联赛上表现出色。但在赛会制的世界杯赛上，备战训练、后勤及各种统筹协调的差距，使得来自非洲的球队常常因为这些因素在最后时刻痛失表现的良机。

统计测试人均国民生产总值（GNP）和国际足联排名之间的相互关系：2010年人均GNP和国际足联排名相关系数是-0.17，比2006年二者间的相关关系（-0.41）低，表明人均GNP和国际足联排名之间存在弱的相关关系。

表 10－6 1930—2006 年的世界杯决赛

年代	主办国	冠军	亚军	比分
1930	乌拉圭	乌拉圭	阿根廷	4:2
1934	意大利	意大利	捷克斯洛伐克	2:1（加时）
1938	法国	意大利	匈牙利	4:2
1950	巴西	乌拉圭	巴西	2:1
1954	瑞士	联邦德国	匈牙利	3:2
1958	瑞典	巴西	瑞典	5:2
1962	智利	巴西	捷克斯洛伐克	3:1
1966	英格兰	英格兰	联邦德国	4:2（加时）
1970	墨西哥	巴西	意大利	4:1
1974	联邦德国	联邦德国	荷兰	2:1
1978	阿根廷	阿根廷	荷兰	3:1（加时）
1982	西班牙	意大利	联邦德国	3:1
1986	墨西哥	阿根廷	联邦德国	3:2
1990	意大利	联邦德国	阿根廷	1:0
1994	美国	巴西	意大利	0:0（3:2 点球）
1998	法国	法国	巴西	3:0
2002	日本/韩国	巴西	德国	2:0
2006	德国	意大利	法国	1:1（5:3 点球）

数据来源：国际足联网站。

四、世界杯赞助投资与股票价格

企业对大型体育、文化及娱乐事业的赞助，究竟能否为其带来利润。最重要的是，这类赞助是否可以推动上市公司的股票价格？

为了解开这样一个疑惑，标准普尔建立了两个指数，分别对 1998 年和 2002 年世界杯官方赞助商的股市业绩做出追踪调查。这个世界杯赞助商指数只包括了上市的官方赞助公司。与传统的定制指数一样，标准普尔基于一些特定的限制和标准对研究对象做出了筛选，一些未上市的赞助商被排除在外。

从分析结果看，1998 年和 2002 年的世界杯赞助商指数表明，赞助为企业带来的股票效应不明显。

小资料

世界杯与经济

第19届世界杯足球赛于2010年6月11日在南非举行。一些研究表明，世界杯能为举办国带来不错的经济收入。

通常情况下，大型体育赛事经常使举办国重化工业的生产活动受到限制，南非世界杯期间可能会显著影响全球贵金属的供应量。韩国奥运会前后连续4个月钢铁产量环比下滑；2008北京奥运会期间高污染行业（钢铁、水泥、制药、焦炭、化工等）生产受到限制；在南非世界杯期间，工人的工作效率可能会受到影响，导致贵金属产量下滑。

第十一章　职业体育俱乐部投融资

一、职业体育俱乐部的收入

职业体育俱乐部的收入来源主要有转播权、赞助、门票和会费收入。其中，足球俱乐部的收益及融资在职业体育俱乐部中是较有特色的，也具有一定的代表性。

足球俱乐部是足球职业化、专业化的一个标志，是足球运动员以足球谋生时，所被聘用的机构。足球俱乐部一般是职业球员所效力的球队，是职业球队的意思。足球俱乐部的收入主要依靠出售门票、经营广告、转让转播权、足球彩票、公司赞助、办各种足球刊物、球员转会费等。

德勤的足球财富榜排名显示，2007—2008 年赛季收入最高的 20 家足球俱乐部共计收入超过 39 亿欧元，比上一赛季增加 5%。这 20 家足球俱乐部分别为：英格兰足球俱乐部 7 家、德国和意大利足球俱乐部各 4 家、西班牙和法国足球俱乐部各 2 家、土耳其足球俱乐部 1 家（表 11 - 1）。7 家上榜的英格兰足球俱乐部合计收入 14.4 亿欧元，差不多占前 20 家高收入的足球俱乐部总收入的四成。

表 11 - 1　2007—2008 年赛季足球俱乐部收入排名

排名（升跌）	足球俱乐部	收入（百万欧元）	比上季增减	国家
1.（-）	皇家马德里	365.8	4.00%	西班牙
2.（-）	曼联	324.8	3.00%	英格兰
3.（-）	巴塞罗那	308.8	6.10%	西班牙
4.（↑）	拜仁慕尼黑	295.3	32.00%	德国
5.（↓）	切尔西	268.9	-5.50%	英格兰
6.（↓）	阿森纳	264.4	0.10%	英格兰
7.（↑）	利物浦	210.9	4.40%	英格兰
8.（↓）	AC 米兰	209.5	-8.00%	意大利

续表

排名（升跌）	足球俱乐部	收入（百万欧元）	比上季增减	国家
9. （↑）	罗马	175.4	11.20%	意大利
10. （↓）	国际米兰	172.9	-11.50%	意大利
11. （↑）	尤文图斯	167.5	15.10%	意大利
12. （↑）	里昂	155.7	10.00%	法国
13. （↑）	沙尔克04	148.4	29.60%	德国
14. （↓）	托特纳姆	145	-5.60%	英格兰
15. （-）	汉堡	127.9	5.40%	德国
16. （↑）	马赛	126.8	27.20%	法国
17. （↓）	纽卡斯尔	125.6	-2.90%	英格兰
18. （新）	斯图加特	111.5	—	德国
19. （新）	费伦巴治	111.3	—	土耳其
20. （新）	曼城	104	—	英格兰

来源：Deloitte Football Money League。

职业足球俱乐部的收入来源途径与其他职业体育俱乐部类似，主要有电视及网络转播权、赞助、门票和会费收入等（表11-2）。

表11-2 职业足球俱乐部的收入来源

足球俱乐部	收入来源	国家
皇家马德里	会员制模式，皇家马德里的收入主要在于经营和会员所交纳的会费	西班牙
曼联	经营许可证+赞助商模式，主要利润来源于比赛日及零售收入、电视转播收入和商业经营收入	英格兰
巴塞罗那	球迷会费、电视转播权、球票销售等	西班牙
拜仁慕尼黑	门票、电视转播权、俱乐部商品销售、转会费和赞助	德国
切尔西	阿布的资本投资、电视转播权、各级赞助商、球票销售、球员转会费等	英格兰
阿森纳	阿森纳从房地产、球场周边第三产业开发到吸引赞助商	英格兰
AC米兰	球场广告牌门票、电视转播权、球衣赞助、球员签字费、出场费	意大利
国际米兰	数字电视转播权、手机3G转播比赛、互联网转播比赛、各级赞助商、球票销售、转会市场盈利等	意大利

续表

足球俱乐部	收入来源	国家
尤文图斯	数字电视转播权、手机3G转播比赛、互联网转播比赛、各级赞助商、球票销售、转会市场盈利等	意大利
沙尔克04	广告与赞助、门票经营、球员转会和以足球为中心的商务开发等	德国

我国的职业足球俱乐部则以冠名权、广告及门票收入为主，其中冠名权又占绝大部分。应该说，在发展良好的联赛基础上开发各种收入来源，是我国职业足球俱乐部实现良性经营的主要方向。

除了增加各种收益、开展各种内源性融资，职业体育俱乐部也可以采用各种外源融资方式获取资金支持。通过外源融资获取资金支持的首要条件是俱乐部本身经营良好，具有良好的信用和获利能力。这些必须通过市场经营形成资产增值，这在欧美国家发展职业体育俱乐部的过程中得到证实。

二、职业体育俱乐部的外源融资

（一）股权融资

1. 上市融资

股票上市的公司要具备一定的条件，如主体资格、经营年限、盈利要求、股权、财务报表等。多数欧美国家的职业体育俱乐部，只有少数战绩好、历史悠久、有庞大财团支持的俱乐部才有可能做到收支平衡乃至盈利。许多欧美国家的职业足球俱乐部都是通过二板市场上市融资的，在一定程度上降低了上市融资的门槛。

对于我国来说，创业板市场的要求条件相对较低。一些经营良好、进入良性循环的职业体育俱乐部，在符合条件的基础上通过创业板市场融资是一个可行的选项。

2. 原始股东或其他投资者的增资扩股

职业体育俱乐部发展需要资金支持时，原始股东或符合要求的其他投资人按照增资扩股方案对职业体育俱乐部追加一定的投资，满足俱乐部发展所需。

（二）债权融资

1. 资产证券化

职业体育俱乐部运用资产证券化融资，主要是各俱乐部以其未来的门票、电视转播权、赞助等有稳定现金收入中的一项或几项资产为依托组成一个资产池，并将其出售给一个特设机构，该机构再发行由该资产池所支持的证券，相应的职业体育俱乐部获得收入，从而实现融资。

国际上一些经营良好的足球俱乐部通过上市融资及发行有稳定现金收入的资产池支持的证券取得了很好的效果。

2. 贷　款

从本质上说，贷款和资产证券化都属于债权融资的形式。然而一般的商业信用贷款或担保抵押贷款比资产证券化在程序上要简单一些。贷款给急需资金支持的职业体育俱乐部提供了一个资金来源途径。

（三）其他资金来源

募捐，指以获取各种货币捐赠、义务服务、人员和物资等方式来补充职业体育俱乐部的资源的过程。募捐和赞助既有区别也有联系。共同点是二者都能为体育组织获取资源。二者的主要区别在于赞助是双向的，赞助商在付出货币或实物赞助的同时，期望获得实际的商业利益，如提升形象、扩大市场等；捐赠通常不求回报，具有明显的利他特性。

小资料

皇家马德里足球俱乐部投融资

皇家马德里足球俱乐部（以下简称皇马），是一家位于西班牙首都马德里的足球俱乐部，成立于1902年3月6日。无论是球队战绩还是商业运作，皇马都是欧洲乃至世界至今为止最成功的职业体育俱乐部。

皇马属于会员制俱乐部，旗下有约9.2万会员，每个会员每年缴纳会员费。虽然西班牙的整体经济实力在欧洲仅属二流，但会员制的皇马打造出了世界一流的职业体育俱乐部。

皇马历史上战绩最辉煌的时代分别是1952—1962年和2000—2006年。这个辉煌年代有个共同的特质——球星。1952—1962年：通过总统的暗中政治介入，从巴萨强行买入斯蒂法诺，在之后的10年里，皇马史无前例地获得了联赛九连冠和欧洲冠军杯五连冠。2000—2006年：弗洛伦蒂诺第一次当选皇马主席，启动了“银河战舰”计划，在几年内相继购买了菲戈、卡洛斯、齐达内、罗纳尔多、贝克汉姆、欧文等世界范围内最有影响力的超级球星，在球队战绩来到一个高峰的同时，在商业领域的盈利也相当可观，一时被冠以“世界最富俱乐部”的称号。

进入21世纪，信息传媒的飞速发展和体育的高度商业化成就了皇马的第一个“银河战舰”计划。皇马的巨星投资不仅带来战绩和票房，而且吸引了整个商界和传媒界的关注。

● 皇马自身品牌推广（如球星球衣、商业比赛）

● 球星代言收益

● 传媒关注，提升品牌

皇马俱乐部的融资运作包括内源融资、债务融资，具体如下：

● 会员会费

● 留存盈利

1. 球衣广告、赞助商

2. 电视转播收入

3. 比赛门票收入

4. 销售衍生品

● 场地租赁及相关商业开发

● 定额负债

皇马通过其西班牙社会的影响力，以预期收益为担保，在马德里储蓄银行和桑坦德银行获得1.5亿欧元低息贷款。

在2003—2008年的5个赛季里，皇家的财政收入在世界上的排名都是第一。

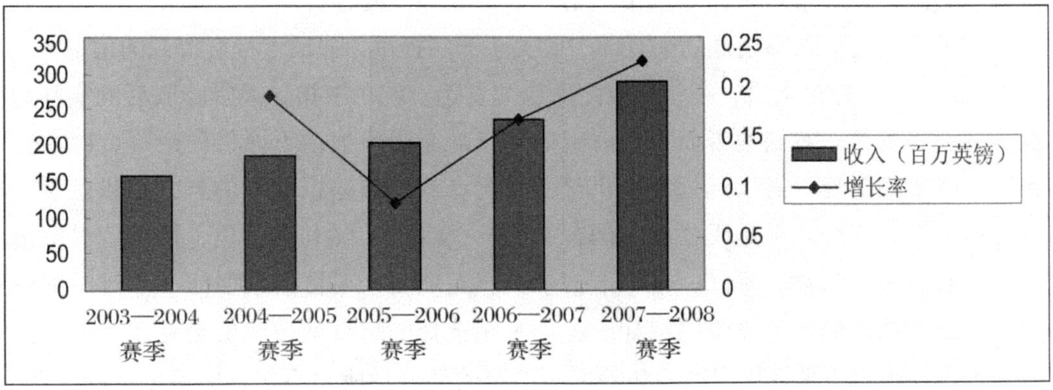

（数据来源：德勤会计师事务所）

皇马投融资运作的启发：

● 加大俱乐部人员投资（如引进高水平管理人员、球员、教练员），提升俱乐部实力，做大俱乐部品牌影响力。

● 优先股权融资，加大对国内外资本的吸引。

● 适当比例债务融资，实现俱乐部价值最大化。

● 逐渐形成合理内源融资结构，让职业俱乐部真正市场化、职业化。

（苏萍等整理）

第十二章 投融资环境与经济增长

第一节 金融发展与经济

美国学者爱德华·肖和麦金农在20世纪70年代提出了著名的关于“金融抑制”和“金融深化”的理论。他们认为：在一些国家存在着严重的“金融抑制”状态，表现为市场分割、金融垄断、市场管制、本币高估、信贷和外汇硬性配给等，社会资源以低利率向与政府关系紧密但效率很低的国有部门或关系部门提供，造成了社会资源的浪费①。

“金融抑制”理论指出，一些国家之所以欠发达，就在于扣除通货膨胀后的实际利率太低，甚至为负数。对储蓄者而言，由于低利率缺乏吸引力，不愿将剩余资金存入金融体系。金融市场出现了需求远远大于供给的情况，政府被迫以配给的方式提供信贷。在信贷配给制下，资金几乎是无偿使用的，有时甚至因为实际利率为负，借款者只要借到资金，就有实际的利益。所以，企业不管手头有无项目，项目前景如何，都对借款投资趋之若鹜，全社会形成了投资饥渴症。这种互相选择的结果就造成资金使用粗放，投资效益低下，产出水平低，国民收入扣除用于消费的部分后所剩不多，储蓄率下降。此外，低利率又阻碍了新增收入向投资的转化。经济发展所需的新投资来源不足，储蓄和投资的缺口进一步扩大，总需求和总供给的矛盾更加尖锐，经济停滞不前。糟糕的经济状况，反过来又使储源萎缩、资金紧缺，迫使政府对利率实行更加严厉的管制，形成恶性循环。这种人为压低利率，造成金融体系和经济效率低下的现象，麦金农称之为“金融抑制”。

一般金融抑制从资金价格、资金供给、资金流动等方面影响企业融资能力。

（1）由于利率限制，对不同类型的资金需求者实行配给，导致了很多企业或项目没有很好地考虑市场前景和盈利因素，而把更多的精力放到争取政府资源上。

（2）由于利率的管制，实际存款的负利率水平会在一定程度上限制资金的供给。

（3）信贷市场上的价格管制扭曲了该市场的发育。同时在企业从事直接融资的股票市场，如果政府过多考虑政治利益，那么直接或间接管理就将转化为金融抑制，从而扭

① 爱德华·肖. 经济发展中的金融深化［M］. 邵伏军，许晓明，宋先平，译. 上海：上海三联书店，1988.

曲市场机制，最终降低企业融资能力。例如，发行额度实行计划管理，额度分配要考虑到各地方经济发展情况，顾及地区平衡等非经济因素。结果，企业为争额度，常常会花费大量资金进行包装、公关，从而增加了发行费用。

可见，金融抑制会阻碍经济的发展，反过来受限制的经济又减缓了资金的积累和对投融资发展的需求，制约着金融体制的改革与发展。

金融深化，是指20世纪80年代初西方国家普遍放松金融管制后出现的金融体系和金融市场充分经营、公平竞争的趋势。麦金农提出了他的“金融深化”理论，其主要思想是：放松政府部门对金融体系的管制，尤其是对利率的管制，使实际利率提高，充分反映资金供求状况。这样，投资者就不得不考虑融资成本，再三权衡投资成本和预期收益。最终，有限的资金流入高效益的项目，资金配置效率大为提高。高利率鼓励人们储蓄，投资也就不愁没有资金。麦金农还强调在消除金融抑制、提高利率的同时，决不能搞通货膨胀。

金融深化具体体现在以下几个方面：

（1）利率自由，取消利率、汇率的限制，同时放宽本国资本和金融机构进入外国市场的限制，让金融商品的价格发挥市场调节作用。

（2）经营自由，允许各类金融机构自由经营业务，业务范围不受限制，公平竞争。

（3）准入自由，放松各类金融机构进入金融市场的限制，完善金融市场的融资工具和技术。

（4）资本流动自由。

在金融深化的条件下，各类信息更公开、透明，能更好地反映市场供求关系，形成更为有效的价格体系，使社会资源配置更优化、更有效率。因此，金融深化改革对增进发展中国家现有金融市场效率，深化金融体制以满足现实经济高效运行的需求，起到了积极的促进作用。

但是，有利必有弊，金融深化的主要方面——利率自由、业务范围自由、金融机构准入自由、资本流动自由——都有引发金融脆弱性的可能。

1997年的亚洲金融危机给了金融深化一个典型的研究个案，在考虑到金融深化带来的有利因素的时候，我们也要看到金融深化可能带来的危害。

金融深化在提升金融市场效率的同时，往往在其他方面又具有降低金融市场效率的作用；在提供了提高安全性的金融工具的同时又是增加风险的因素，切不可把金融深化理想化。即使是在金融体系相当完善的西方国家，金融深化也是权衡利害之后的抉择，有时甚至是不得已而为之。例如，20世纪80年代初英国和20世纪90年代美国取消分业管理、加强本国银行实力的呼声在相当大的程度上就是由于在世界各国金融市场日益开放的条件下，采取分业管理的国家的银行业受到外资金融机构的严重冲击。

综合权衡之后，在金融深化与金融监管产生矛盾时，很多国家的金融监管部门采取了优先自由化、适当放松监管的态度。控制金融风险的工作主要通过金融机构自身的市场化行为及同业协会监督等方式实现。

大量的文献肯定了金融发展对经济增长的重要性。银行业部门规模和股票市场的规模、流动性等指标与同期人均 GDP 增长高度相关。有证据显示，银行业部门发展和股票市场发展的水平都与经济增长有因果关系。1997 年的东南亚金融危机和 2008 年的金融海啸进一步说明了运行良好的金融体系对整体经济的重要性。

一、金融结构与经济增长

有学者为了研究更多关于经济重要性和金融结构决定因素的信息，系统地检验了 150 个国家和地区的金融结构，利用图表、相关性和回归分析来阐述金融结构和经济增长之间的关系，得到了以下主要结论：①国家和地区越富有，银行、非银行和股票市场就越大、越活跃、越有效率。总体来说，国家和地区越富有，金融系统就发展得越好。②在高收入的国家和地区，股票市场相对于银行更活跃、更有效率。随着国家和地区变得越来越富裕，一国金融系统更倾向于市场导向型（以德、日为代表的银行导向型体系和以英、美为代表的市场导向型体系，两种金融体系类型的差异在于，完成金融体系职能的过程中，银行和证券市场所起到的作用不同。在银行导向型体系中，银行起决定性作用；在市场导向型体系中，证券市场的作用更为突出）。

（一）金融中介发展情况

本书主要考虑四个指标：①流动负债/GDP，即银行和非银行金融中介的流动负债占 GDP 的比率。通过流动负债/GDP 来考察金融中介相对于经济规模的综合指标。流动负债/GDP 经常被作为金融部门发展的总体描述指标。②银行资产/GDP，即国内存款货币银行总资产除以 GDP。银行资产/GDP 提供了衡量金融部门总体规模的指标。③存款货币银行对私人部门的债权/GDP，即存款货币银行对私人部门发放的贷款（包括其他债权）除以 GDP，该指标不包括对公共部门（中央政府、地方政府和公共企业）的贷款。存款货币银行对私人部门的债权/GDP 是银行在私人部门中业务活动的一个综合指标。④其他金融机构对私人部门的债权/GDP，该指标涉及保险公司、金融公司、共同基金、私人养老基金和开发银行等。其他金融机构对私人部门的债权/GDP 提供了非银行部门在私人部门中业务活动的广义描述。

得到这些指标后，笔者按照 1997 年世界发展指标的标准将国家和地区划分为低收入、中等偏下收入、中等偏上收入和高收入四类。以该标准，按各国的收入水平把样本划分为四类，然后计算每一组金融发展指标的均值。比较富裕的国家和地区组与比较贫穷的国家与地区组相比，流动负债/GDP、银行资产/GDP、存款货币银行对私人部门的债权/GDP 和其他金融机构对私人部门的债权/GDP 都较大，并且在统计学上是显著的（图 12－1）。

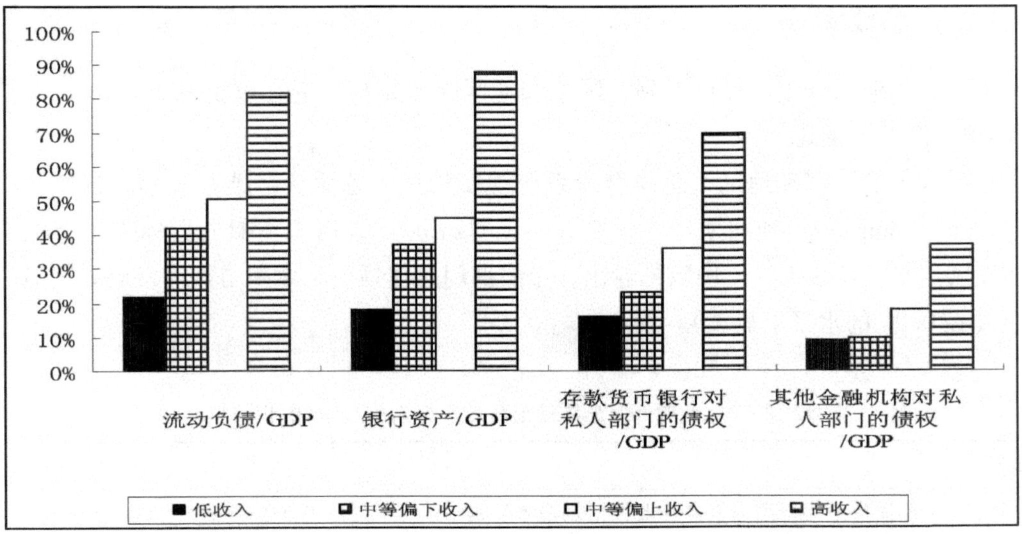

图 12－1　20 世纪 90 年代金融发展情况

从图 12－1 可看出，高收入的国家和地区组的流动负债/GDP、银行资产/GDP、存款货币银行对私人部门的债权/GDP 和其他金融机构对私人部门的债权/GDP 都比低收入的国家和地区组更大，说明国家和地区越富有，金融系统就发展得越好。

资本市场总值/GDP，即国内交易所交易的股权占 GDP 比率，用此指标描述市场规模。交易总值/GDP，即国内交易所交易的国内股权价值除以 GDP，用此指标描述交易对于经济活动的比值大小，它也经常被用于描述市场流动性。换手率等于国内交易所交易的股权价值除以国内股权价值，也常作为流动性的指标。

从表 12－1 中可看到，金融中介和股权市场与人均 GDP 有明显的相关性。

表 12－1　金融中介和股权市场与人均 GDP 的相关系数

指标	相关系数	p 值
流动负债/GDP	0.465	0.001
银行资产/GDP	0.663	0.001
存款货币银行对私人部门的债权/GDP	0.639	0.001
其他金融机构对私人部门的债权/GDP	0.636	0.001
资本市场总值/GDP	0.282	0.025
交易总值/GDP	0.409	0.001
换手率	0.424	0.001

数据来源：Asli 和 Levine，金融结构和经济增长：银行、市场和发展的跨国比较。

（二）总效率

另外，类似的分组计算可得到，国家和地区收入越高，资本市场总值/GDP、交易总值/GDP、换手率越高。

在高收入的国家和地区，总体金融系统规模越大，越活跃，越有效率。拉詹、津加莱（Rajan，Zingales）和阿斯利、莱文（Asli，Levine）采用了类似的指标描述金融部门总体发展水平，从表 12-2 中数据看出，金融部门总体规模和效率与经济发展有明显的相关性（在 0.05 的水平上显著）。

表 12-2 金融部门总体规模和效率与人均 GDP 的相关性

指标	相关系数	p 值
总规模：（存款货币银行国内资产 + 股票市场资本）/GDP	0.519	0.001
总效率：交易总值/银行净利息收入	0.47	0.001
总效率：交易总值/管理成本	0.304	0.020
总效率：换手率/银行净利息收入	0.574	0.001
总效率：换手率/管理成本	0.400	0.002

数据来源：Asli 和 Levine，金融结构和经济增长：银行、市场和发展的跨国比较。

表 12-2 的效率指标将股票市场及银行发展指标混合并配对。前面我们使用换手率和交易总值/GDP 描述股票市场流动性，该指标越高，可解释为股票市场运行越有效率，一般为描述整体经济状况，采用交易总值/GDP，而不采用换手率。同样，采用管理成本和银行净利息收入描述银行运营部门效率，如果他们水平较高，那银行运营效率就低。最后，将各个股票市场指标除以各个银行业部门效率指标，得到描述金融部门总体发展的效率指标。

类似图 12-1，国家和地区越富有，交易与管理成本和交易与利息收入的比值越大，总体金融效率更高。高收入国家和地区比低收入国家和地区具有更好的总体金融效率。

（三）金融结构

（1）交易与管理成本的比值，即交易总值/GDP 乘以管理成本。

（2）交易与利息收入的比值，即交易总值/GDP 乘以银行净利息收入。根据这两个比值大小（例如和样本中位数比），划分市场导向型和银行导向型的金融结构。

（3）金融结构的综合指数：计算资本的市场总值对银行、交易对银行贷款及交易对银行营业成本三对指标的均值，并将结果称为结构，结构值高，意味着与银行系统发展相比，股票市场的发展程度更高。

国家和地区收入越高，金融结构越倾向于市场导向型。最后，要说明的一点是：法律、管制、税收和宏观经济环境也会对金融结构产生影响。

（四）金融系统的发展

随着时间推移，流动负债/GDP、银行资产/GDP、存款货币银行对私人部门的债权/GDP 都提高了。

随着时间推移，股票市场日益变得更大、更活跃、更有效。资本市场总值/GDP，交易总值/GDP 和换手率都随着时间明显提高。

二、金融结构与经济发展：对企业、产业的促进

大多数的研究表明，发达的金融系统对产业和企业均有明显的促进作用。在这个问题上，不同导向的人具有不同的观点。例如：强调银行导向型的观点认为，发展的市场由于会迅速公开市场信息，这就降低了个体投资者获取信息的动机，这样会阻止一部分创新项目。同时，市场的流动性也会带来投资者普遍短视的现象，因为他们能够比较容易地以低成本出售他们的股份，所以投资者缺乏严格监控管理层的动机。市场导向型的观点强调市场在促进经济繁荣方面的积极作用。由于银行的低效会带来企业获取资金的低效，同时，有力的银行系统可能会勾结企业管理者以反对其他投资者，这完全妨碍了竞争、有效的企业治理及新企业的诞生和经济增长。

其他的研究表明，法律系统是促进金融系统创新和增长的主要决定因素。有研究认为：①法律系统有效地保护外部投资者、股东及债权人，促进了总体金融发展；②是总体金融的发展，而不是金融结构，对企业、产业及国家经济发展起到促进作用。

基于 34 个国家和地区、36 个产业的横截面数据，索尔森、莱文等验证了上述观点。

第二节　资本市场与体育产业

在第 29 届奥林匹克运动会上，中国体育健儿取得了 51 枚金牌、21 枚银牌、28 枚铜牌的优异成绩，位居金牌榜第 1 位，创造了中国体育代表团参加奥运会以来的最好成绩，实现了重大历史性突破。可以说，我们在竞技体育上取得了骄人的成绩。但是，我国体育产业发展还比较薄弱，体育类企业发展缓慢，多数企业还处在零敲碎打的层面上。对于利用资本市场以促进体育产业发展来说，还有广阔的发展空间。

耐克公司（纽约证券交易所代码：NKE）2008 年 11 月市值近 239 亿美元。阿迪达斯不断开发新产品，同时大力赞助各大体育比赛，是仅次于耐克的第二大体育用品生产商。彪马 1986 年在德国上市，为全球第三大体育用品生产商。

从表 12－3 至表 12－5 及图 12－2 可看出，三大国际体育用品生产商近几年飞速发展，比较三家企业 2006 年和 2007 年的主要营业回报率，2007 年耐克和彪马的净利润率、

营业利润率、平均资产回报率和平均股本回报率均高于2006年同期，为投资者创造了高额的回报。同时这三家企业所在国家的经济环境及金融市场发展也很迅猛，他们利用良好的金融环境有力地促进了企业自身的发展和壮大。

表 12－3　耐克主要营业回报率

	2008年第3季度	2007年	2006年
净利润率	9.40%	10.11%	9.40%
营业利润率	13.15%	13.44%	13.13%
息税前利润率	—	14.70%	14.46%
平均资产回报率	16.36%	16.28%	15.45%
平均股本回报率	25.82%	25.36%	23.71%

数据来源：www.nasdaq.com finance.yahoo.com。

表 12－4　阿迪达斯主要营业回报率

	2008年第3季度	2007年	2006年
净利润率	9.83%	5.39%	5.74%
营业利润率	15.34%	9.21%	9.61%
息税前利润率	—	11.24%	12.41%
平均资产回报率	13.40%	6.65%	6.72%
平均股本回报率	40.03%	18.83%	19.03%

数据来源：www.nasdaq.com finance.yahoo.com。

表 12－5　彪马主要营业回报率

	2008年第3季度	2007年	2006年
净利润率	12.39%	11.44%	10.64%
营业利润率	17.54%	15.68%	14.83%
息税前利润率	—	17.62%	17.03%
平均资产回报率	19.21%	15.18%	13.60%
平均股本回报率	31.45%	24.59%	22.37%

数据来源：www.nasdaq.com finance.yahoo.com。

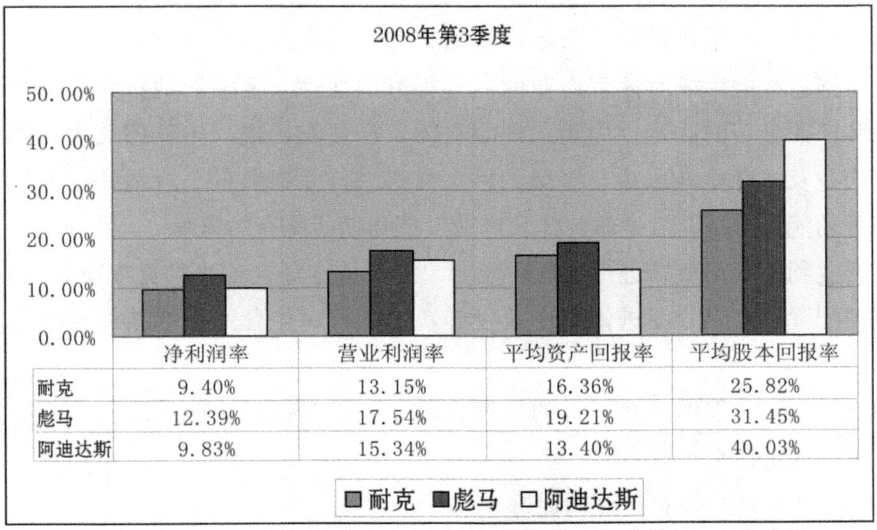

图 12-2 2008 年第 3 季度三大体育用品生产商业绩

我国体育类企业也在近几年迅猛发展，虽然比起国际性的大型体育企业还有差距，但也可以看到，我国的体育企业在自己专注的一些市场做出了不错的业绩。北方五环作为从事体育经营的第一家上市公司，在北京奥运会市场开发计划刚刚启动之初，竟然从 2003 年 9 月 19 日起被终止上市。这不能不说是体育产业发展的一个重大损失。

中体产业集团股份有限公司系经国家体改委批准，由国家体育总局体育基金管理中心、沈阳市房产实业有限公司、中华全国体育基金会、国家体育总局体育彩票管理中心和国家体育总局体育器材装备中心等五家发起人共同发起，并向社会公众募集股份设立的股份有限公司。中体产业集团股份有限公司主要经营体育用品的生产、加工、销售，体育场馆、设施的投资、开发、经营，承办体育比赛，体育运动产品的生产、销售，体育运动设施的建设、经营，体育俱乐部的投资、经营，体育健身项目的开发、经营，体育专业人才的培训，体育信息咨询。

2004 年 6 月 28 日，李宁有限公司在香港联合交易所上市。李宁有限公司为中国领先的体育品牌企业之一，拥有本身品牌研发、设计、制造、经销及零售实力。产品包括运动及休闲用途的运动鞋、服装及配件，主要以自有的李宁牌出售为主。

安踏体育，2007 年 7 月 10 日在香港联合交易所上市。安踏体育主要业务为设计、开发、制造及营销运动服饰，包括为专业运动员及大众设计的安踏品牌的运动鞋类及服装。

中国动向（集团）有限公司，2007 年 10 月 10 日在香港联合交易所上市，主要业务为通过服装连锁店经营国际运动服装品牌。

体育板块上市的公司比较少，主要是由于体育产业本身是一个全新的行业，产业内许多企业还处于发展初期，主要产值还集中于体育用品制造业，体育服务业发展还不够充分。

金融发展水平越高，法律系统对外部投资者的保护越有力，更依赖于外部资金发展的产业增长更快。金融业是现代市场经济的核心。资本市场可以有效地发挥资源配置的作用。大力推进金融市场对体育产业的促进很有迫切性。金融活动作为影响整个世界的经济布局和产业分工的决定性力量，理应在体育产业发展进程中发挥关键作用。对于具体的体育产业及体育企业来说，金融的发展促进一样是有效的、合适的。通过资本市场的风险管理功能，可以有效地解决体育产业发展初期所特有的风险。

体育产业利用资本市场进行融资还较少，尤其是体育服务业对资本市场的利用更少。金融资源的配置没有充分促进体育产业发展，也没有对体育产业的结构调整做出有效的推进。

由于投资对产业发展具有很好的促进作用，可以有针对性地采取各方面的措施积极利用资本市场促进体育产业发展。

第一，强化金融对体育产业的促进。

（1）增加体育产业中金融市场及金融工具利用总量及其在体育产业中的比例。

（2）做大做强体育产业中的上市公司。利用资本市场的融资功能快速发展体育产业。

（3）加大直接融资力度，推动体育企业利用资本市场实现资金集聚，并研究出台促进体育服务业企业改制上市的优惠政策措施。引导体育服务业企业发挥比较优势，提升综合实力，加快推进体育产业中的优秀企业进行上市融资工作。

（4）要加强金融对体育产业促进的整体规划，体育用品制造业中的企业把自己的金融促进经验有选择地推广到体育产业中的其他部门，争取形成金融促进由体育用品制造业向体育服务业及其他体育产业部门发展的局面。

（5）产业投资基金在保持经济持续稳定增长、实施产业结构调整、推动资本市场的培育、促进体育产业发展及体育产业结构优化等方面有着重要作用。产业投资基金是通过发行基金凭证来筹措资金的，与证券投资基金完全一样，可通过上海证券交易所和深圳证券交易所系统交易。其设计是公司型基金，不存在基金凭证的赎回。经营期间，根据需要和有关规定可增发基金份额和债券，也可向银行借款和参与同业拆借等筹资。产业投资基金是推进体育产业发展的有力工具。

第二，改善体育产业利用金融手段实现发展的环境。

（1）改善体育产业环境，出台优惠政策，引进更多的金融机构对体育产业进行研究和投资。

（2）要加大体育服务业之间的协作和合作，推进体育产业尤其是体育服务业的发展。

（3）要引进和培养更多高素质人才，提升体育产业整体从业人员素质。

（4）抓住运动员保险制度及体育赛事保险发展的机遇，推进体育保险业的发展并利用金融市场及工具实现风险管理。

第三节　金融环境推进体育产业发展

金融环境的发展可以推进体育产业的发展，具体表现在：

（1）促进投融资市场的建设。现有的债券及股票交易市场在符合条件的前提之下大力支持体育产业发展。如果可能，一个更大胆的设想是建立专门交易各类与体育产业有关的资产的交易市场。股票、债券、各类赛事的举办权利、运动员、体育无形资产等其他各类实体或非实体的资产。

（2）体育产业投资基金。体育产业投资基金是以体育产业为投资对象的一种投资基金，重点投向具有高增长潜力的未上市企业，以进行股权或准股权投资，并参与被投资企业的经营管理和监督，以期所投资企业（项目）发育成熟后通过股权转让实现资本增值。

（3）有关法律法规的建立及健全。

一、市　场

（一）市场及流动性的价值

1968 年，德姆塞茨（Demsetz）① 发表了划时代的论文，研究了证券市场上卖方的卖出报价和买方的买入报价之间价差的形成，并提出了基本的买卖报价价差模型。他认为，在任何时点上，市场上都存在两种供给和需求来源，即希望即刻出售或购买的供求者，以及希望出售或购买但并不急于出售或购买的供求者。如果没有其他外生因素，那些希望即刻交易的供求者将为市场提供流动性，使市场得以维持下去。流动性的高低取决于希望即刻交易的供求者的风险偏好、效用函数和买卖意愿的强弱等因素。当市场流动性出现困难时，交易者可以通过价格的调整来创造流动性。例如，如果想立即实现购买的交易者没有遇到想立即出售的交易者或卖者的销售数量不能满足买者的要求时，买者可以报出更高的价格来吸引那些并不急于出售的卖者提前出售；如果卖者找不到合适的交易者或足够的需求量，他可以用一个较低的报价来促成即刻交易。反之，流动性也会影响交易价格的形成。德姆塞茨将买卖报价价差看成是证券市场中为交易的及时性支付的成本，德姆塞茨的买卖报价价差模型表明了流动性对证券价格形成的影响。尽管当时德姆塞茨没有明确提出流动性的概念，但他所说的及时性实际上已经蕴含着流动性。

市场为交易的对象提供了流动性，为供需双方提供了互相满足自己需要的交易场所和机会。狭义的市场仅仅指实体中的交易场所，随着计算机及网络技术的发展，现在的

---

① DEMSETZ H. The costs of Transacting［J］. Quarterly Journal of Economics，1968，82（1）：33 –53.

市场已大大扩展了原来的组织及表现形式。很多的交易，尤其是各类金融资产及证券的交易已通过网络来完成。回顾我国国债的历史转变。流动性对国债的影响是具有戏剧性的，由于流动性的转变，国债由原来的行政配售到排队抢购，生动地表现了这一情况。

国债是中央政府根据信用原则，以承担还本付息责任为前提而筹措资金的债务凭证。国家借债，往往是为了弥补国家财政赤字，或者为了一些耗资巨大的建设项目以及某些特殊经济政策甚至为战争筹措资金。从债券的形式来看，我国发行的国债可分为凭证式国债、无记名国债和记账式国债三种。

由于国债以国家信誉为基础，以国家的税收作为还本付息的保证，它的安全性是很高的。在各类债券中，国债的信用等级通常被认为是最高的，几乎不存在兑付风险问题。同时，国债的二级流通市场也比较发达，转让很方便，变现能力强。如有急需，既可按发行时确定的分档利率提前变现，又可办理质押贷款以解急需之用。国债的利率一般高于同期储蓄，而且可免征20%的利息税。所以尽管其收益率不是很理想，但要强于银行储蓄。

在我国，国库券的发行历史长达50多年。其中，1950年发行的“人民胜利折实公债”是我国发行最早的国库券，这种国库券的面值以“分”为单位，分为1分、10分、100分、500分四种。此后，财政部在1954年至1958年之间又发行了“国家经济建设公债”。

1958年后，国债一度被迫暂停发行，直到1981年国家才恢复国债的发行，而且从1981年开始发行的国债被正式命名为“中华人民共和国国库券”，这种实物国库券一直发行到1996年。1994年财政部第一次发行半年期、一年期和二年期国债，实现了国债期限品种的多样化。短期国债的出现促进了货币市场的发展，同时也为中央银行的公开市场操作奠定了基础。从1997年开始，国库券就全部采用凭证式和证券市场网上无纸化发行。

1981年1月16日，国务院发布《中华人民共和国国库券条例》，决定从1981年恢复发行国债，发行对象是企业、政府机关、团体、部队、事业单位和个人。多年来，国债逐渐为老百姓所接受并喜爱，以至经常出现排队争购国债的现象。国库券是国家债券的主体部分和主要表现形式，也是历史最为悠久的一种国债。

（二）证券交易所对国民经济的推动

证券交易所致力于多层次证券市场的建设，努力创造公开、公平、公正的市场环境。证券交易所主要职能包括：提供证券交易的场所和设施；制定本所业务规则；接受上市申请、安排证券上市；组织、监督证券交易；对会员和上市公司进行监管；管理和公布市场信息；中国证监会许可的其他职能。

从表12－6、表12－7的统计数据可以看到，交易所与中国证券市场共同成长。交易所借助现代技术条件，成功地在深圳和上海两座城市建成了辐射全国的证券市场。据深圳证券交易所和上海证券交易所1992—2006年的数据（表12－6、表12－7），交易所累计为国民经济筹资 19114.3 亿元，对建立现代企业制度、推动经济结构调整、优化资源配置、传播市场经济知识，起到了十分重要的促进作用。

表 12－6　证券市场基本情况－1

指标	境内上市公司数（A、B 股）（家）	股票流通市值（亿元）	股票成交金额（亿元）	股票发行量（亿股）	股票筹资额（亿元）
1992 年			681	20.75	94.09
1993 年	183	862	3667	95.79	375.47
1994 年	291	969	8128	91.26	326.78
1995 年	323	938	4036	31.6	150.32
1996 年	530	2867	21332	86.11	425.08
1997 年	745	5204	30722	267.63	1293.82
1998 年	851	5746	23544	105.56	841.52
1999 年	949	8214	31320	122.93	944.56
2000 年	1088	16088	60827	512.04	2103.08
2001 年	1160	14463	38305	141.48	1252.34
2002 年	1224	12485	27990	291.74	961.75
2003 年	1287	13179	32115	281.43	1357.75
2004 年	1377	11689	42334	227.92	1510.94
2005 年	1381	10631	31665	567.05	1882.51
2006 年	1434	25004	90469	1287.77	5594.29

数据来源：上海证券交易所、深圳证券交易所统计年鉴。

表 12－7　证券市场基本情况－2

指标	上证综合指数（收盘）	深证综合指数（收盘）	投资者开户数（万户）	证券投资基金支数（只）	证券投资基金规模（亿元）
1992 年	780	241	217		
1993 年	834	238	835		
1994 年	648	141	1108		
1995 年	555	113	1294		

续表

指标	上证综合指数（收盘）	深证综合指数（收盘）	投资者开户数（万户）	证券投资基金支数（只）	证券投资基金规模（亿元）
1996 年	917	327	2422		
1997 年	1194	381	3480		
1998 年	1147	344	4260	6	120
1999 年	1367	402	4811	22	510
2000 年	2073	363	6123	34	562
2001 年	1646	476	6899	51	804
2002 年	1358	389	6842	71	1319
2003 年	1497	379	6981	95	1615
2004 年	1267	316	7216	161	3309
2005 年	1161	279	7336	218	4714
2006 年	2675	551	7854	301	6021

数据来源：上海证券交易所、深圳证券交易所统计年鉴。

如图 12－3，1993—2006 年股票市值、股票筹资额与人均国内生产总值稳步增长，股票市场对优化社会资源配置、促进国民经济建设及人民生活水平提高起到了重要的作用。

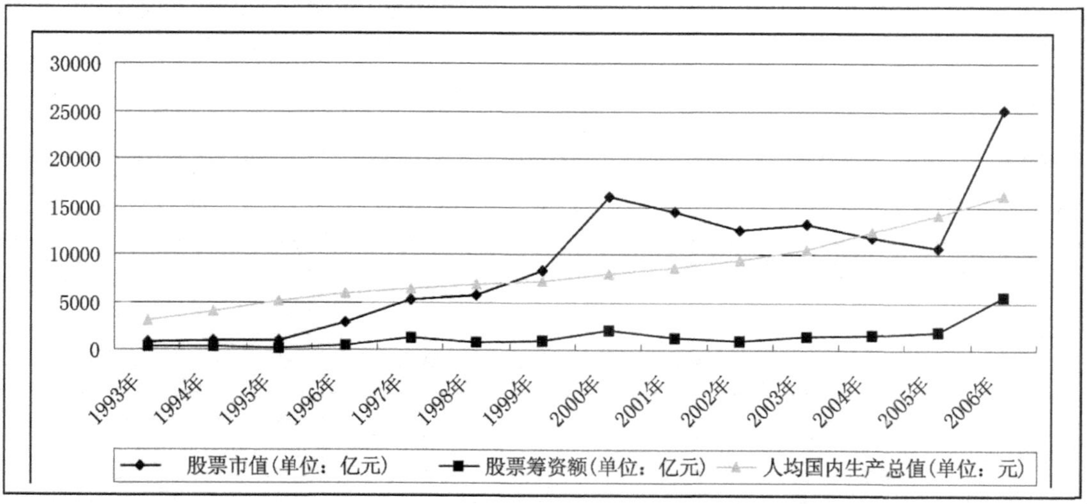

图 12－3　1993—2006 年股票市值、股票筹资额与人均国内生产总值

数据来源：上海证券交易所、深圳证券交易所统计年鉴。

在高收入的国家和地区，股票市场相对于银行更活跃、更有效率。从表 12－8 的数据可以看出：股票市值、股票筹资额与人均国内生产总值在统计学上具有很好的相关性；

股票市值、股票筹资额与国内生产总值同样在统计学上具有很好的相关性。

表 12－8　股票市值、股票筹资额与人均国内生产总值及国内生产总值相关系数

	股票市值	股票筹资额	人均国内生产总值	国内生产总值
股票市值	1	0. 866342	0. 838583	0. 839393
股票筹资额	0. 866342	1	0. 798762	0. 799839
人均国内生产总值	0. 838583	0. 798762	1	0. 999917
国内生产总值	0. 839393	0. 799839	0. 999917	1

数据来源：上海证券交易所，深圳证券交易所统计年鉴。

通过建设类似的体育无形资产及有形资产的交易市场，不仅能通过增加流动性增加这些体育资产的价值，同时，也能够通过市场对资源的高效配置，有力地促进整个体育产业的发展，如同证券交易市场对整个国民经济的促进一样。

（三）产权交易所：体育产业市场发展的初始路径

1. 产权交易所及发展

我国资本市场交易影响较大的交易平台是上海证券交易所和深圳证券交易所。自1990 年成立以来，在上海证券交易所及深圳证券交易所两个市场上市的公司总数超过了3700 多家。每年希望上市利用资本市场促进发展的企业远远超过了这个数目。有些优秀的企业由于等不到在这两个资本市场上市的机会，不得不放弃在国内交易所上市而转到美国或其他境外交易所上市，国内投资者同样也失去了投资于这些优秀的企业、分享其高速成长的机会。供给与需求的严重失衡，表明上海证券交易所和深圳证券交易所仅仅是中国资本市场供需交易的重要平台，而不是全部。中国资本市场发展呼唤超越上海证券交易所和深圳证券交易所两所之外的空间来满足交易需求的快速增长。

除了境外的交易所市场，近年来蓬勃发展的分散在不同地区的产权交易中心满足了一部分企业投融资的需求。

我国产权市场起步于 20 世纪 80 年代末，1988 年 5 月 27 日，武汉企业并购事务所成立。这个事务所是由武汉市工商银行、财政部门、税务部门和审计局等单位组成的，采取办交易会、发布信息和定期挂牌等方式进行产权交易活动。这是全国第一家产权交易机构。经过不断地开设、关闭和整顿发展，到 2001 年年底，全国有 200 余家产权交易机构，其中包括 30 余家技术产权交易所。2004 年 2 月 1 日，由国务院国资委、财政部在2003 年 12 月 31 日联合颁布的《企业国有产权转让管理暂行办法》正式实施。《企业国有产权转让管理暂行办法》的颁布实施，是我国国有资产监督管理和产权交易建设事业的一个重要里程碑，对资本市场的发展、国有产权转让活动的规范产生重大和深远的影响。产权市场已经成为促进我国产业结构调整和经济发展、国有企业改革、非上市企业特别是中小科技企业融资的一个重要平台。

2009 年，北京产权交易所创建 5 年来累计完成各类产权交易项目 17244 项，实现成交额 2736.24 亿元人民币，平均年增长率接近 50%。图 12 -4 为北京产权交易所 2001 - 2008 年的产权交易数据。

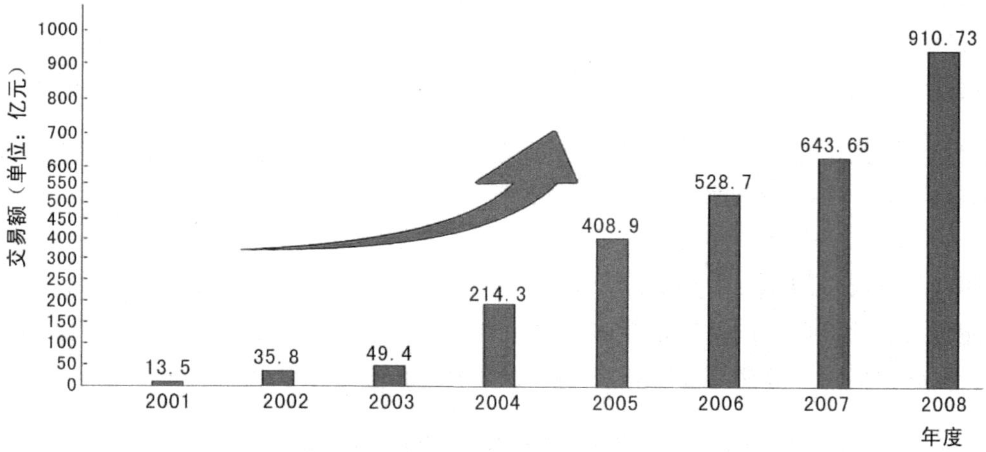

图 12 -4 北京产权交易所产权交易数据

奥运资产处置流程

1. 奥组委下达资产处置任务单

2. 产权交易所组织核实和接收

产权交易所接到奥组委的资产处置任务单及相关资料后，按产权交易所相关规定选定拍卖机构，组织对奥运资产进行核实，资产核实后，由奥组委和产权交易所签署《资产处置接收单》，其中车辆签署《车辆回收证明》。

奥组委应向产权交易所提交以下文件：

（1）奥组委资产处置的任务单。

（2）资产依法以公示登记方式管理的，提交其权属登记的证明文件。

（3）资产为设备的，须提交机器设备的相关技术资料。

（4）资产为机动车的，须提交机动车行驶证、购置附加费（税）证、保险单、交强险保单、养路费证、车船使用税证、单位法人代码证（一车一份）、机动车登记证、购车发票复印件。

（5）其他文件或材料。

3. 组织评估

产权交易所组织评估机构对需处置的奥运资产进行评估，评估机构由产权交易所按相关规定选定。产权交易所将评估结果上报奥组委。

确定为报废或需进行无公害回收的资产，按照国家有关政策规定进行处置。

4. 资产分类

由奥运资产处置小组将资产进行分类，依据分类结果制定不同的处置方案。

5. 信息披露

产权交易所通过网站、电子显示屏及指定的各类媒体对外进行信息披露。同时由策划小组对需进行策划包装的资产进行策划宣传推介。

6. 受让意向登记

信息披露期间，意向受让方一般应向产权交易所提交以下文件：

（1）《奥运资产受让登记表》。

（2）法人资格证明文件或自然人身份证复印件。

（3）法人机构同意受让的内部决策文件及公司章程。

（4）符合受让条件的相关文件或证明。

（5）其他文件或材料。

意向受让方同时交纳交易保证金。

7. 发布拍卖公告及展样

信息披露期间，根据意向受让方征集情况，组织发布拍卖公告。信息披露期间，产权交易所组织展样，时间一般不少于2个工作日。

8. 确定受让方

只产生一家符合条件意向受让方的，采取协议转让方式；产生两家及以上符合条件意向受让方的，产权交易所组织拍卖或采用法律法规允许的其他方式进行处置。

9. 签订交易文件

采取协议转让方式成交的，奥组委或奥组委委托产权交易所与受让方签订《奥运资产交易合同》；采取拍卖方式成交的，受让方签署《拍卖成交确认书》及其他需签署的交易文件。

10. 成交价款结算

受让方将交易价款及交易服务费交纳至产权交易所进行统一结算。

11. 出具交易凭证

交易价款到账后，产权交易所向交易双方出具《资产交易凭证》。

12. 办理资产交接手续

奥组委与受让方办理资产交接手续，签订《资产交接单》。

13. 办理过户手续

资产交易完成后，需过户的资产，交易双方应持《资产交易凭证》办理过户手续。

14. 价款返还

产权交易所将交易价款返还奥组委或其指定的相关单位。

（资料来源：北京产权交易所）

2. 足球运动员的转会交易

1994 年 12 月 22 日，中国足球协会（以下简称中国足协）发布正式实行运动员转会制度的通知。国内球员所有的转会一般都需要支付转会费，并且采用挂牌制。所有试图完成国内转会的中国球员都必须首先被自己所属的俱乐部“挂牌”，即俱乐部正式同意该球员转会。

中国足协国内球员转会工作会，俗称摘牌会，是 1998—2004 年球员转会采用的形式，也曾是每年职业联赛开战前足球界和媒体关注的焦点。所有已经被“挂牌”的球员，都必须在这一天的摘牌会上决定归属，无法自行决定其转会意向。

摘牌会制度施行后不久，中国足协决定摘牌顺位仿照美国的体育职业联盟，由上赛季成绩最差的球队先行摘牌，依次轮替，被称为“倒摘牌制”。由于摘牌会相关的一系列争议，尤其是其忽视球员本人意愿的原则，最终于 2004 年后被废除，允许被挂牌的球员自行与希望转会的球队商谈，成功后向中国足协申报。

与“摘牌会”相对的还有所谓的“自由转会”制度，该制度只在 2003 年和 2004 年实行了两年，即各俱乐部可以有一个名额在摘牌会之前与一名已挂牌球员达成转会意向，直接获得与其原属俱乐部进行转会协商的权利而不需参加摘牌会。2005 年起随着摘牌会的取消，这一制度也没有存在的必要，逐渐发展成为每队可以自由引进五名内援的规则，而且 21 岁或以下的青年球员不受此名额限制。

职业化早期的转会费即使按照当时的物价水平也属相当低廉。1995 年年初，刚刚获得中国足球先生的黎兵转会广东宏远时的身价仅为 64 万元人民币。这一数字在之后几年内有明显的增长，2003 年年初，吴承瑛从上海申花转会上海中远时的转会费报价已经达到了 1300 万元（表 12－9）。此后，随着中国足协修改身价计算方式并设定上限，以及足球整体环境等的影响，身价的数字逐渐回落，只有极少数球员能接近 500 万元。

表 12－9 历年著名球员转会

年份	球员	转出球队	转入球队	身价	备注
1995 年	黎兵	辽宁	广东宏远	64 万元	
	马明宇	四川全兴	广东宏远	42 万元	
1996 年	王涛（大）	八一	北京国安	66 万元	
1997 年		八一	大连万达	220 万元	

续表

年份	球员	转出球队	转入球队	身价	备注
1998 年	彭伟国	广州太阳神	前卫寰岛	235 万元	
1999 年	曹限东	青岛海牛	北京宽利	386 万元	实际身价约 200 万元
2000 年	区楚良	上海申花	云南红塔	497 万元	
	王涛（小）	大连万达	北京国安	300 万元	
2001 年	曲圣卿	辽宁	上海申花	550 万元	
2002 年	祁 宏	上海申花	上海中远	950 万元	
	申 思	上海申花	上海中远	940 万元	
2003 年	吴承瑛	上海申花	上海中远	1300 万元	足协定价 495 万元
	江 津	天津泰达	上海中远	600 万元	足协定价 495 万元
2004 年	李金羽	辽宁	山东鲁能	490 万元	
2005 年	郑 智	深圳	山东鲁能	850 万元	
2006 年	李玮峰	深圳	上海申花	490 万元	
	李雷雷	深圳	山东鲁能	490 万元	
2007 年	张永海	辽宁	北京国安	400 万元	
2008 年	季铭义	大连实德	成都谢菲联	450 万元	
2009 年	王新欣	辽宁	天津泰达	400 万元	

3. **悉尼奥运会利用交易所融资的情况**

2000 年的悉尼奥运会利用资本市场进行融资，对于利用证券化的体育资源进行融资是一个大胆的探索，其主要步骤如下：

（1）成立悉尼奥运协调委员会，辅助奥运会的投融资建设。

（2）将土地等财产委托出租给澳大利亚体育场信托公司。

（3）向社会首次公开发行（IPO）组合证券，并在澳大利亚证券交易所上市。

二、体育产业投资基金：体育产业的金融发动机

产业投资基金是 20 世纪中期首先出现于美国的一种投资基金，产业投资基金是投资基金的一种形式。产业投资基金直接投资于实业，类似于西方国家的有组织的私募股权投资基金。

（一）体育产业投资基金的选择形式

体育产业投资基金在设立发展初期，适宜在法人、机构及特定投资者间小范围发行，宜采取私募方式。私募又称不公开发行或内部发行，是指面向少数特定的投资人发行证券的方式。私募发行的对象大致有两类，一类是个人投资者，如公司股东或发行机构自己的员工；另一类是机构投资者，如大的金融机构或与发行人有密切往来关系的企业等。私募发行有确定的投资人，发行手续简单，可以节省发行时间和费用。私募发行的不足之处是投资者数量有限，流通性较差，而且也不利于提高发行人的社会信誉。

开始时采取私募方式主要考虑几个方面的因素。

（1）发行手续简单，同时不需要做大量广告，不需要公开发行招募说明书和基金章程，可以节省发行时间和费用，有效地降低了发行成本。

（2）私募发行较少涉及广泛的社会公众，有利于在体育产业投资基金开始之初的逐步完善，减少对社会的影响。

（3）资格认定标准较低，向政府部门呈报文件少，审批程序简单，同时不需要提供担保，信息披露程度要求低。私募发行能满足各类保险机构和其他法人机构投资者的投资需求。

（4）有利于建立与业内机构的战略合作。

同时私募方式也有一些缺点：

（1）只能向合格投资者发行。

（2）定向发行债券的流动性低，对信用评级要求较低。只能以协议转让的方式流通，只能在合格投资者之间进行。

当然，体育产业投资基金经过发展、成熟、壮大以后，在体育产业投资基金具备一定条件的基础上，特别是对于以体育基础设施和体育产业内成熟企业为投资对象的投资占一定比例后，可以考虑转换为公募发行的方式。公募基金是受政府主管部门监管的、向不特定投资者公开发行受益凭证的证券投资基金，这些基金在法律的严格监管下，有着信息披露、利润分配、运行限制等行业规范。例如，目前国内证券市场上的封闭式基金就属于公募基金。公募是向社会公众发行可上市流通的体育产业投资基金，一方面吸引社会闲散资金，另一方面满足公众对高风险、高收益投资的需求，拓展公众投资渠道。利用公募方式有助于将社会闲散资金聚集起来用于资金需求较大的投资项目，同时因投资项目有可预期的较稳定的收益，投资风险相对较小。

公募发行的有利之处：

（1）以众多投资者为发行对象，拓宽了投资者的范围，有利于基金的募集和壮大。

（2）可申请在交易所上市（如封闭式基金），增强了流动性，从而大大增加了基金资产的价值。

（3）信息披露公开透明。

体育产业投资基金如果在我国公开上市，可以以发行基金单位、股票和债券等方式融资，对增长潜力巨大的体育产业投资将会是它们的很大一块业务。

以下是初步设想的体育产业投资基金操作流程图（图 12－5）：

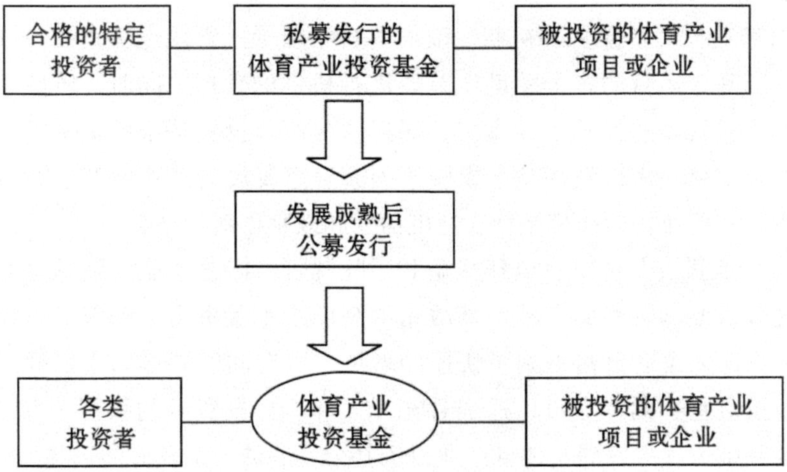

图 12－5　体育产业投资基金操作流程图

资金供给：开始的私募阶段为合格的特定投资者，公募阶段为各类投资者。

资金需求：希望获得投资的体育产业项目或企业。

（二）可能遇到的问题

从前面的论述中可以看到体育产业投资基金可能发挥巨大的作用，但是，作为一种目前并不存在的产业投资，也要看到它在具体实施时将会遇到的一些问题：

（1）尽管体育产业风险投资可以通过对投资合同的设定，降低体育产业投资所面临的风险。但是，在现在的外部经济环境中，与其他投资基金一样，体育产业投资存在着一定程度的风险，这是必须认识到的。

（2）发展体育产业投资，就要募集体育产业投资基金，为保护基金投资人的利益，规范、充分的信息披露必不可少。如何让投资人更方便地了解被投资体育产业项目或企业的情况，尤其是一些涉及专业知识的信息，以降低双方的风险，也是一个需要解决的问题。

建设体育产业投资基金要注意的几个方面：

（1）体育产业投资基金的特点是市场化运作的基金。渤海产业投资基金的获批和设立引起了各方面的关注，特别是许多政府行业主管部门都希望设立产业投资基金促进本行业的发展。很多人认为产业投资基金是扶持产业发展的一个工具。这是对产业投资基金的误解，至少对产业投资基金的理解是不全面的。产业投资基金要向具有高增长潜力的未上市企业进行股权或准股权投资，并参与被投资企业的经营管理，获得所投资企业发育成熟后通过股权转让实现的资本增值，实现投资收益分享，风险共担。符合这一定义的产业投资基金就应该能实现资本增值。体育产业投资基金更关注于体育产业的发展，在体育产业内有自己独特的区别于其他产业投资基金的专业认识优势。最终目标同样是市场化的，也要实现资本增值。

（2）体育产业投资基金发展初期，政府的科学引导、管理至关重要。在设立、审批及体育产业投资基金运营的各个关键环节要进行科学的管理。同时，政府也要注意在引导的时候，不要对具体的经营干预太多，保持体育产业投资基金的灵活性。与国家在产业中的大政方针结合起来，鼓励基金投资于国家急需发展的产业并获取合理的收益，保持政府宏观指导和商业化运作相结合、适度监管和鼓励创新相结合。

（3）体育产业投资基金要有全球战略和国际视野。体育产业投资基金是投融资方式的创新，要充分借鉴国际经验，从全球战略的高度来配置资金。随着经济发展，我国综合国力大大提高，人民的财富得到了快速的增加。原有的以储蓄为主的模式满足不了需要，体育产业投资基金的特点可以适当补充个人和机构投资者的投资选择。所以，在借鉴国际经验的基础上独立发展是体育产业投资基金发展的一个较好的选择。

参 考 文 献

[1]保罗 萨缪尔森,威廉 诺德豪斯. 经济学:第17版[M]. 萧琛,主译. 北京:人民邮电出版社,2004.

[2]杰弗里 C 胡克. 兼并与收购:实用指南[M]. 陆猛,译. 北京:经济科学出版社,2000.

[3]K 托马斯 利奥. 投资银行业务指南[M]. 周刚,姜浩,译. 北京:经济科学出版社,2000.

[4]查里斯 R 吉斯特. 金融体系中的投资银行[M]. 郭浩,译. 北京:经济科学出版社,1998.

[5]威廉 F 夏普,戈登 J 亚历山大,杰弗里 V 贝利. 投资学:第5版[M]. 赵锡军,龙永红,季冬生,等,译. 北京:中国人民大学出版社,1998.

[6]小罗宾 阿蒙,理查德 M 索撒尔,大卫 A 巴利尔. 体育场馆赛事筹办与风险管理[M]. 高俊雄,主译. 沈阳:辽宁科学技术出版社,2005.

[7]詹姆斯 B 阿科波尔,罗恩 舒尔茨. 公开上市[M]. 吴珊,庄园,陈启清,译. 北京:中国人民大学出版社,2002.

[8]英国皇家银行协会,布赖恩 科伊尔. 公司理财[M]. 郑洪涛,译. 北京:中信出版社,2003.

[9]安东尼 B 阿特金森,约瑟夫 E 斯蒂格里茨. 公共经济学[M]. 蔡江南,徐斌,邹华明,译. 上海:上海三联书店,上海人民出版社,1994.

[10]安德鲁 戴维森,安东尼 圣德斯,兰玲 沃尔夫,等. 资产证券化:构建和投资分析[M]. 王晓芳,译. 北京:中国人民大学出版社,2006.

[11]本杰明 格雷厄姆,戴维 多德. 证券分析:第6版[M]. 巴曙松,陈剑,徐彬,等,译. 北京:中国人民大学出版社,2009.

[12]曹凤岐,刘力,姚长辉. 证券投资学[M]. 北京:北京大学出版社,2000.

[13]陈国红. 全运会体育场馆融资模式分析[J]. 南京体育学院学报(社会科学版),2006(4):19-25.

[14]陈元欣,郭敏,张洪武. 我国职业体育俱乐部运用资产债券化融资的可行性分析[J]. 上海体育学院学报,2006(2):16-20.

[15]陈元欣,李溯. 我国大型体育赛事场馆设施投融资现状及其市场化改革[J]. 上海体育学院学报,2009(4):12-15,26.

[16]陈元欣,王健. 经营城市与综合性大型赛事场馆设施融资研究[J]. 体育与科学,2007(1):55-60.

[17]陈元欣,张崇光,王健. 大型体育赛事场馆设施的民营化探析[J]. 上海体育学院学报,2008(1):25-30.

[18]程燕飞,张文亮,陈元欣. 大型体育场馆服务外包运营的初步探究[J]. 南京体育学院学报(社会科学版), 2009(3):85-89.

[19]戴天柱．投资银行运作理论与实务[M]．北京:经济管理出版社,2004.

[20]哈尔 R 范里安．微观经济学:现代观点:第6版[M]．费方域,宋保华,译．上海:上海人民出版社,2006.

[21]弗兰克 K 赖利,基思 C 布朗．投资分析与组合管理[M]．陈跃,彭作刚,王宏静,译．北京:中信出版社,2004.

[22]高鸿业．西方经济学:微观部分:第3版[M]．北京:中国人民大学出版社,2004.

[23]高志鹏．大型体育场馆资产证券化融资可行性分析[J]．中国商界,2009(3):25－26.

[24]国家体育总局．2001—2010年体育改革与发展纲要[J]．体育科学,2001(3):1－6.

[25]豪格 普鲁斯．奥运经济学[M]．黄文卉,编译．北京:北京体育大学出版社,2008.

[26]何小锋,黄嵩．投资银行学[M]．北京:北京大学出版社,2008.

[27]黄达．金融学:精编版:货币银行学:第5版[M]．北京:中国人民大学出版社,2014.

[28]黄海燕,张林．我国体育产权的分类及其交易研究[J]．成都体育学院学报,2007(1):21－26.

[29]黄亚钧．现代投资银行的业务和经营[M]．上海:立信会计出版社,1996.

[30]金德环．投资学教程[M]．上海:上海财经大学出版社,2010.

[31]李圣旺．广州亚运场馆投资、建设与经营的对策研究[J]．广州体育学院学报,2006(1):33－36.

[32]廖理,朱正芹．从金融产品创新看美国体育场馆融资[J]．国际经济评论,2004(5):44－47.

[33]林祖明．我国体育产业风险投资需求研究[J]．体育科技文献通报,2007(1):19－23.

[34]刘曼红．风险投资:创新与金融[M]．北京:中国人民大学出版社,1998.

[35]陆亨伯,谢萍萍．金融产品创新视角下体育场馆的融资研究[J]．南京体育学院学报(社会科学版),2006,20(4):45－48.

[36]陆歆弘．大型体育场馆的融资及收益风险[J]．体育科研,2007,28(2):35－40.

[37]邱伟昌,李南筑,杨为民,等．体育与资本的结合:构建产权交易平台的对策研究[J]．体育科研,2007,28(2):18－21.

[38]任淮秀．投资银行业务与经营[M]．北京:中国人民大学出版社,2000.

[39]任永星．发行体育产业债券的可行性研究[J]．企业经济,2008(9):160－162.

[40]石岩,刘勇,蔡仲林,等．中外体育场馆建设投融资模式的比较研究[J]．体育文化导刊,2006(10):10－13.

[41]侍夏芳．奥运场馆建设与金融支持[J]．当代经济,2006(3):80－81.

[42]谭刚．大型公共体育场馆公益与经营效益评估指标体系研究[J]．天津体育学院学报,2008(6):530－534.

[43]博家骥,仝允桓．工业技术经济学[M]．北京:清华大学出版社,1996.

[44]涂佳．体育产业引入风险投资的时机分析[J]．体育科技文献通报,2007(1):54－55.

[45]王雪青,陈文,刘炳胜．体育场馆融资模式选择框架研究[J]．北京理工大学学报(社会科学版),2008,10(1):70－74.

[46]威廉 彼得 汉密尔顿．股市晴雨表[M]．曾海东,朱玉,译．北京:机械工业出版社,2008.

[47]维克多 斯波朗迪．专业投机原理[M]．俞济群,真如,译．北京:机械工业出版社,2008.

[48]杨龙,王骚．政府经济学[M]．天津:天津大学出版社,2004.

[49]于研,金文忠．现代投资银行[M]．上海:上海财经大学出版社,1996.

[50]曾庆贺,周祖宝,陈元欣,等. 我国综合性大型体育场馆赛后利用研究[J]. 体育文化导刊,2008(6):78-80.

[51]赵宇华. 资产证券化原理与实务[M]. 北京:中国人民大学出版社,2007.

[52]赵蕴,王雷. 体育场馆赛后利用评价指标体系的构建[J]. 沈阳体育学院学报,2009(2):25-28.

[53]兹维 博迪,亚历克斯 凯恩,艾伦 J 马库斯. 投资学:第7版[M]. 陈收,杨艳,译. 北京:机械工业出版社,2009.

[54]埃斯里 德米尔古克 肯特,罗斯 莱文. 金融结构和经济增长:银行,市场和发展的跨国比较[M]. 黄纯纯,译. 北京:中国人民大学出版社,2006.

[55]BOUSSABAINE A H ,KIRKHAM R J . Simulation of maintenance costs in UK local authority sport centres[J]. Construction Mangement and Economics,2004,22(10):1011-1020.

[56]CLAESSENS S,DJANKOV S,LANG L,et al. The Separtion of ownership and control in east Asian Corporation[J]. Journal of Law & Economics,1970,13(1):185-221.

[57]DEMSETZ H. The costs of Transacting[J]. Quarterly Journal of Economics,1968,82(1):33-53.

[58]ANDRANOVICH G,BURBANK M J,HEYING C H. Olympic Cities:Lessons Learned form Mega-Event Politics[J]. Journal of Urban Affairs,2011,23(2):113-131.

致 谢

感谢清华大学杨之曙教授、郦金梁教授，上海财经大学博士生导师杜宁华的意见。

感谢北京体育大学出版社、北京体育大学教务处的领导及老师；感谢北京体育大学管理学院和体育商学院教师所提出的宝贵意见及给予的鼓励；感谢体育商学院实验室；感谢北京体育大学管理学院体育产业管理专业2006—2008级同学，本书的出版离不开他们的支持和帮助。

本书参考了大量的中外文文献及书籍，在此向有关作者表示诚挚的谢意。由于时间关系，书中难免会有疏漏之处，恳请读者及专家批评指正。

电子邮件：yangjr@ bsu. edu. cn

通信地址：北京市海淀区信息路48号北京体育大学体育商学院　杨建荣

邮编：100084